美国生活实用法律手册

American Life Practical Legal Handbook

邓洪◎著

图书在版编目(CIP)数据

美国生活实用法律手册/邓洪著.—厦门:厦门大学出版社,2016.12
(美国生活与法律系列)
ISBN 978-7-5615-6120-1

Ⅰ.①美… Ⅱ.①邓… Ⅲ.①法律-基本知识-美国
Ⅳ.①D971.2

中国版本图书馆 CIP 数据核字(2016)第 135574 号

出 版 人	蒋东明
责任编辑	邓 臻
装帧设计	李夏凌
责任印刷	许克华

出版发行　厦门大学出版社
社　　址　厦门市软件园二期望海路 39 路
邮政编码　361008
总 编 办　0592-2182177　0592-2181253(传真)
营销中心　0592-2184458　0592-2181365
网　　址　http://www.xmupress.com
邮　　箱　xmupress@126.com
印　　刷　厦门集大印刷厂

开本　889mm×1194mm　1/32
印张　12.375
插页　1
字数　248 千字
版次　2016 年 12 月第 1 版
印次　2016 年 12 月第 1 次印刷
定价　58.00 元

本书如有印装质量问题请直接寄承印厂调换

厦门大学出版社
微信二维码

厦门大学出版社
微博二维码

# 序

因为我曾处理过八千多宗重大刑案，许多美国媒体都把我戴上"现代福尔摩斯"、"科学神探"、"现场证据之王"之类的称号，其实我是一位非常平凡的人。许多记者都问我别人破不了的案件，到我手上都可以迎刃而解。我都回答说，经验非常重要。其实，生活的经验也同样重要。

我记得我曾处理过一宗华裔工程师被指控强暴的案件。一对华裔工程师夫妇购买了两层楼的房屋，自己住在楼上的一层，他们将楼下的一层出租给一位女房客。有一次，女房客不付租金，经多次催促都没有回应。当时华裔房东为了省钱，并没有想到要透过律师循法律程序来驱逐这名不付房租的房客。有一天晚上，房东单枪匹马到一楼去，要求女房客说清楚讲明白。谁知道，没说上几句话，女房客就打电话报警，然后动手将自己的衣服撕破，警察到来时，她声称被房东强暴了。警察看到哭泣着的女房客衣服被撕破，二话没说就将这名华裔房东带走。随后检察官以强暴罪来起诉这名房东。后来这名房东找上我，我检验了检方所提供的证据，发现衣服的撕痕完全是自己动手的，并且警察并没有对女房客做任何强暴验身，检方根本无法证实女房客曾被强暴过，后

来陪审团裁定房东无罪而还了这名华裔工程师的清白。

我本人也是第一代移民,对移民在美国的生活及奋斗的心路历程颇有体会和同感。其中最大的一个感触是,如果对美国法律不熟悉,很可能会像这位华裔工程师一样,小事变大事,而引来不必要的麻烦。我所从事的刑事科学领域与美国法律不可分开。我几乎每天都与法官、检察官、律师打交道。对美国法律总结起来有几点心得:

第一,美国的法律是平等的。没有任何人能超越法律之上。但是,法律是人制定的。每宗案件有胜也有败,有赢也有输,因而结果未必对所有人都是公平的。尽管如此,这并不表示美国法律就不公平。

第二,证据在美国的司法系统扮演重要的角色。每一宗案件都要有证据。就如民众经常遇到的车祸案件一样,民众首先必须提供证据,证实是对方的责任,其次必须证实自己有受伤,必须提供一些文件来证明,如救护车、医院以及医生的账单等。没有证据,难以让陪审员信服。

第三,请专业的律师非常重要。我刚到美国时,身上带着一瓶"万金油",不管什么毛病都擦一下。但是,遇到法律问题,就不能用"万金油"。美国的律师众多,但是都有自己的专长,中国新移民遇到法律问题时,应寻找到专精自己这类问题的律师。律师有好的,有一般性的,也有不少是这个领域的"坏苹果"。找对律师,往往能事半功倍。例如,你有刑事的问题,找上的律师是专精税务业务,你的问题可能解决不了,而且可能小事变大事。

序

中国新移民对美国法律的认识及了解非常重要。二十多年前,邓洪在《世界日报》任记者时,我们就认识。后来他取得法律博士学位并成为律师。在他成为律师前,他替我整理出版了首本《神探李昌钰破案实录》的书籍。这次,邓洪律师从繁忙的律师业务中抽空整理出这本法律书籍,向在美国生活及工作的华人以及有兴趣移民来美或留学的中国读者一些美国生活遇到的法律常识,总结一些处理美国法律问题的经验,我相信对中国新移民了解美国的法律将有很大的帮助。

李昌钰

二〇一六年一月于美国康州纽海文市

自 序

想当年,刚从记者转行当律师,李博士亦师亦友地辅助我,协助我进攻美国法律界难度最高的刑事辩护领域。《洛杉矶时报》在2009年3月1日在《成功之路》专栏介绍笔者创业的心路历程,不少多年未联络的美国教授及同学均纷纷来电祝贺,恭贺我这名第一代的中国新移民荣登美国的名人榜。

美国媒体曾因为少部分的黑心产品流入美国市场,而将MADE IN CHINA(中国制造)的产品列为劣品,不过,我以自己的中国背景而自豪。我出生于中国广东的乡镇,后来考入了深圳大学英语系,虽然没有毕业就来美求学并且后来加入美国国籍,但是,我始终视自己为中国人。不管是乘搭韩亚航空的中国乘客在旧金山遇难,三名就读南加州大学的中国留学生遇害,还是十多名中国留学生因为校园霸凌案件而被通缉或逮捕,我都利用自己的中国背景以及美国法律的专业知识为落难的同胞提供必要的法律援助。

十八年来,笔者处理了上万宗刑事案件以及重大人身伤害案件,接触到人性最黑暗及最伟大的一面,目睹众生的悲欢离合，为客户的刑案及命运走遍全美各大城市的警察局及监狱。在处理这些刑案中，笔者最大的感触是，我们自己非常幸运，因为我们拥有自由，知道自己可以回家和家人团聚，而笔者所代表的客户，因为不小心失足而被关禁，不知何时可以出狱，不知自己的前途何在。

二十多年下来，笔者在法律界略有些成就，曾问及如何回报恩师李昌钰博士长期对笔者的提携。他只回答说"我并不需要你的报答，不过，我只希望你用我帮忙你的方法去帮助其他需要帮助的中国人。"笔者正是秉持回报社区的理念，一直积极在中国人社区推动普及法律教育的事务。

因为接触到无数华裔移民在寻求自己美国梦的旅途中受挫的案例，以及诸多"一失足成千古恨"的故事，笔者深感向中国新移民普及法律教育的重要性。多年以来，笔者除透过报纸、书籍等方式向移民介绍美国法律常识外，还在电视台、广播电台开设《邓洪说法》节目，向中国新移民介绍最新的法律动态及一些有教育性的"前车之鉴"案例。

在2002年，笔者曾出版《美国生活实用法律手册》一书，十多年之后，此书早已绝版。为了满足中国新移民的需要，并且补充更多的法律新知，笔者特意在该书的基础上增添更多的内容，并准备更新笔者以前出版的法律著作，而推出《邓洪说法》法律系列书籍。特别在此感谢厦门大学出版社的邓臻编辑等人的全力协助。此系列法律书籍只供中国新移民学习及熟悉美国法律作参考，针对自己个人的案件，读者应咨询自己的律师。希望这一系列能让中国留学生以及中国新移民在实现自己美国梦的旅途上更为顺利,更加快乐!

邓 洪

二〇一六年一月一日
于美国洛杉矶

目 录

出国流程话你知 …………………………………… 1
领事保护话你知 …………………………………… 22

第一章　美国生活与法律 …………………………… 34
引言 ………………………………………………… 34
入乡随俗，了解美国法律 ………………………… 36
如何避免法律问题的困扰 ………………………… 40
法庭上见！(See You in Court!) ………………… 44
法庭上见：美国法院种类 ………………………… 47
真假律师之分 ……………………………………… 52
如何寻找到合适的律师 …………………………… 56
如何与律师打交道 ………………………………… 57
律师如何收费 ……………………………………… 61
炒律师的鱿鱼 ……………………………………… 64

第二章　签证与移民身份 …………………………… 67
引言 ………………………………………………… 67
申请哪类签证去美国比较合适 …………………… 68

如何申请商务旅游签证 …………………… 72
如何申请学生签证 ………………………… 79
如何申请投资移民 ………………………… 82
如何申请跨国公司经理签证(L1) ………… 85
在美国如何调整身份 ……………………… 88
留学生在美三大证件更新与挂失 ………… 92

第三章 理财与法律 …………………………… 99

引言 ………………………………………… 99
外国人如何在美国购置房产 ……………… 100
如何建立良好的信用记录 ………………… 104
如何在美国申请使用信用卡 ……………… 107
在使用信用卡时,消费者有哪些权利 …… 111
如何与收债公司打交道 …………………… 114
消费者在美国购物的相关法律权利 ……… 117
如何防范和处理身份被盗用案件 ………… 123
发现自己的身份被盗用,如何处理 ……… 127
美国破产法常识 …………………………… 134
投资人的权利 ……………………………… 136
美国新移民如何报税 ……………………… 141
如何与国税局打交道 ……………………… 148
购买人寿保险常识 ………………………… 150

第四章　交通与法律

引言 ·· 153

如何申请驾驶执照 ······························ 155

"9·11"事件后的身份证 ····················· 158

驾车人士十大法律责任 ························ 161

如何进行车辆登记 ······························ 164

常见的交通违规案件及应对策略 ············ 165

如何处理酒醉驾车案件 ························ 168

驾车被警察拦下来时该怎么办 ··············· 174

如何处理交通罚单 ······························ 177

如何购买汽车保险 ······························ 179

发生车祸时该怎么处理 ························ 182

购买新车的法律常识 ··························· 185

你的车是否是"柠檬车" ······················ 188

短期租车注意事项 ······························ 189

长期租车注意事项 ······························ 192

第五章　居住与法律

引言 ·· 195

如何选择房地产经纪人 ························ 197

房屋卖主注意事项 ······························ 200

屋主如实告知的责任 ··························· 201

购房时受歧视怎么办 ··························· 204

签署购物合约注意事项 ························ 206

购物违约时该怎么办 ·················· 208
办理房屋过户注意事项 ················ 210
房屋使用的法律问题 ·················· 212
如何合法保护自己的房屋 ·············· 214
如何购买房屋保险 ···················· 215
房屋维修的注意事项 ·················· 217
屋主常见问题的应变之策 ·············· 220
房东的法律责任 ······················ 222
房客租房注意事项 ···················· 225
租金与保证金 ························ 227
租屋的维修问题 ······················ 229

第六章 青少年与法律 ················ 231

引言 ································ 231
父母的法律责任及权利 ················ 233
青少年及成人的权利 ·················· 236
儿童法庭与青少年法庭 ················ 237
如何预防青少年加入帮派 ·············· 240
校园安全相关措施 ···················· 242
青少年毒品问题及预防措施 ············ 244
家长合法管教与虐待儿童 ·············· 250

第七章 刑事与法律 ·················· 253

引言 ································ 253

美国刑法程序 ································ 255
如何与警察打交道 ························ 262
如何与移民局打交道 ···················· 277
外国游客在美国的权利 ················ 281
美国刑法的惩罚方式 ···················· 283
犯罪记录的影响及清洗记录程序 ···· 287
如何处理家庭暴力案件 ················ 291
如何处理商店偷盗案件 ················ 293
如何处理色情风化案件 ················ 295

第八章 就业与法律 ································ 299
引言 ·· 299
申请工作时如何保护自己的权益 ···· 301
劳工合约的相关问题 ···················· 303
工作时被歧视怎么办 ···················· 305
工作时遇性骚扰该如何处理 ·········· 307
解聘雇员的理由 ···························· 308
保护弱势劳工的法案 ···················· 311
员工福利相关事项 ························ 313

第九章 医疗与法律 ································ 317
引言 ·· 317
病人有哪些权利 ···························· 319
寻求医疗服务遇到歧视怎么办 ······ 320

医疗保险法律常识 …………………………………… 322
　　私人及政府健康保险的种类 ………………………… 324
　　堕胎及生育权利 ……………………………………… 327
　　医疗记录的相关法律问题 …………………………… 328
　　告知同意（Informed Consent）是什么 ……………… 330
　　如何处理医疗过失案件 ……………………………… 332
　　如何准备医疗授权书（Power of Attorney） ………… 334

第十章　家庭与法律 …………………………………… 336
　　引言 …………………………………………………… 336
　　如何办理结婚手续 …………………………………… 338
　　婚前协议有法律效力吗 ……………………………… 339
　　何为普通法婚姻 ……………………………………… 341
　　如何更换姓名 ………………………………………… 342
　　再婚时应注意的事项 ………………………………… 344
　　同居生活的法律问题 ………………………………… 345
　　家庭暴力案涉及的法律问题 ………………………… 346
　　如何办理离婚手续 …………………………………… 349
　　离婚时如何处理财务问题 …………………………… 350
　　离婚后可要求赡养费吗 ……………………………… 352
　　如何处理子女的监护权 ……………………………… 353
　　孩子的抚养金由谁负责 ……………………………… 355

目 录

第十一章 公民与法律 …………………… 357
  引言 ………………………………………… 357
  如何申请公民入籍 ………………………… 358
  如何申请美国护照 ………………………… 360
  海外旅游注意事项 ………………………… 361
  美国的民权法案是什么 …………………… 366
  如何履行陪审团的责任 …………………… 369
  美国当兵的义务及常识 …………………… 371
  美国选民投票的常识 ……………………… 372
  美国国土安全法案对移民的影响 ………… 374

出国流程话你知

中国公民赴海外的注意事项

随着生活水平的提高,赴境外旅游的中国公民越来越多。在出行前,除了确保护照有效及制定好旅游的策略以外,中国公民在出国前还有几项重要的准备工作。

第一,获得目的地的签证。虽然中国政府和部分国家和地区签订了免签证条约,但对中国公民有签证要求的目的地,公民出行前应确保已获得签证批准后再出行。

第二,留意国外的安全形势。关注中国领事服务网颁布的对各国的安全提醒。该网站是随时更新的,所以出行前可以密切留意。避免去任何近期遭受了恐怖袭击或者是已经爆发或正要爆发反政府游行的国家和地区,以免遭受不必要的出行延误和伤害。

第三,了解目的地的风俗和遵守目的地的法律法规。全面收集目的地的风俗禁忌和气候条件,登陆目的地政府网站了解目的地的一般法律法规。以美国为例,各个州对是否承认中国驾照是有不同规定的,如果是事前没有了解清楚,在不承认中国驾照的州内开车被警察开罚单,则有可能被刑事起诉,而留下严重的后果。同时,要了解目的地入境禁止携带的物品，尤其是药品。要了解目的地国家的海关规定，在允许的范围内选择所携带药品的品种和数量，并备好医生处方和药品的外文说明书。

第四，提高安全意识。外出旅游时更要加强风险防范意识，保障人身和财物安全。看管好自己随身携带的物品。避免前往政治集会或者参与当地游行示威，以免集会者或示威者和当地警方发生冲突时，受到意外伤害。同时，尽量避免在不安全海域游泳或者单独出行，尽量结伴活动并配带救生设备。

第五，购买必要的旅行保险。有的国家需要旅游保险、健康证明或者疫苗接种书，出行前应了解相关规定，根据自身经济条件，购买人身安全和医疗等方面的保险，以防万一。

第六，记住旅游目的地中国大使馆或领事馆的联系方式。目前中国大使馆遍布全球大部分国家，有超过150个大使馆。大使馆直下是总领事馆和领事办公室。这些办公室的应急电话均在中国领事保护网的网站上公布。当中国公民在国外遇到人身伤害或者被逮捕的情况下，可以要求寻求大使馆或者领事馆的帮助。

到达目的地之后，也要注意与家人朋友保持联系。出国前可以给家人或朋友留下出行计划日程以及护照副本，约定好联络方式。这样，在紧急情况下，家人或朋友可以寻求有关部门的帮助。

各个国家对于入境旅客的规定各有不同，详细信息可以参考各国的海关网站,以及中华人民共和国驻外国的官方网站。

中国公民海外安全常识

出行必备

身份证件

旅行在外,要养成随身携带身份证件的习惯。遇意外情况时,明确的身份情况是当事人获得及时、有效救助的基本条件之一,也是事后办理索赔、救济等善后手续的基本要求。

证件种类

在境外期间的身份证件包括护照、旅行证、当地的居留证、工作许可证、社会保险卡等。许多情况下,国内的居民身份证也可帮助中国驻外使领馆确定当事人的身份。

个人信息卡

如在境外停留时间长,且当地没有规定外国人必须随身携带护照备查,为避免丢失,建议将护照资料页复印,复印件背后写上紧急情况联系人的姓名、地址、电话,将此页塑封做成"个人信息卡",一份本人长期随身携带,一份留在国内直系亲属处以备不时之需。

行前推荐

购买保险

旅行在外,出现意外情况的几率增加,且国外医药等费用普遍较高,建议出行前及在海外居留期间,购买必要的人身意外和医疗等方面保险,以防万一。同时,个人购买保险的有关情况也要及时告知家人。

行前提醒

了解国情

尽可能多地了解旅行目的国国情,包括风土人情、气候变化、治安状况、艾滋病、流行病疫情、海关规定(食品、动植物制品、外汇方面的入境限制)等信息,并针对突出问题,采取必要应对或预防措施。

预防接种

根据旅行目的国的疫病流行情况,进行必要的预防接种,并随身携带接种证明(俗称"黄皮书"),以备进入目的国边境时检查。

检查证件

检查护照有效期(剩余有效期应在一年以上)、空白页(应有两页以上空白页),办妥目的国入境签证和经停国家过境签证,确定是否应携带"黄皮书",核对机(车、船)票上姓名、时间、地点等信息,避免因证件问题影响旅行。

预防万一

携带《中国领事保护和协助指南》、本"常识"和相关宣传折页,认真阅读相关旅行提醒及安全常识,查明目的国中国使馆或领事馆的联系方式,旅行中尽量规避风险,同时还要确保紧急情况下能够及时联络求助。

少带现金

尽量避免携带大额现金出行,建议携带和使用银行卡。如银联卡,目前已可在全球许多国家使用,出境前可查询确认,以方便旅行。

如必须携带大额现金,记得做好安全防范,入出境时必须按规定向海关申报,还要注意目的地国家的外汇限制。

勿带禁品

严禁携带毒品、国际禁运物品、受保护动植物制品及前往国禁止携带的其他物品。

切勿为陌生人携带行李或物品,防止在不知情中为他人携带违禁品而引来法律麻烦。

慎带药品

慎重选择携带个人物品,在海关规定允许的范围内选择所携带药品的品种和数量。

携带治疗自身疾病的特殊药品时,建议同时携带医生处方及药品外文说明和购药发票。

配合审查

赴目的国的意图应与所办理的签证种类相符,入境时请主动配合目的国出入境检查机关的审查,如实说明情况。对外沟通时要注意保持冷静、理智,避免出现过激言行或向有关官员"塞钱",以免授人以柄。

谨慎签字

入境一国遭遇特殊审查时,如不懂当地语言,切忌随意点头应允或在文件上签字。可立即要求提供翻译或由亲友代行翻译。如被要求在文件上签字,应请对方提供中文版本,阅读无误后再做决定。

入境惯例

当一国对您入境意图、停留时间、入境次数等有怀疑时,即使您已取得该国签证,该国也有权拒绝您入境并拒绝说明理由。

维护权益

如被一国拒绝入境,在等待该国安排适合交通工具返回时,应要求该国提供人道待遇,保障饮食、休息等基本权利。否则,应立即要求与中国驻当地使领馆联系。

常念家人

出行期间要与家人和朋友保持联系,及时向家人更新自己在外旅行日程、联络方式。

在外旅行、居留期间,可选择电话、电邮、短信等多种方式保持与家人和朋友的经常性联系。

出行安全

管好财物

不露富,不炫富。

如乘坐公共交通工具,事先准备好零钱。

不随身携带大额现金、贵重物品,也不在住处存放。

最好在白天人多处使用自动取款机,取款时最好有朋友在身边。

因商业往来等原因接收大额现金后,建议立即存入银行。

妥善保管证件。

丢失银行卡,应立即报警并打电话到发卡银行进行口头挂失,回国后再办理有关挂失的书面手续。

牢记特征

出行如发现可疑情况,留心周围环境的特征,如地点、地形、车辆、人们的行为、衣着等可辨认的细节,以利于意外情况发生后帮助警察抓到罪犯。

严防飞车

上街行走应走人行道,避免靠机动车道太近。

携物(背包、提包等)行走,物品要置于身体远离机动车道的一侧。

在摩托车盛行的国家或地区,应严防飞车抢劫。遭遇飞车抢劫不要生拉硬夺,避免伤害自己。

遵规守则

过马路要走人行横道、过街天桥或地下通道。

走人行横道时,遵守交通规则,确保安全时迅速通过。

在实行左侧通行的国家(如英国、澳大利亚、日本等)要注意调整走行习惯,确保安全。

不要边看地图边过马路。

减少夜行

远离偏僻街巷及黑暗地下道,夜间行走尤其要选择明亮道路。

尽量避免深夜独行，尤要避免长期有规律的夜间独行。

慎选场所

不去名声不好的酒吧、俱乐部、卡拉 OK 厅、台球厅、网吧等娱乐场所。

慎对生人

不搭陌生人便车，不亲自为陌生人带路，不被陌生人带路，不与不熟悉的人结伴同行。

回避大街上主动为你服务的陌生人，不饮用陌生人向你提供的食物、饮料。

安全驾车

夜晚停车应选择灯光明亮且有很多车辆往来的地方。

走近停靠的汽车前，应环顾四周观察是否有人藏匿，提早将车钥匙准备好，并在上车前检查车内情况，如无异常，快速上车。

上车后记得锁上车门，系上安全带。

下车时勿将手包等物品留在车内明显位置，以防车窗遭砸、物品被窃。

配合警察

遇到当地警察拦截检查时，应立即停下，双手放在警察可以看到的地方，切忌试图逃跑或双手乱动。请警察出示证件明确其身份后，配合检查和询问。

妥防勒索

如遭遇警察借检查之机敲诈勒索，应默记其证件号、警徽号、警车号等信息，并尽量明确证人，事后及时向当地政府主管部门和中国驻当地使领馆反映。

结伴出行

最好结伴外出游玩、购物，赴外地、外出游泳、夜间行走、海中钓鱼、戏水时尤其要注意结伴而行。

与众同坐

乘坐公共交通工具时，尽量和众人或保安坐在一起，或坐在靠近司机的地方。

不要独自坐在空旷车厢，也尽量不要坐在车后门人少的位置。

尽量避免在偏僻的汽车站下车或候车。

入乡随俗

穿衣着装要充分尊重当地风俗。在穆斯林国家，女士严禁着装暴露，不宜穿过露、过紧、过透的衣服。

预防溺水

选择有救生员监护的合格泳场游泳，避免野外随兴下水。

雷雨或风浪大的天气不宜游泳。

独自驾船、筏要备齐救生设备，包括救生衣、呼救通讯设备，并应避免独自驾船、筏赴陌生水域。

乘坐船、筏，要遵守水上安全规定，了解掌握救生设备使用方法，并听从安全人员指挥。

居住安全

合法租房

了解当地房屋租售管理机关名称、职能,按照相关指导租住房屋。

租房应通过合法房屋中介,尽量选择在治安、环境条件较好的住宅区寻租,并签订完备的租住合同。

慎选合租

不与陌生人合租。

与友人合租时应注意保护个人隐私,妥存个人证件,防止银行卡遗失、密码泄漏。

严防陷阱

租房过程中注意留存相关广告、收据、合同等文件证据。

警惕低价出租广告,不因贪图廉价、方便而落入不法房主圈套。

当遭遇租房陷阱、被骗或被盗时,应及时向当地房屋租售管理部门投诉、向警方报案或采取进一步法律行动。

熟悉警局

了解所在区域警署位置、主管警官姓名、报警电话或紧急求助电话,将有关信息在下面空白处一一对应记录备用。

针对性防范

了解社区治安状况,根据当地突出问题或频发案件类型,采取对应安全措施,或移租至治安情况较好的地区。

居家提醒

家里不要存放大额现金。即使家中必须存放保险箱和贵重物品，也不要放置在客厅或门厅，以防不法分子从门口窥视到。

应根据当地社会治安状况，选择安装相应的居室防盗、报警设施，保证居住安全。

独自在家保持门窗关闭（上锁）。

在楼房底层居住尽量选择空调纳凉。

养成就寝时确认水、电、燃气、门、窗关闭（上锁）的良好习惯。

屋外安全

夜间返家应尽量乘电梯不走楼梯。

应在到家之前提前准备好钥匙，不要在门口寻找。

开门前注意是否有人跟踪或藏匿在住处附近死角。若发现可疑现象，切勿进屋，应立刻通知警方。

夜间送朋友回家时应等朋友平安进入后再离开。

慎邀入户

不熟悉的朋友，不轻易带回家。

不为陌生人开门，不让送报员、送奶工等服务人员进门。

预约修理工上门服务时，应选择在有亲友陪伴或告知邻居后进行，不与外来人员谈论个人或家庭情况。

及时求救

遇陌生人在门口纠缠并坚持要进入室内时，可在拒其进入的同时打电话报警，或者到阳台、窗口高声呼喊，向邻居、行人求援。

居家防火

防止易燃气体泄漏引起火灾。使用煤气等可燃气体,室内应具备通风条件。发现漏气现象,切忌使用明火寻找漏源,也不要开灯、打电话,应迅速关闭阀门,打开门窗通风。

防止用电不慎引发火灾。要经常检查家用电器线路、插座,线路老化、受损、插座接触不良均可能导致线路发热引发火灾。不超负荷用电,不用其他导线代替保险丝。

防止烤火取暖引发火灾。不在家中储存大量易燃液体。烤火取暖避免使用汽油、煤油、酒精等易燃物引火。火炉及电暖器周围不堆放可燃物,不在蒸汽管道、取暖器材周围烘烤衣物。老人、小孩烤火需有人监护。

安全出口

进入建筑物时先观察安全出口(紧急通道)位置,尤其是到达住地或下榻酒店时,应首先确认消防设施和安全出口位置,确认紧急通道畅通,以便紧急情况下自救和逃生。

预防触电

家用电器、电源设备等出现故障尽量寻求专业人员修理,避免自行带电维修。

勿用湿手更换灯泡、灯管,勿用湿布、湿纸擦拭灯管、灯泡。

发现有人触电,要立即切断电源。无法切断电源时,不能直接用手拉救,要用木棍使人和带电体脱离。

居家防雷

打雷时,应关闭电视机、电脑,更不能使用电视机的室外天线。雷电一旦击中电视天线,会沿电缆线传入室内,威胁电器和人身安全。

勿打手机或有线电话,应在雷电过后再拨打,以防雷电波沿通信信号入侵,造成人员伤亡。

不要靠近窗户,或把头、手伸出户外,更不要用手触摸窗户的金属架,以防受到雷击。

野外防雷

若在路上、田野等处遇雷雨天气无法躲避时,最好的应急措施是迅速蹲下,做到身体的位置越低越好,人体与地面接触越小越好,离铁路钢轨、高压线越远越号。

迅速关闭手机,不拨打或接听手机。

医疗安全

购买保险

了解当地医疗制度、费用情况,结合自身身体情况制订适宜的医疗计划,选择购买适合的医疗保险。

应急救治

了解附近药店、医院的具体位置,熟记当地的急救电话。并将医院地址、急救电话信息一一对应记录在以下空白位置。

关注疫情

关注当地报纸、电视等新闻媒体,了解有无疫情爆发。

饮食卫生

日常生活注意饮食卫生,照顾好自己的身体。

不吃不新鲜的食物和变质食物,不吃陌生人交给的食物,不吃捡拾得来的食物,不采摘食用蘑菇和其它不认识的食物。

注意食品保质期和保质方法。加工菜豆、豆浆等豆类食品时须充分加热。不吃发芽、发霉的土豆和花生。保持饮用水和厨房用水清洁干净,否则,应把水煮沸或进行消毒处理后饮用。

中毒救治

发生食物中毒,应立即停止食用可疑食品,赴医院寻求专业救治,或在专业人员指导下,采取饮水、催吐、导泻等方法进行自救。

尊重风俗

伊斯兰国家禁酒,禁止食用动物血液、猪肉和有利齿利爪的猛兽(如狗肉)、非反刍动物(如驴肉)或自死动物(包括因打、摔、触、勒、电等原因而死的动物)。

抑制传染病

有效抑制传染病的流行,关键在于切断传染病的传播链,即控制传染源、切断传播途径、保护易感染人群。

预防先行

养成讲卫生的好习惯,注意个人卫生、食品卫生、环境卫生。

加强身体锻炼,提高免疫能力。

按规定接种疫苗。对传染病人要早发现、早报告、早治疗、早隔离。防止交叉感染。

突发事件应对

应对袭击（偷盗、抢劫、行凶、人身侵害）

在公共场所遭遇袭击，要大声呼救，喝阻坏人，为己壮胆，伺机摆脱。

在偏僻地方遭遇袭击，切记保命为重，避免为保全身外之物而遭受人身伤害。

牢记报警：记住不法分子、相关交通工具及周围环境的特征，尽快报案。报案既是为自己，也是为他人，避免因不愿报案，在当地形成中国人胆小、好欺负的印象。

还要向中国驻当地使领馆反映情况，便于使领馆及时向当地政府提出交涉。

及时与家人、朋友联系，告知案情。避免家人、朋友因信息不畅被不法分子借机欺骗、敲诈。

应对恐怖袭击

沉着冷静，不要惊慌。

遭遇炸弹爆炸：应迅速背朝爆炸冲击波传来方向卧倒，如在室内可就近躲避在结实的桌椅下。爆炸瞬间屏住呼吸、张口，避免爆炸所产生的强大冲击波击穿耳膜。寻找、观察安全出口，挑选人流少的安全出口，迅速有序撤离现场。及时报警。

遭遇匪徒枪击扫射：应快速降低身体姿势，利用墙体、立柱、桌椅等掩蔽物迅速向安全出口撤离。来不及撤离就迅速趴下、蹲下或隐蔽于掩蔽物后,迅速报警,等待救援。

遭遇有毒气体袭击:尽可能利用环境设施和随身携带的手帕、毛巾、衣物等遮掩口鼻,避免或减少毒气侵害。尽可能戴上手套,穿上雨衣、雨鞋等,或用床单、衣物遮住裸露的皮肤。尽快寻找安全出口,迅速有序地撤离污染源或污染区域,尽量逆风撤离。及时报警,请求救助,并进行必要的自救互助,采取催吐、洗胃等方法,加快毒物的排出。

遭遇生物恐怖袭击:应迅速利用手帕、毛巾等捂住口鼻,最好能及时戴上防毒面罩,避免或减少病原体的侵袭和吸入。尽快寻找安全出口,迅速撤离污染源或污染区域。及时报警,请求救助。

应对火灾

熟记所在国火警电话,并将电话号码填写在下面空白处,遭遇火灾时应迅速报警求救。

在烟火中逃生要尽量放低身体,最好是沿着墙角匍匐前进,并用湿毛巾等捂住口鼻。必须经过火场逃离时,应披上浸湿的衣服或毛毯、棉被等,迅速脱离火场。

三楼以下楼房逃生时,可以用绳子或床单、窗帘拴紧在门窗和阳台的构件上,顺势滑下。或者利用结实的竹竿、室外牢固的排水管等逃生。

若逃生路线被封锁,应立即返回未着火的室内,用布条塞紧门缝,并向门上泼水降温。同时向窗外抛扔沙发垫、枕头等软物或其它小物件发出求救信号,夜间可通过手电发出求救信号。

公共聚集场所发生火灾,应听从指挥,就近向安全出口方向分流疏散撤离,千万不要惊慌拥挤造成踩踏伤亡。在人群中前行时,要和人群保持一致,不要超过他人,也不要逆行。若被推到在地,首先应保持俯卧姿势,两手抱紧后脑,两肘支撑地面,胸部不要贴地,以防止被踏伤,条件允许时迅速起身逃离。

高层建筑发生火灾,应用湿棉被等物作掩护快速向楼下有序撤离。应选择烟气不浓,大火未烧及的楼梯、应急疏散通道逃离火场。必要时结绳自救,或者巧用地形,利用建筑物上附设排水管、毗邻阳台、临近的楼梯等逃生。在无路可逃的情况下,到室外阳台、楼顶平台等待救援。不能乘电梯逃生。

汽车发生火灾,应迅速逃离车身。如车上线路烧坏,车门无法开启,可就近自车窗下车。如车门已开启但被火焰封住,同时车窗因人多不易下去,可用衣服蒙住头部从车门处冲出去。

地铁发生火灾,应利用手机、车厢内紧急按钮报警,并利用车厢内干粉灭火器进行扑救。无法进行自救时,应听从指挥,有序地安全逃生。不要大喊大叫、惊慌失措,也不能自行驶中的列车车窗跳下。

应对洪水

提早撤离,紧急时登高躲避,危机时就近攀爬树木、高墙、屋顶(不要爬到泥坯房屋顶),不要惊慌失措,不要游泳逃生,不要接近或攀爬电线杆、高压线铁塔。

携带可长期保存的食品、足够的饮用水和其他生活必需品。

用可漂浮物自救。如被洪水卷走,尽可能抓住固定或漂浮物品。

移动电话可以寻求救援。如情况允许,应将移动电话充足电并使用塑料袋密封包裹,以保证电话的正常使用。

身着醒目的衣服便于搜救人员识别、寻找。选择衣服时,要注意衣服颜色与附近房屋屋顶颜色、植物颜色相区别。

应对地震

地震发生时应沉着冷静,不要惊慌。

如果在室内,迅速关掉电源、气源。蹲下,寻找掩护并抓牢——利用写字台、桌子或者长凳下的空间,或者身子紧贴内部承重墙作为掩护,双手抓牢固定物体。如果附近没有写字台或桌子,用双臂护住头部、脸部,蹲伏在房间的角落。远离玻璃制品、建筑物外墙、门窗以及其他可能坠落、倒塌的物体,例如灯具和大衣柜等。在晃动停止并确认户外安全后,方可离开房间。不要站在窗户边或阳台上。不要跳楼或破窗而出。切勿使用电梯逃生。

如果在室外,远离建筑区、大树、大型广告牌、立交桥、街灯和电线电缆,之后待在原地不动。

如果在开动的汽车上,在确保安全的情况下,尽快靠边停车,留在车内。不要把车停在建筑物下、大树旁、立交桥或者电线电缆下。不要试图穿越已经损坏的桥梁。地震停止后小心前进，注意道路和桥梁的损坏情况。

如果被困在废墟下，要坚定意志，就地取材加固周围的支撑。不要向周围移动，避免扬起灰尘。用手帕或布遮住口部。敲击管道或墙壁以便救援人员发现。可能的话，请使用哨子。在其他方式都不奏效的情况下再选择呼喊——因为喊叫可能使人吸入大量有害灰尘并消耗体能。不在封闭室内使用明火。

应对台风、飓风

台风（飓风）到达前，要随时通过电台、电视了解台风（飓风）移动情况及政府公告，确保门窗牢固，熟悉安全逃离的路径和当地的避难所，准备不易变质的食品及罐装水、自救药品和一定现金，保证家用交通工具可正常使用，并加足燃料，随时听从政府公告撤至安全区域。

台风（飓风）来临时，应紧闭门窗，关闭室内电源，尽量避免使用电话、手机。远离门窗和房屋的外围墙壁，躲到走廊、空间小的内屋、壁橱中，或者地下室或半地下室。不要外出。

如在室外，请不要在大树下、临时建筑物内、铁塔或广告牌下避风避雨。不要在山顶和高地停留，要避开孤立高耸的物体。

如在水上，应立即上岸。

如在汽车上，立即离开汽车，到安全住所内躲避。

如在公共场所，要服从指挥，有秩序地向指定地点疏散。

未收到台风（飓风）离开的报告前，即使出现短暂的平息仍须保持警戒。

台风(飓风)过后,应注意检查煤气、水、电路的安全性,不使用未被确认为安全的自来水,不要在室内使用蜡烛等有火焰的燃具。室外行走遇路障、被洪水淹没的道路或不坚固的桥梁,应绕行,并注意静止的水域很可能因为电缆或电线损坏而具有导电性。

特殊地理环境、气候应对

应对热带雨林气候

提前做好疾病疫苗注射,准备驱湿防暑药品,多喝些淡盐水、吃些清淡食品,保持身体健康,提高免疫能力。

防病:准备必要的药品,如蛇药片、预防疟疾药品、肠胃药、白药、酒精、碘酒、药棉、纱布绷带等。携带充足的饮用水,如需取用自然水源,请务必加热煮沸。

防蛇咬:用木棍拨打草丛,将蛇惊走。一旦不小心被毒蛇咬伤,不要惊慌,要及时寻求专业医疗救治,并在此前迅速自救。自救处置,应先把伤口上方(靠心脏一方)用绳或布带缚紧,再用力挤压伤口周围的皮肤组织,将有毒素的血液挤出,然后可用清水、唾液洗涤伤口,同时可服下解蛇毒药片,并用药片涂抹伤口。

避雷击:如果在雨林中遇到雷雨,可到附近稠密的灌木带躲避,不要躲在高大的树下。避雨时应把金属物暂存放到附近一个容易找到的地方,不要带在身上。

防蚊:不穿短衣裤,应扎紧裤腿和袖口。当夜幕降临时,最好支起帐篷或蚊帐睡觉,以防蚊虫叮咬。

防水蛭:在鞋面上涂肥皂、防蚊油可防止水蛭上爬,大蒜汁也可驱避水蛭。喝开水,防止生水中水蛭幼虫体内寄生。如被水蛭叮咬,勿用力硬拉,可拍打使其脱落。也可用肥皂液,浓盐水,或用火烤使其自然脱落。压迫伤口止血,或用炭灰研成末或捣烂嫩竹叶敷于伤口。

应对寒冷气候

防雪盲:备墨镜,太阳镜

防干:润肤露和润唇膏

防冻:风雪天外出应戴上手套、防寒帽、耳朵套。保持脚部的温暖干燥,袜子湿了要及时更换,风大时应停止户外活动。经常按摩揉搓冻伤部位以促进血液循环。在高海拔地区,可补充吸氧,促进血液循环。

应对高原环境

患有严重心肺疾病者应避免前往高原地区。

保持良好心态,消除恐惧心理,避免过度紧张。

限制体力消耗,避免剧烈运动,保持良好食欲及体重平衡。

保证充足睡眠,不要暴饮暴食,不要酗酒,刚到达高原地区几天内不要洗澡。

在专业人员指导下服用抗高原反应药物。适当吸氧。当反应症状加重时,应及时到医院就诊。

领事保护话你知

中国公民在国外旅游或留学时的保护伞——领事保护

◎一 什么是领事保护？

答：领事保护是指中国公民、法人的合法权益在所在国受到侵害时，中国驻当地使、领馆依法向驻在国有关当局反映有关要求，敦促对方依法公正、妥善处理，从而维护海外中国公民、法人的合法权益。

实施领事保护的主体是政府，在国外是驻外使领馆。中国目前有260多个驻外使领馆，他们都是实施领事保护的主体。

领事保护的内容是海外中国公民、法人在海外的合法权益。合法权益主要包括：人身安全、财产安全、合法居留权、合法就业权，法定社会福利、人道主义待遇等，以及当事人与我国驻当地使领馆保持正常联系的权利。

领事保护的方式主要是依法依规，向驻在国反映有关要求，敦促公平、公正、妥善地处理。依据的法规，主要包括公认的国际法原则、有关国际公约、双边条约或协定以及中国和驻在国的有关法律。

◎二　什么人可以得到中国政府的领事保护？

答：凡是依照《中华人民共和国国籍法》具有中国国籍者，都可以得到中国政府的领事保护。也就是说，只要您是中国公民，无论是定居国外的华侨，还是临时出国的旅行者；无论是大陆居民，还是香港、澳门和台湾同胞，都是我们提供领事保护的对象。

◎三　出国时持中国护照，现已取得居住国国籍，是否还能享有中国驻当地使、领馆的领事保护？

答：根据《中华人民共和国国籍法》规定，中国不承认中国公民具有双重国籍。定居外国的中国公民，凡自愿加入或取得外国国籍者，即自动丧失中国国籍，因而不再享有中国驻外使、领馆的领事保护。

◎四　正在办理移民者，是否还能享有中国驻当地使、领馆的领事保护？

答：正在办理移民手续者，在手续完结、国籍变更之前仍是中国公民，是我们提供领事保护的对象。

◎五　中国公民在何种情况下可以获得领事保护？

答：根据《维也纳领事关系公约》第五条规定：领事职务包括"于国际法许可之限度内，在接受国内保护派遣国及其国民——个人与法人——之利益"、"帮助及协助派遣国国民——个人与法人"等。也就是说，中国公民在其他国家境内的行为主要受国际法及所在国当地法律约束。一旦中国公民(包括触犯当地法律的中国籍公民)在当地所享有的合法权益受到侵害,中国驻外使、领馆有责任在国际法及当地法律允许的范围内实施领事保护。

◎六 中国公民在寻求领事保护时应注意些什么?

答:作为中国公民,如果您的合法权益在所在国受到侵害,或遭遇不测需要救助,您可以就近联系中国驻外使、领馆,反映情况和有关要求。使领馆将在工作职责范围内向您提供领事保护和协助。

权利和义务不可分离。对海外中国公民而言,每位公民都有寻求和获得领事保护的权利,但也应承担相应义务和法律责任。主要有:

1. 要求中国驻外使、领馆实施领事保护时,必须提供真实信息,不能作虚假陈述。

2. 在主观上有接受领事保护的意愿。使领馆在实施领事保护时必须遵循当事人自愿原则,充分尊重当事人的意愿。

3. 要求不超出所在国国民待遇水平。使领馆在实施领事保护时必须遵循国民待遇原则,可以保障当事人获得与当地人平等的对待,但不能帮助获得更好的待遇。

4. 不能干扰外交部或驻外使、领馆的正常办公,应尊重外交、领事官员。

5. 依法交纳办理各种证件、手续的相关费用。

6. 严格遵守当地和中国的有关法律法规。

◎ 七 当您或您家人所在国家发生恐怖袭击、严重自然灾害、政治动乱等紧急情况时,应如何寻求领事保护?

答:1. 您应立即与就近的中国驻该国使、领馆取得联系,以获得最新相关信息并进行注册登记。如您家人与您失去联系,请您立即与中国驻当地使领馆取得联系,以获得最新相关信息,并提供您家人详细个人信息和联系方式等,以便使领馆协助查找。使、领馆将在必要及可能时协助中国公民(含死伤人员)撤离危险区域(不一定是回国)。

2. 您应保留好自己的重要证件和记录,包括护照、出入境记录、保险和银行记录等,并放在安全可靠的地方。

3. 您应检查护照、签证是否有效,如需更新护照请即到使、领馆办理。

4. 您应将存放家中或随身携带的重要证件和资料双备份,以防万一。同时要保证自己驾驶的汽车安全及行驶正常,并储备必要的食品和药品。

5. 不要消极等待。如尚有安全方式离开,应立即行动。

◎ 八 当您在海外发生交通、工伤等事故时,如何处理?

答:如您在海外遇到交通或工伤事故,应立即向当地警方报案或通知雇主,并要求通知您的亲友或中国驻该国使、领馆。您可要求领事官员敦促所在国当局惩办肇事者,或协助您通过法律途径或向保险公司(如您已投保)争取赔偿。

◎ 九 当您在海外受到犯罪分子侵害(包括性侵害)时,该怎么办?

答:您应立即向当地警方报告,并索要一份警察报告复印件。您还应当与律师或医生(如需就医)联系,也可向中国驻当地使、领馆反映情况。领事官员可以向您提供以下帮助:安排适当人员(如有性别要求)听取您的受害情况并承诺保护您的个人隐私;敦促警方尽快破案;了解案件进展情况;向您提供律师和翻译的名单;推荐合适的医院;补发丢失或受损的旅行证件;协助您与家人、朋友或雇主联系;寻求当地社会救助。但是,领事官员不能调查案件,不能代替您出庭,不能充当翻译,也不能替您支付律师费、医疗费或其他相关费用。

◎ 十 当您在居住国被羁押或监禁时,该怎么办?

答:您有权要求面见中国使、领馆领事官员。领事官员将根据您的请求前往探视,并保护您的合法权益,如人道待遇、公平待遇等。领事官员还可以帮助您与亲友取得联系,向您提供当地律师名单。但是,领事官员不能干涉当地法律程序,不能出面替您进行诉讼。

◎ 十一 当您在居住国受到雇主不公正对待或工资被雇主无故拖欠时,如何处理?

答:您应当依据合同及当地有关法规与雇主协商解决。如协商未果,您可向当地法院提起诉讼。您可同时请求领事官员为您提供当地律师、翻译名单。领事官员将会向您介绍所在国一般的法律信息。

◎十二　当您持有效护照及签证在目的地国入境、出境或过境受阻时,如何寻求帮助?

答:您首先应向当地主管部门如实说明入出境或过境事由,同时了解受阻原因。如您不懂当地语言,有权要求对方提供翻译服务。如果您的请求仍然得不到有关部门的回应,可要求与中国驻当地使、领馆联系,寻求帮助。使、领馆领事官员将向有关当局了解情况,视情反映您的要求,或进行必要交涉,但不能保证您一定会被放行。如交涉未果,您应理智接受当地主管部门的决定;如确系受到对方不公正对待,要注意收集和保存证据,以便日后诉诸法律解决。

◎十三　当您非法进入或滞留他国,既无有效证件,也无经济来源时,如何办理回国手续?

答:您应向中国驻当地使、领馆如实报告本人真实、详细情况,包括姓名、出生日期、出生地、职业、家庭住址、联系电话、非法出境或滞留经过等。待您的原居住地公安机关核实、确认您的身份,且您的家属已垫付您的回国费用后,领事官员可为您颁发回国旅行证件并协助购买回国机(车、船)票。

◎十四　当您的中国护照在海外遗失、被偷或被抢时,怎么办?

答:请您即向当地警察部门报案,以便您向当地移民局申请出境签证时备用，同时持本人有关身份材料及其复印件和照片到就近的中国驻当地使、领馆申请补发护照或旅行证，以供回国使用。我们提请您注意：买卖、转让、伪/变造、故意损毁中国护照是违法行为，涉案人将承担相关法律责任。

◎十五　当您在海外遇到经济困难时，能寻求使、领馆帮助吗？

答：中国公民在国外的费用应由自己负责解决。如果您因被盗、被抢等原因出现暂时经济困难，可以与中国驻当地使、领馆联系，让家人通过使、领馆汇钱，或通过外交部转交。

◎十六　当您家人在海外死亡时，如何处理？

答：1. 您可通过领事官员或亲友了解家人死亡原因和遗物（遗嘱）情况，并从当地有关部门获得死亡证明书等证明文件。中国驻当地使、领馆可应您请求对上述证明文件办理认证。领事官员不能调查死亡原因。如您对死因有疑问，可聘请当地律师向当地司法部门提出，请其作出合理解释或重新进行调查；亦可请领事官员协助向当地政府有关部门转交您的书面意见，请其对您的意见予以关注或将您的意见转达给当地司法机关。

2. 如死亡涉及刑事案件并已在当地提起诉讼，您应聘请律师，密切跟踪庭审情况，同时可请领事官员协助关注案件，并在法律许可的情况下旁听庭审。如您对庭审情况或判决结果不满，您可请律师协助上诉，同时也可通过领事官员协助向当地有关部门转达您的意见。但是,领事官员不能调查案件,也不能代替您出庭。

3. 您可要求前往当地处理有关善后事宜,但一切费用(含国际旅费、食宿及市内交通费)须自理;赴有关国家的签证、宾馆预订、接送等手续须自行办理,亦可请有资质的旅行社协助;在国外如需翻译,使、领馆可推荐,但费用须自理。

4. 如果您因故(如被拒签、无足够旅费等)不能前往当地处理后事,可委托在当地的亲友代办遗体火化、骨灰和遗物送回等事宜;如当地主管部门要求,您应提供经国内公证机关公证并经外交部(或其授权的地方外办)以及有关国家驻华使、领馆认证的授权委托书。如当地法律法规允许,亦可委托领事官员代为处理上述事宜(费用需自理),但您应事先提供经国内公证机关公证并经外交部或其授权的地方外办认证的授权委托书。

5. 如果您希望将遗体运回国,中国驻当地使、领馆可向您提供办理运送遗体事务的公司名单。运送遗体的费用很高,需要自行筹集。

6. 由于国外法律环境不同,如家属长期不处理遗体,不仅无助于问题解决,当地有关部门还可能根据当地法律规定,在一定期限内将遗体进行埋葬或火化。

7. 死亡案件的处理时间可能很长,在这种情况下,您应聘请当地律师跟踪处理。中国驻当地使、领馆只能在职权范围内向您转告当地主管部门所提供的案件处理情况。

◎十七　当您家人在国外失踪或遭绑架时,如何求助?

答:应尽快向当地警方报案。您也可向中国驻当地使、领馆报告有关情况,包括失踪或被绑架者姓名、性别、年龄、职业、相貌特征和在国外住址等并寻求协助。领事官员将根据您的要求请所在国有关当局寻找失踪者或解救被绑架者。

◎十八　当您或您家人在国外突发重病或精神病,如何求助?

答:当您或您家人在国外突发重病或精神病,应迅速拨打当地急救电话,前往当地医院治疗。中国驻当地使领馆可以协助提供当地医院名单;可协助通知国内家属或单位。如您或您家人要回国治疗,经当地医院及有关航空公司同意,使领馆可协助联系航空公司和陪护人员予以关照。您应承担机票及陪护等相关费用。

◎十九　当您与在国外的家人长期失去联系时,可以请中国驻当地使、领馆协助寻找他们的下落吗?

答:如果您已通过各种途径长期无法联系上您在国外的家人,中国驻当地的使、领馆可以在力所能及的情况下提供协助。目前中国政府没有强制要求所有海外公民到中国驻外使、领馆进行公民登记,再加上他们的工作、住址和电话常有变动,因此,中国驻外使、领馆协助寻亲工作十分费时费力,常常无功而返。有时,即使找到您家人,他(她)

本人却不愿与您联系。在这种情况下,领事官员可以为您传递一些信息,或在征得您亲友同意的情况下将其联络方式转告给您。

◎ 二十 中国驻外使、领馆是否可以解决海外中国公民遇到的一切困难?

答:为海外中国公民提供领事保护和协助是中国驻外使领馆应尽的义务。领事保护应该在有关国际法、驻在国和中国的法律框架内进行。中国驻外使领馆是国家的外交代表机构,在驻在国没有行政和司法权力,不能使用强制手段,不能代替个人主张其权利,只能通过外交途径敦促驻在国依法、公正、公平处理有关案件。使领馆积极协助当事人维护合法权益,但不能超越领事职务的权限。

◎ 二十一 中国驻外使领馆可否替求助公民支付一切费用?

答:如果因被盗、被抢等原因出现暂时经济困难,公民首先应通过个人汇款等商业方式解决。如接收汇款有困难,可与中国驻当地使、领馆联系,让家人通过使、领馆汇款。如求助公民无法及时得到亲朋救助,中国驻外使、领馆可以提供小额资助,为当事人提供短期食宿或购买机票回国。受助中国公民须签署"还款保证书"并提供国内还款人有效联系方式,回国后及时向外交部或驻外使、领馆归还借款。

中国驻美领事机构的应急电话

大使馆	（总）领馆	区号	电话	备选电话	传真/电邮	当地常用报警电话
美国		001	202-495-2266 或 2216	202-6698024（非工作时间）	202-686-9814	911
	旧金山	001	415-8525924（工作时间）	415-2168525（非工作时间）	415-8525920	911
	洛杉矶	001	213-807-8086 213-807-8008（工作时间）	213-798-3368 213-219-0696（非工作时间）	213-807-8091 consulatelosangeles@gmail.com	911
	纽 约	001	212-695-3125		212-564-9387	911
	休斯敦	001	713-521-9215	713-302-8655（非工作时间）	713-521-0759	911
	芝加哥	001	312-805-9838	312-803-0103	312-803-0104	911

附:外交部全球领事保护与服务应急呼叫中心(12308 热线)简介

12308 热线于 2014 年 9 月 2 日正式启动运行,全年无休 24 小时向海外中国公民和企业提供领事保护咨询与服务。呼叫中心热线电话号码为 12308(或 59913991,在国外拨打方式与拨打北京市电话号码相同)。12308 热线重点在于"领事保护",核心在于"应急",同时兼顾常见领保和领事证件咨询服务。主要职责有:一是为遇到紧急情况的求助人提供领保应急指导与咨询,必要时协调有关驻外使领馆跟进处理;二是向求助人介绍一般性领保案件的处置流程,并根据当事人需求提供建议;三是在发生重大突发领保案件时,承担应急处置"热线"功能,接受社会各界咨询;四是为中国公民提供领保常识及领事证件

咨询服务。呼叫中心热线增加了我公民寻求领事保护与协助的选择,并不替代各驻外使领馆此前公布的领保电话和证件咨询电话。中国公民在海外遭遇重大事故、自然灾害等人身安全受到威胁的紧急情况,可以拨打 12308 热线,按"0"再按"9"优先转人工服务。如有其他领事保护与协助请求,或需要咨询护照、签证以及各国安全情况等信息,建议优先登陆中国领事服务网以及中国驻相关国家使领馆网站获取信息,或是通过 12308 热线自助语音服务查询。

第一章
美国生活与法律

引 言

2015年3月的洛杉矶地区中国留学生群殴绑架案,不但震惊海内外华人圈,在美国刑事案件中都实属罕见。该群体霸凌案涉案者众多,且都是中国留学生。除了已经抓捕归案的六名被告外,还有几名涉案留学生闻讯逃回中国而被美国政府通缉。在法庭上,受害学生刘某声泪俱下地控诉了这些留学生对她犯下的残暴罪行。

然而,更加让人难以预料的是,事后案情再升温,惊爆案外案:一名在逃嫌犯的父亲竟企图贿赂证人,被洛杉矶警方抓捕。根据了解,这名涉案女留学生在得知其他多名涉案人被捕后,本已逃回中国,回到家后与其父亲商议,认为如果就这样一走了之,未来会被检方通缉,将永远不能返回美国,实在可惜。于是父亲带着她又回到美国,想私下用金钱贿赂证人,为女儿开脱。然而,美国警方在获悉其犯罪行径后迅速将其逮捕,也再次上演了一出中国家长试图"花钱摆平",反而搬起石头砸自己脚的国际丑闻。

当自己的孩子在异国涉入罪行严重的刑事案件,可以想像,大多数家长都会乱了阵脚,然而用老旧思维来挑战美国的法律权威,不惜犯罪来钻法律漏洞,认为有钱可以买通一切,这般为人父母的言行却是给孩子做了最坏的示范,叫人难以理解。而当这样的父母教育出的孩子触法而不自知,伤人而不自惭,原因何在,也不言可喻。由此反观,因小事对同胞大打出手的中国留学生,犯案时丝毫没有意识到自己的行为有何不妥,或许这些孩子的成长经历告诉他们:不管闯什么祸,只要有我爸在,分分钟就能拿钱摆平。可惜,这是在美国,此路不通,毕竟美国是个法治社会!

在许多家长眼中,这类校园霸凌案件在中国司空见惯,美国执法机构何必如此认真?美国传媒何必如此小题大作?在中国,学校以及当地的执法机构常认为打群架是小事情,最多训斥一顿,但在美国,这些中国留学生却面临"终身监禁"的严重后果。笔者在处理此案过程中,深深感觉到不仅被殴打的刘姓学生是受害者,所有涉案的留学生以及将全部希望寄托在小孩子身上的家长,都是这宗案件的受害者。该案再次为广大家长敲响警钟:低龄学子出国读书的监护和教育问题不容小觑。对于真正希望子女出人头地的父母来说,如何让孩子学会在异国他乡懂得"入乡随俗",尊重法治,并不是一个小课程,而且这需要家长同子女一起学习。

过去二十年来,笔者在美处理过形形色色的刑事案件.过去二三年间,随着美国对中国游客签证的放松,加上过去几年间,来自中国的留学生数量超过三十万,年龄越来越小,笔者颇有感慨,认为对美国法律的无知是绝大多数在美国求学或生活的中国人误触法网的主要原因,因而借此书来加强普法的宣传,避免这些悲剧发生在我们中国人身上。

入乡随俗，了解美国法律

美国是世界上法制体系最健全的国家之一。无论在美国旅游、留学、生活、工作或创业，都需要与法律打交道。美国的生活与法律可以说是息息相关的。不过，由于东西方观念及社会文化背景方面的差异，许多中国游客、留学生及中国新移民有一种模糊的认识，误以为凡涉及法律方面的问题都是有钱人的事情。反观美国人，生活中像婚丧嫁娶、买卖房屋等大大小小的事情，总是通过律师进行处理。而生活在美国的中国人却总是在发生问题的时候才去找律师，临时抱佛脚，结果往往是事倍功半。因此我们在日常生活中要养成良好的习惯，未雨绸缪，不要等到出现问题的时候才想起律师。在下列这些情况下，我们都应考虑到法律的后果及影响，最好事先咨询律师。

◎一 在个人或家庭生活面临重大转折，需要进行决策时，应向律师求助。如面对结婚离婚、大宗买卖等重大问题时，或处在人生的十字路口需要做出对今后人生产生重要影响的决策时，在不了解法律的情况下往往会走错路。律师可以提供建议，避免走错路或绕弯路。预防胜于治疗，法律问题也是如此。

◎二 在感到自己受到不公平待遇的时候，应求助律师以维护自己的权益。如自己因为肤色、种族或性别等受到歧视时,或没有得到公平的对待时,求助律师可以争取到自己的权益。我们中国人在美国毕竟是少数族裔,因为自己的肤色及文化背景常常会遇到不公平的待遇,当遇到不公平待遇时,应据理力争,通过法律途径讨回公道。

◎三 在别人认为你对他不公平时,应向律师求助。我们中国人都喜欢自己做老板,从雇用职员到开除职员,从与客户往来到售后服务,都可能出现潜在的问题,比如他人觉得你决策不当、处事不公,或员工认为你对他的待遇不公平,或女性员工指责你"吃豆腐"而涉嫌性骚扰行为等情况发生时,你应该马上向专业律师咨询,防患于未然。

◎四 在合约签字之前,应先让律师过目。我们中国人都有通病,在签署合约前尽量省律师费,出现问题时才找律师救火,而这时可能已经为时太晚,因为签字后的合约已经生效,此时再找律师打官司的花费会更高,而且相当麻烦。若在签字前找律师,律师可以针对合约作适当的建议,预防未来可能发生的问题。花点小钱,可以避免更大的损失,可谓事半功倍,我们中国新移民应学会这种做法。

◎五 在遇到复杂情况自己无法做主时,应找律师出主意。在生活或工作中经常可能遇到一些复杂的情况,令你无法拿定主意,如购买大型工厂、收购商家或成立公司、解决移民身份问题,等等。大部分民众很难自己对整宗案件的未来进展及其他变通方法有通盘的了解。求助专业律师不仅可以评估自己决策的法律后果,而且还可以让律师替自己出些主意。俗语说,当局者迷,旁观者清。经验丰富的律师可以成为自己的"军师"。

◎六　当自己认为对方没有履行合约,或者政府工作人员违规作业,不按常理操作时,不应委曲求全,应通过律师替自己据理力争。比如,移民局人员越权要你的电话号码或在非工作时间向你住家打电话,约你出去吃饭并暗示:如果你不答应他的无理要求,将拒绝你的申请等。某些害群之马为贪图私利,利用中国新移民对美国法律不熟悉及华裔移民怕事、喜欢息事宁人的弱点,做出一些超越自己职责或违反职业道德的事情,这时一定要找律师保护自己。

◎七　在被警察逮捕或涉及刑案时,不应病急乱投医,应寻找专业律师的援助。自从"9·11"事件后,美国对非美国公民的中国新移民不再像以往一样以礼相待。中国新移民涉及刑事案件,不仅可能因为案件而坐牢,而且还可能影响移民的身份。大部分律师都没有处理过刑事案件,他们未必能洞察刑案之微妙及其对移民身份的影响,因此当自己或自己的亲友不幸遇到这类情况时,大家应仔细比较,选择能使用自己的语言与自己沟通的专业刑事律师。

在中国中国新移民所涉及的案件中,大部分都是由于中国新移民对美国法律不熟悉或按自己在原居住国的习惯处理问题而导致犯法。例如,东南亚地区的移民喜欢吃狗肉,但是在加州杀狗就会犯法;很多来自中国的移民在购物时把孩子留在车内,由于美国儿童被绑架的情况时有发生,加上加州天气炎热,可能导致孩子受伤,因此把孩子短暂放在车里而无成人照顾也会触犯法律。

第一章　美国生活与法律

太多的情况是由于中国新移民不懂得美国法律而误落法网,而很多中国朋友常常以此为理由,说"哎呀,我不知道",希望求得法官的宽恕。殊不知,大部分法官都会说,"身在罗马,就必须按照罗马人的方式来生活",要在美国生活,就必须入乡随俗,遵守美国的法律。因而,在美国,不懂法律不但不能成为你的辩护理由,法官反而会因此加重对你的处罚,以便让你牢记住这些经验教训。

前车之鉴:赌场借钱遭通缉

案例:儿子在洛杉矶读大学的高先生经常来美探访小孩,有一次在入境时被移民局扣住,原因是他有通缉令在身。原来他几年前到赌城拉斯韦加斯玩时向一家赌场借了五万元,后来没有还钱给赌场。

邓洪律师的解说:内华达州的法例大都保护赌场的利益,赌场会让赌客轻易获取到贷款来继续下赌,但是,如果赌客不还钱,内华达州的法例规定欠钱不还为刑事罪。赌场可以将赌客签署的欠条(marker)移交给检察官办公室处理,检察官办公室会在全美的犯罪信息中心网(NCIC)放置通缉令。被通缉的赌场债务人必须偿还所有的债务才能取消通缉令,否则会被引渡到内华达州接受刑事起诉。

因而,前往赌城的民众应注意:

1. 赌博一定要有节制,不要随便签欠条或借钱赌博。
2. 如果欠赌场的钱,应尽快与赌场协商解决欠债的问题。宣布破产并不能解决欠赌场的债务。

3.如果拖欠的时间较长,很可能赌场已将债务问题交付检察官处理,在出国前应向刑事律师查询是否有通缉令。

4.如果在入境时因为赌场通缉令而被警方扣住,应尽快与刑事律师联络,与检方协商撤销通缉令,避免被引渡到内华达州。

5.在偿还欠款后,要确定刑事案件已被撤销,以免影响将来的移民身份。

如何避免法律问题的困扰

在美国生活,你除了要了解美国的法律并合理地运用,还要学会一些避免法律问题困扰的知识和技巧,这样可以减少很多不必要的麻烦。笔者自1987年来美留学后曾做了近十年的记者,十八年的律师,处理了上万宗案件,综合一些心得,提供以下一些建议供大家参考。

◎一 了解并遵守美国法律,绝不能知法犯法,更不能有侥幸的心理。如酒醉驾车、闯红灯、体罚小孩等,即使警察没有发现,由于美国民众的法律意识很强,他们看到你有这些违法行为时,很可能会举报。例如许多华裔夫妻吵架甚至大打出手的家庭暴力案件,举报人很可能是美国邻居或路人。学校的教职员、医院的医务人员在怀疑受伤人被家暴或虐待时,都必须依法举报。

◎二 做任何事情都要三思而行,要考虑到可能发生的风险。你在采取最后行动前最好向律师咨询,清楚地知道自己的所作所为可能引发的法律后果。

◎三 运用常识或常理(common sense)来做决定。常识或常理可以使你了解到什么是合理的,什么是不合理的。比如华文媒体经常会登邮局招聘职员的广告,如果按常理找邮局的工作,直接去邮局询问就可以了,没有必要找中间的公司。这类的广告大多是骗局,让民众支付大笔费用,得到的咨询和邮局提供的数据并无两样。

◎四 在商谈重要合约时,一定要有书面签字。中国人有个习惯:大家谈业务时混得很熟,称兄道弟;谈合作时一拍胸脯,"保证没问题"。但是在美国一定要按法律程序办事,"先小人,后君子",合约上签字后再按合约的条款办事,特别是重大的工程或买卖的合约更是如此。一旦签了字,就要依照合约行事。如果不懂英文合约,在签字前,你最好找一位自己信得过的朋友及律师帮忙把关。

◎五 购买足够的保险。在美国,保险被认为是一张安全网。儿童、医疗、住房和汽车等都要有保险,许多中国新移民在刚买车时都觉得汽车保险太贵,不愿意买,结果发生交通意外时,倘若是自己的错,不仅要赔偿别人的损失,还可能因为没有购买保险而被警察开罚单,即使是对方的错,也因为自己没有保险而得不到全部的赔偿。如果你开餐馆,却没有购买商业责任保险,万一客人吃饭时卡到骨头或员工工作受伤而要求餐馆赔偿,你的餐馆生意很可能就做不下去了。购买必要的保险,才能降低风险。

◎六　要发扬中国人勤俭持家的好传统,不能滥用自己的信用。虽然美国是一个建立在信用基础上的国家,信用卡给民众的生活带来极大的方便,不过你要记住"羊毛出在羊身上"。开始使用信用卡时可能有种种优惠,但是后来利息可能会很高,因此你要格外小心。

◎七　切记"己所不欲,勿施于人"。有些中国新移民到美国后有过被骗的经历,但是时间长了以后往往产生了"以前我被骗过、现在要在别人身上捞一把来补偿"的想法,因此用以前自己被骗的手法来骗更新的移民。这样形成的恶性循环,使骗案永无休止地在中国人社区发生,从而让美国主流社会及执法机构都产生"为何中国人总在骗中国人"的迷思。只有我们中国人自己改变观念,以身作则,在受骗后积极教育中国新移民,帮助他们避免重蹈覆辙,才能根除"中国人骗中国人"的问题。

◎八　千万不要与执法人员争执,"好汉不吃眼前亏"才能保住你的命。就算警察没有道理,也不要与其争执,争执会造成警方的误解。由于美国宪法赋予民众持枪的权利,为了保护自己的安全,警察必须假定他所遇到的每一位民众都可能是持枪的危险人物。在现场,如果不服从警察的指挥,你可能会被误会为危险人物。一旦举动可疑,警察很可能会先发制人,为自己的安全而射击你的要害,同时为了避免将来的民事索赔,他们会先给你定上某种罪名,以防备你状告他。因此当警察拦你下来询问时,你要冷静,听从警察的指挥。警察执法不当,也应在法庭上解决。

◎九　不要不理会国税局。在美国,不报税是违法行为。即使你或你的公司宣布破产,国税局也同样会追上来。获得绿卡的民众更要按章报税,否则你的花旗梦可能因此破碎。

◎十　"兔子不吃窝边草",不要在本公司内"吃豆腐"。据统计,发生在公司内部的骚扰案件有上升的趋势。如在公司内随便讲一个"黄色笑话",你就有可能被同事指控性骚扰。性骚扰是美国员工告雇主最常见的理由。

◎十一　要承担起对自己子女的责任。美国对拖欠自己子女赡养费的案子越来越重视,这不仅涉及民事官司,也牵涉到刑事案。生父和生母对未满十八岁的子女必须承担共同责任,如果任何一方不履行自己的责任,检察官可以以刑事罪进行起诉,其结果将影响当事人取得相关的专业执照及移民身份。

◎十二　应该避免做合伙生意,这类事情的教训太多。如果生意赚钱,双方可能在分钱方面出现问题;如果生意不赚钱,双方在责任的承担方面又会发生冲突。假若你坚持要合伙做生意,一定要"先小人,后君子",签署合约,列明各自的责任及分成。

◎十三　"未雨绸缪",应该对自己的遗产做出预先的安排。遗产往往与死亡联系在一起,这是中国人所忌讳的。但是在美国,如果遗产不做事先的规划,在当事人过世后,政府可能会通过税收的方式拿走很大的一部分,也会引发子女间为争取遗产所产生的法律问题。

邓洪律师的忠告：运用常识识别投资骗局

例一：在中国人社区经常遇见的是投资骗案，骗子经常会在华文分类广告中做出诸多的承诺，如承诺投资不仅可以保本，而且投资报酬率高达百分之二十五。银行定期存款最高的利息也不到百分之五，何来百分之二十五给你？

例二：有些投资公司知道一些中国新移民急于找工作，便招聘中国新移民，刚开始时给他们高额的薪资，同时不断给这些新职员施加压力，让职员们拉他们的亲友投资，亲友的资金往往几个月内就被投资公司"输掉"。这些人明知道这是违反常理的，但是由于贪心而放松警惕，最后上当受骗。

法庭上见！(See You in Court!)

人与人接触，难免会产生矛盾。如果矛盾得不到化解，就会演变为冲突。不过，美国社会不赞成用肢体冲突来解决问题，当商谈解决不了问题时，都会顺口而出，"See You in Court!（法庭上见！）"。

正是因为美国民众习惯用法院来解决问题，因而养活了整个律师行业，使美国成为全球人均聘请律师比例最高的国家。不过，通过律师打过官司的民众都有同感，不管最后官司胜负，唯一的胜利者往往是律师，因为纵使客户胜诉，但是扣除所有的开支及律师费用，加上自己花费的时间及精力，往往也是得不偿失。如果是败诉，既要赔偿对方，又要付自己甚至对方的律师费用。

因而,近年一种称为ADR(Alternative Dispute Resolution)的"另类纠纷解决方法"开始在法律界流行,受到民众的欢迎。所谓另类纠纷解决方法主要分三种:第一是谈判(Negotiation),第二是调解(Mediation),第三是仲裁(Arbitration)。在采用这些方法之前,你应该和律师商量哪种方法更适合于自己。

谈判

谈判是一种解决问题的沟通方法。运用谈判的方式,可以通过律师或中间人进行沟通,可能会化解诸多的误会。

因此,发生问题时你最好与对方沟通,如无法与对方沟通,可以通过第三者进行沟通,在媒介上最好用书面材料的方式,便于留下当时沟通的记录;也可以通过律师写信,要求与对方谈判,否则将诉诸法庭。

调解

在僵持不下、互不相让的情况下,当事人可通过第三者来协调解决问题。许多法院都设有调解服务机构,法院也鼓励律师担任义务的调解员。调解员分别听取双方的说词,了解双方的要求,然后反复协调,将双方的距离拉近,从而达成大家都可以接受的协议。这种方法成效很大,且费用不高,因而越来越受到民众的欢迎。例如,公司与公司发生纠纷,可以请调解人员做中间的调停,但是双方可能都要付费。并

且,调解员不一定是律师,当事人通过 http://www.abanet.org 可以找到合适的调解员。

仲裁

在谈判及调解都无法解决问题时,当事人仍可以尝试一下与法院程序相近的仲裁方法。仲裁官往往是由退休法官或律师担任,仲裁的过程实际上是非正式的法庭程序,仲裁官听完当事双方的证词后做出判决。很多情况下,法官在正式进行陪审团审理前会要求双方进行仲裁。

仲裁有两种形式:一种是仲裁结果不具法律约束力的,英文称"Non Binding",在这种情况下,仲裁的结果是提供第三者的意见,如果任何一方不服,可以不接受仲裁结果,此时,案件就会进入法院的审理程序;另一种是有法律约束力(Binding)的仲裁,仲裁官的裁决就是最终的裁决,双方都不能拒绝接受。越来越多的合约都规定如双方发生纠纷,案件需用仲裁方法来解决,如有此类条款,最好是与律师商量,确定仲裁是否为约束性仲裁,仲裁的处理方法将来是否对自己有利。法院大都认为仲裁条款是合法的,因而,合约如有约束力的仲裁条款,签约者很可能失去法官或陪审团审理的权利。

邓洪律师的忠告:"私了"未必能解决问题

应该特别指出的是,寻求法庭外解决的问题往往只涉及民事诉讼。刑事案件是不能"私了"的。所谓刑事案件就是违反刑法的行为,只有检察官才有权力决定是否要起诉,即使刑事案件的受害者同意庭外和解,也并不能撤销刑事案件的起诉。如果被告想方设法与受害者谈判私了,反而会被告妨碍司法罪。许多中国新移民由于分不清刑事与民事之间的区别,而私自行动,采用"私了"的方式解决刑事案的问题,不仅问题没有解决,反而引发出更多的刑事罪名。例如,甲打了乙,乙告诉甲:"如果你不进行赔偿,我就报警或找人报复你",而乙提出的赔偿额往往远远高出法律允许的赔偿金。因此,乙的行为涉嫌勒索,乙由有理变成没理并触犯刑法。

法庭上见:美国法院种类

真的要上法庭吗?

如果通过庭外解决的方法仍未奏效,你就要决定是否要坚持进入法庭来解决。许多民众误以为只要在法院获胜,败方就要自动赔偿自己的律师费用。其实,在美国,民众要各自承担律师费,胜诉后可以要求法院裁决败方付律师费,但是法官未必会这样做,因此纵使胜诉,仍要花大笔律师费。

该去哪类法庭？

一旦决定要打到底，你就要对美国的法庭系统有所认识。美国的法院有联邦法院和州法院两大类。许多案件既可以在联邦司法系统审理，也可以在州的系统审理，不同的系统可以有不同的优势。遇到这类情况时，你最好是请教律师，由律师来决定哪一系统对自己比较有利。

联邦法院处理的案件都是与美国宪法及联邦法有关的刑事及移民案件，如移民法、破产、走私人口、商标侵权等案件，以及跨洲际或跨国际案件，如涉及跨州或跨国企业间的商业纠纷且涉及的金额在五万元以上的案件。联邦的案件首先在联邦地方法院（District Court）审理，如果双方不服，可以上诉到巡回法院，如果对上诉法院仍不服，最终可以告到联邦最高法院。

美国虽然是联邦政治体制，但是联邦政府对各州的自主权及司法权相当尊重。普通民众所涉及的案子百分之九十都是在所在州的法院进行的，州的法院通过市法院及县高等法院来处理与民众日常生活有关的民事及刑事案件。各州立法议员根据自己选民的需要而制订出各自的州法，因此，各州在同一议题上可能有不同的法律规定。例如，在加州驾车，如果交通信号是红灯，在没有特别标注"红灯不允许右转"的路口，在安全的前提下，驾车人士可以右转，但是如果在其他州，红灯绝对不能右转。各州对自己的司法系统也有一定的规定。根据案件的性质及所涉及的金额,州政府的法院也各不相同。

一般而言,最基本的法庭为有限管辖权法庭(Limited Jurisdiction Courts),其中包括:地方法庭(Municipal Court)、交通法庭、小额法庭等,受理的案件都属于情节很轻或所涉及金额不高的案件;其次为普通州法庭(State Courts of General Jurisdiction),也称为县法庭(County Court)、高等法庭(SuperiorCourt)、地区法庭(DistrictCourt)等,他们所受理的刑事案件并没有惩罚的上限,其受理的民事诉讼案也没有数额的上限,并且大部分的案件都是交由陪审团来裁定。许多地方政府为节省开支,将有限管辖权法庭的功能与普通法庭合并起来,例如,洛杉矶县将地方法庭合并入普通法庭。

在普通法庭的更上一层,就是州的上诉法院(Courts of Appeal),也称中级上诉法院(Intermediate Appellate Courts),如果民众对普通法庭的裁决不满,可以上诉到此层次的法庭,由上诉法院的法官裁定审理该案的法官是否有误判或错判。如果民众对上诉法院的裁决仍不服,就可以上诉到州的最高法院(StateSupremeCourts),大部分上诉案件都到此为止,但仍有极小部分案件会从此直接上诉到联邦最高法院。

许多来自亚洲地区的民众对美国的上诉法院都有误解,认为可以在上诉法院进行第二次审理或在最高法院进行第三次审理。其实,美国的上诉法院及最高法院都不会将案件重新审理,而只着重考虑两个因素;其一,上诉者的律师是否称职;其二,审理的法官是否滥用了裁决权,即应该作为呈堂的证据被法官挡在法庭之外,而不该作为呈堂的证词或证据,反而作为了呈堂证据。上诉法院有权直接推翻初审法院的裁决,但是这种情形较少,大部分都维持原判,如发现初审法官在某些重要证据及证词上有误判或错判时,往往将案件退还初审法院,要求重审。州政府及联邦政府的最高法院并非受理所有上诉案,往往会选出一些争议性较强,或具有代表性,或影响较大的案件来作出裁决,因为美国的司法系统遵循案例(Case Law),最高法院及上诉法院的裁决及解释,往往影响到普通法庭的裁决,因而最高法院在选案时格外小心。

何为小额法庭?

民众最常使用到的法庭是小额法庭(Small Claim Courts)。例如自己在干洗店洗的衣服受到了破损而店家不肯赔偿、邻居的狗咬到自己而狗主不愿赔偿、别人拖欠你的钱而迟迟不肯还等纠纷,都可以告到小额法庭。小额法庭不需要请律师,许多州包括加州在内都禁止双方聘请律师,但是提出诉讼的民众必须遵守法庭的程序:首先,必须到法庭提交起诉状并交纳规费;其次,必须要将起诉状及传票递交给被告,许多法院都会由庭警提供送传票的服务,但要收取额外的费用,接着,在一定的时间内,法官就要开始审理这宗案件。

第一章 美国生活与法律

在审理过程中,法官往往只有几分钟的时间来听取你的陈述,因而,你必须做充分的准备,在陈述时要简明扼要。首先你要证实对方负有责任,最好是先找到一些法律依据,再呈现一些证据,证实对方是错的;其次你要有证据证实由于对方的过失而导致自己的损失。

小额法庭的费用低廉,但是有一定的限制。尤其是在数额上的限制,例如,加州和德州的最高限额为一万元、科罗拉多州和内华达州为七千五百元、纽约和哥伦比亚特区为五千元、阿拉巴马州为三千元,另外,一些州还限制民众一年内使用小额法庭的次数以免法庭被滥用。设立小额法庭是为了方便民众处理日常生活中遇到的一些小事,因而程序也相当简便,民众可以到当地法院查询一下小额法庭的程序及收费。

小额法庭不同于一般法庭,除双方都不能请律师外,法庭不会提供翻译服务。因而,如果自己不懂英语,最好带上一位会说英语的朋友来帮忙翻译。小额法庭的法官也很可能是义务到法院帮忙的律师,如对法官的裁决不满,有些法庭还允许进入一般的法庭去上诉。

全美五十州开始在网上向民众提供各类信息,其中包括小额法庭、家事法庭、民事法庭等方面的数据,有些州法院甚至提供法院的表格、费用以及案件进展情况。查询各州及地方法院,可到 http://www.findlaw.com。有关联邦法院的资料及当地的联邦法院资料的查,可到 http://www.uscourts.gov。

邓洪律师的忠告：专业人士的保密特权

在美国，有几个职业是拥有保密特权的，律师与客户、医生与病人、牧师与信徒等之间的谈话及文件记录是绝对保密的，这些专业人士不能随便透漏自己与客户的谈话内容，即使法官也不能下令打破此保密特权。

真假律师之分

在美国对律师有不同的称呼。初学英语时，大家都知道"lawyer"就是律师，是美国民众对律师最普遍的称法。律师的另一种英语称法是"attorney"或"attorney at law"。还有一些新潮的律师觉得律师的职责是替客户排忧解疑，因而称自己为"counselor-at-law"。而在法庭上，法官会称双方律师为 counselor。不管称呼如何，律师经过严格考试及背景调查合格后，向法院宣誓成为司法系统一员，他们的职责是向民众提供法律方面的建议及代表委托人出庭。

律师的资格

为了避免律师到处抢他人的生意，再加上各州法规不一，各州对律师的资格都有严格的要求。一般而言，成为律师要具备下列条件：

第一是必须从法学院毕业获得法学博士学位。法学院分为二类:第一类为美国律师公会所认可的法学院(ABA-American Bar Association),从 ABA 法学院毕业的学生可以到美国各州去考律师执照;第二类为非 ABA 认可的法学院,这些学校由所在的州自己认可,从这样的法学院毕业的学生只能申请所在州的律师执照考试。

获得律师资格的第二个条件是要通过执照考试。考试内容主要包括选择题及作文题,科题包括宪法、刑法、合同法、证据法、民事程序、刑事程序等,大部分州都要连考三天。

第三个条件是必须通过个人背景的调查,以便证明申请律师执照的人的个人品行良好,没有重大犯罪记录。

第四个条件是必须宣誓,表明自己愿意成为美国司法系统中的一员,并且要坚守美国的宪法精神。

律师的服务范围

一旦获得律师执照,律师就可以在所在的州范围内提供所有方面的法律服务。但是律师如果要跨州提供法律服务,就必须获得该州的执照才能在当地的州级法庭出庭。不过,假若律师获得州执照后,又获取到联邦法院的律师资格,他们就可以跨州提供与联邦法相关的法律服务,例如,目前南加州有许多提供移民服务的律师,虽然他们并没有加州的执照,但他们在外州获得律师执照,因而可以在加州从业并只提供涉及联邦法或联邦法院相关方面的法律服务,如移民、商标、破产等。

一般而言,如果拥有所在州的律师资格,律师可以提供全面的法律服务。不过,有些律师从事某项专业服务多年,对该类业务已相当熟练,也可以申请该项服务的专家资格。专家资格是由当地的律师公会核发的,往往有执业年限及办案数量等方面的要求。但是很多在某些专业很优秀的律师并没有申请该专业专家的资格,因为他们觉得有了律师的执照后大部分案子都可以接,没有必要去申请专家的资格。据统计,美国执业律师在三十万到四十万之间,拥有专家资格的律师不足百分之三。

邓洪律师的忠告:花费律师费前的考虑因素

许多与美国企业发生纠纷的中国企业,在与美方签订合约时,应选择在中国有约束力的仲裁条款,一旦经过中国的仲裁,如果美方败诉,中方可以直接在美国执行该仲裁而避免冗长的诉讼程序。

在花费大笔律师费前,你应先考虑两个因素:第一,自己的获胜机会有多大,每位当事人都是在觉得自己有理、别人无理的情况下决定采取法律行动的,但是,最终决定胜负的并非是你自己或你的律师,而是坐在陪审员位置上的普通民众,因此除了要了解自己的优势及劣势外,你也应了解对手的优势及劣势,这样才能做出明智的抉择;第二,要考虑如果自己胜诉,是否可以获得赔偿,有许多的案件虽然法院的记录是你胜诉,但是你真正到手的赔偿金额可能是零或少得可怜，因为败方早就转移财产或者宣布破产了，纵使你胜诉，到手的不过是一文不值的判决书，很可能你花费的律师费用及精力远超过得到的赔偿。

真假律师之分

为保护消费者的利益，各地政府对律师的从业资格都有严格规定，如果没有律师执照而提供法律服务，属于刑事罪，轻者罚款，重者坐牢。1986年美国国会通过移民大赦法案，大批非法移民需要律师援助，但因律师过忙或收费过高的原因，大批非法移民可能错失机会，因而，加州等地的地方政府允许部分懂双语的人士协助这些移民填表格，这些移民顾问在大赦过后无生意可做，从而开始提供各类移民法律服务。由于这些移民顾问不受律师公会的管理，部分移民顾问公司在收到钱后不办事，或不懂法例乱办事，或收到钱后消声匿迹，使中国新移民消费者利益受损，因而，近年各地政府都立法，要求移民顾问公司向州政府购买保证金，并要在广告及合约中声明自己并非律师且不能提供任何法律服务。南加州中国人社区中国新移民被冒牌律师欺骗案件增多，在南加州中国人律师公会等组织的推动下，加州政府2002年通过新的法案，将非律师人士提供移民服务的行为定为重罪行为，被定罪可被判罚1年以上的牢刑。

律师除受政府部门的管理外，还受律师公会（Bar Association）的自律管理。律师行业对英文的BAR格外敏感，首先，可以说是酒吧，律师行业压力大，酗酒一直是律师界的问题；其次，可以解释为监牢的铁杆，如果律师执法犯法，纵使律师也可能 Behind Bar（坐牢之意）；再次，管理律师的律师公会也称为 Bar，如果被 Bar 找上门，肯定是律师被客户投诉了。

作为消费者，要分辩出真假律师，最简单的方法就是到所在州的州律师公会（StateBar）的网站上，查询律师的执照及以往被投诉记录，如果无法从律师公会中找到律师的记录，或记录显示该律师被处分过，消费者就要格外小心。

如何寻找到合适的律师

保守的英国人士认为律师是一个高贵的职业，打广告做宣传简直是贬低自己，因而英国仍然保持律师不做广告的传统。但是，在美国，随着社会和市场经济的发展，行业的竞争日趋激烈，律师需要大做广告才能揽到生意。佛罗里达州曾有一宗案例，一位律师为了招揽车祸案件，除在医院门外停泊一辆流动的宣传车外，还监听警方通讯系统，有时和警察及救护车同时到达现场，甚至跟随救护车赶到医院，目的就是说服受伤者成为他的客户。结果，佛州法院裁定律师的这种招揽生意的方法不当，而禁止律师使用此方法，从此，许多美国民众就把部分不择手段来招揽生意的律师贬称为 Ambulance Chaser（追逐救护车的人）。

在众多的律师中,如何寻找律师或如何寻找好的律师,有一定的窍门。

◎一　通过亲戚或朋友寻找律师,一般是比较可靠的。因为他们有一定的经验,对他们所推荐的律师的人格、能力和作风都有所听闻或了解,这应该说是最保险的方法。

◎二　通过自己信得过的律师来介绍同行。一般来说,每位律师都有自己专精的领域,就如医生一样,不可能样样都精通。一位负责的律师可能会坦诚表示自己对某些领域不了解,但同行都彼此认识,对律师同行的了解也比较深,因而通过律师的推荐,往往可能会找到能解决自己问题的律师。

◎三　可以向律师公会或当地的律师协会查询。一般而言,律师公会(Bar Association)可以核对律师是否为公会会员,但很难知道其专业能力。值得注意的是,黄页上有许多律师介绍机构(Attorney Re-ferral),这种机构是由一些律师付费参加的机构,他们设有热线电话,向客户推销付费会员律师的服务。由于他们只推荐付费会员,因而,很难判断他们所介绍的律师是否称职。

如何与律师打交道

在被卷进一场官司,或不小心触犯法律的情况下,假如自己英文不错且懂得一点美国法律常识,能否不请律师而自己出庭替自己辩护?

美国法律允许民众自己出庭替自己辩护，但是在实际案件的处理上，特别是在刑事案件中，法官不会鼓励这种做法，他们会觉得你是在玩火，就像自己生病，但不想花医药费而自己替自己看病一样。在刑事案件中，如果被告坚持自己辩护，法官仍会指派专业律师在旁协助，以免案件在上诉时被指责被告未得到适当的法律援助。

如果案件当事人做自己的律师，往往会出现诸多的问题：

首先，一旦案件进入司法程序，当事人未必清楚案件究竟有什么法律后果，因为当事人没有经过特殊的专业训练，没有办法知道官司打输可能面临的后果。

其次，一旦出现法律处于模棱两可的情况时，当事人没有办法去处理，也不具有熟练的调查能力去寻求对自己有利的证据或解释。美国法律中，很多案件的审判是以过去更高一层法院的案例为指南进行处理的。当事人可以找到以往对自己有利的案例来替自己力争，对方的律师也同样可以找到对他们有利的案例，但是没有经过训练的当事人与对手的专业律师相比，在搜寻案例的能力方面显然逊色许多。

另一个不利的方面是：上法庭犹如打仗，对自己代表自己进行申辩的当事人而言，我方赤手空拳、毫无经验，而对方是训练有素且全副武装的军人。这样的决战不仅不明智，而且结果也可想而知。

因而，美国法律界有一句话，如果律师本人被告而决定自己代表自己来进行辩护，这位律师一定是世界上最笨的律师。连律师都有这样的经验之谈，民众在遇到问题的时候，最好还是找自己的律师寻求帮助为上策。

如何选择到适合自己的律师？

首先应该对律师进行背景调查，通过律师公会网站查询该律师的文凭、执照、专长及是否受过处分等情况，然后通过电话联系的方式进行"过滤"。你通过电话可以向律师询问到该律师的专长、从业的历史有多久、有无处理自己这方面案子的经验或打赢过这类案件的记录等情况，并比对这些律师所提供的资料是否与自己掌握的资料相符。

第二步就需要与律师进行面谈。但是要记住，你最好不要马上在电话中就表明要聘用这位律师。谈话时要注意有些律师的面谈是收费的。

不要轻信保证

在决定选择这位律师前，消费者要考虑与律师签订合约的内容。委托律师办案，一定要有书面文字材料。第一要考虑的问题是，由于法律上不允许律师对案件的结果做出任何的保证和承诺，律师只能凭自己的经验估计案件的大致结果如何。如果你所面谈的律师拍着胸脯，口口声声保证没有问题，就要特别小心，因为将来案件可能会有很大的问题。律师违反自己的职业道德来打"保票"，并非表示他对案件有信心，只能说明律师急于接你这个案，迫切地想从你口袋中将钱拿走。因为所有案件都有诸多的影响因素，律师不可能预料如神，只能按步就班，随机应变，全心地解决各种突发状况。因而你千万不要轻易相信律师的保证。

聘请中美律师的考虑因素

中国新移民在这方面往往有两种极端，一是误认为美国人在出庭时有优势，而根本不考虑能否和律师沟通，有时候美国人律师有中文助理，但是助理能否准确翻译客户所讲的话也无从得知；另一个极端是不问律师所擅长的专业领域，只要会说中文，不理会中国人律师是否有出庭经验。其实，最明智的做法是取中美律师两者之所长，聘请中美律师团队，既可以利用中国人律师沟通容易之便，又可以发挥美国律师出庭之优势。

能否与律师沟通？

当事人与律师事实上是一个团队，律师是当事人请来的"专业枪手"，是帮你做事的，就如你聘请雇佣兵一样。他能否理解你的状况、能否听取你的意见、能否提供一些有用的建议，以及你们能否愉快地合作，等等，都可能会影响到案件的最终结果。因而你在聘请律师时，要考虑到律师的语言、文化背景及自己对他的信任度。

第一章 美国生活与法律

邓洪律师的忠告：专选择预付法律服务是否值得？

近年中国人社区开始流行一种叫做"预付（Prepaid）"的法律服务方式，客户每个月缴纳固定的费用，从而可以得到一些基本的法律服务，如写律师信、在电话上提供服务及找专业律师时给予优惠的折扣等。有人称这是律师界的HMO（医疗保健计划），消费者通过预付计划为自己避免法律纠纷购买了保险。但是这种方式并非适合每个人，由于大部分中国新移民都有语言方面的问题，预付法律计划未必有华语的服务，另外，如果你所遇到的法律问题不多或需要特殊的服务，就没必要每个月付钱了。

律师如何收费

邓洪律师的忠告：小心免费的律师咨询

许多中国新移民误以为律师的首次面谈都是免费的，其实不然，许多免费咨询的律师可能是通过免费咨询来招揽生意，所提供的建议未必完全中肯。如果想要中肯的法律建议，你可以付费给律师作为咨询费用，许多收咨询费的律师会将谈话费算在将来的律师费内。

与律师打交道要十分小心，因为律师动不动就说："我会将账单寄给你（I will send you the bill）"。的确，律师和其他专业服务项目一样，并没有肉眼可见到的产品，完全靠头脑、经验、声誉及时间来衡量。政府管理部门及律师公会虽然有权管理律师，但是却无权过问律师的收费，大部分的州在律师费方面只规定，律师向客户收取的服务费应该合理。

究竟律师是如何收费？何种收费较为合理？

律师收费有三种方法：计时收费、分成方法和固定收费。

(1)计时收费

计时收费是每个小时收取一定的费用。一般需要客户先付一部分定金，存在信托账户，律师按实际工作的时间从账户上扣钱，如果账户上的钱不足，客户应该继续往账户里存钱。当事人选择这种付费方式要小心，要自己多做些准备工作，少花律师的时间；在与律师见面或通话时不要说些废话和闲话，因为通话的时间是计费的。

(2)类似中国风险代理的分成收费

"分成"的英文是"Contingency"。客户不需要预付任何律师费，等到官司获胜后，律师才从赔偿金中分出一定比例的金额作为律师费。车祸、狗咬、不当死亡等人体伤害案件大都采用这种方法。部分州政府对于劳工赔偿案的分成比例有所规定，例如，加州规定律师可以得到百分之十到百分之二十；涉及医疗误诊及未成年人的侵权案件，州政府对律师的报酬方面也有一些硬性的规定，不能超过某一比例。但是在大多数案件中，法律并没有规定上限。一般而言，如果人体伤害案件不需要提供诉讼而直接与保险公司达成和解，律师可分三分之一；如果案件需到法院打官司才能解决，律师由于工作量较大而可能收取赔偿金的百分之四十作为律师费用。

使用分成方法时,消费者应与律师谈妥一些分账问题:谁预先支付必要的费用,如法院的费用、做口供的费用及翻译的费用等;如果案子没有打赢,这些事先付出的费用最后由谁来承担。这些问题必须在委托的合同中明确。另外,双方还应该明确分成的含义,是总收入的分成,还是扣除费用后净收入的分成等。

(3)固定收费处理整宗案件

固定收费是律师固定收取的费用。许多律师将案件分为多个阶段,然后按照每一个阶段来收费。固定收费的方式对于客户来说比较好,因为客户心里有底,知道律师费不会是无底洞,知道最坏的情况下自己要花多少钱。在与律师商谈固定收费时,消费者要清楚地了解整个案件的程序及步骤,以及每一笔律师费用所包括的服务项目。另外,双方还要谈妥固定费用是否包括了法庭费用、翻译费用和电话费用等额外或临时的费用。

邓洪律师的忠告——请律师该选择哪种付费方式?

民事诉讼以及上诉案件所涉及的步骤很多,时间拖得很长,律师大都要求计时收费,不过,律师每小时的收费是可以商谈的。而刑事案件,以计时收费并非上策,因为有些不肖律师本来早就可以结案,但是会为了赚取更多律师费而故意拖延,相反地,固定收费方式可以促使刑事律师尽快处理此案。不过,刑事律师都习惯先收费,再开始着手,因为他们经常会遇到一些被警察误会的案件,当案件被撤销后,客户都不愿意再付费,因为他们认为自己本来就没有罪,案件被撤销并非律师的功劳。另一方面,如果律师处理的结果不如想象的那样好,客户也不愿意支付律师费,因而专业的刑事律师都会要求客户先将全部律师费存入律师的信托账户,才开始受理案件。

炒律师的鱿鱼

民众是因为有问题才去找律师,但是,找到职业道德不佳的律师可能衍生出更多的问题。当客户遇到不道德的律师时,该怎么办?

作为司法系统的一员,律师被州政府及律师公会所管制,且必须遵守律师行业的职业道德,当发现自己律师的做法不妥时,客户有权随时解雇自己的律师,但是律师一旦接手案子就不一定能随时"炒"客户的"鱿鱼"。即使客户不付费,律师也必须经过法官的同意,在保证客户的利益不受伤害的情况下才可以不再代表客户。尤其是在陪审团开审前夕,接手的律师可能没有足够的时间来准备,法官都不太愿意让案件拖延下去,也因此不太愿意让原来的律师打退堂鼓。如果感觉自己的律师不称职要换律师时,你应该注意以下几个问题:

◎一 要注意弄清楚律师的费用问题。尤其是使用分成的方法聘请律师时,如果要解聘律师,你应该查一下有无"律师抵押书(AttorneyLien)"，即使被解聘的律师已经做了大量工作，如果没有"律师抵押书"，纵使后来的律师争取到高额赔偿，被解聘律师以前的工作也是白做。因而，法律允许律师在分成的案件中放置"律师抵押书"，这样客户可以暂时不付律师费，等到案件打赢后，新接手的律师与原来的律师分享律师部分的金额。

◎二 当你解雇律师后，即使没有付费或没有完全付清律师费，律师也无权扣留你的档案数据。如果律师对客户说，你不付钱我就扣留你的档案或将来移民局的通知，就是违反律师职业道德的。因为案件是属于客户的，所有的档案也是属于客户的，并非是律师的私有财产。此外，律师对自己客户必须忠诚，即使被客户解聘，也不能采取任何对客户不利的行动。

◎三 当怀疑这个律师不称职的时候，你应向其他律师询问，征求一下第三者的意见，看看有没有其他补救的方法，让独立的专业律师评价你原来的律师做的是否妥当。

◎四 可与律师公会联络。每个州都设有律师公会来管理律师，这些公会拥有很大的权力，可以吊销律师的执照。如果律师拥有外州的律师执照，也可以向律师查询他们的执照是哪个州的，是属哪个部门管理，执照号码是多少等。如果发现有问题，你也可以向发照的律师公会反映问题。在投诉前，你应准备充足的证据，按照发生的时间顺序列出与律师交往的经过，找懂英文的亲友将经过详细叙述。

◎五 如果客户与律师之间发生的问题是出于律师费的纠

纷，客户可以向律师公会提出仲裁的解决方式。所谓仲裁就是看律师收费是否合理，是否需要把钱退给客户。但是仲裁应该有证据，最重要的证据是客户与律师的合约。每个州对签订合约的要求都不尽相同，如加州规定，收费超过一千元以上，律师必须与客户签订合同，客户也应该得到一份合同的副本。如果客户没有，可以用书面的方式向律师索取。

◎六　当客户认为律师在办案时产生严重过失，因而给客户造成严重损失时，客户可以告律师"失职(Malpractice)"。所谓"失职"，也就是指律师在受理客户案件时发生职业上的疏忽，客户必须能够证实律师没有履行他所应该履行的职责。

例如，在人体伤害的案件中，如果意外事故是由于政府在修路时没有放警告标记造成的，很可能是政府工作人员的过失。如果加州法律规定告政府一定要在事情发生后的半年之内提出，但是律师错过了半年的时效期，受伤的客户就可能因此而不能向政府索取任何赔偿，在这种情况下，客户可以去告律师。

邓洪律师的忠告：签订中文合约

加州政府为了保障中国新移民与律师打交道时的权利，特别通过律师双语合约法规。如果律师自己用中文或通过中文助理来商讨聘请事宜，律师必须向客户提供中英文两份律师合同给客户。如果律师没有，或不肯提供，你最好咨询其他律师，千万不要签署自己不明白的律师聘请合约。

第二章　签证与移民身份

引　言

2015年3月，美国联邦执法机关大规模突击搜索南加州二十家月子中心，众多中国孕妇都牵涉其中，不但本人护照被拿走，新生儿出生证明、亲人配偶证件遭扣留，更被调查部门约谈。

笔者受理代表了其中多家经营月子中心的业者，在代理过程中获悉，美国移民执法局（ICE）为了此次行动，已筹备有两年之久，曾派出便衣探员扮作有意来美生子的孕妇，向月子中心收集如何申请签证、如何应付美国领事官面谈、美国海关的入关攻略技巧、到美国后如何延长签证、如何申请住院生子、如何办理婴儿出生档案、如何安全返国等相关证据。调查的对象包括在中国招募客户的中介公司，在美国接应的月子中心以及向孕妇提供服务的在美相关服务行业人员。

近一两年来，美国政府加大力度缉查非法月子中心，随着海关处理案例的增加，华人孕妇进出最多的洛杉矶国际机场管控也越来越严。而为了顺利入境，过去不少孕妇都会先拿一到两周的短期签证，进入美国后再找妇产科医师出具不适航证明,接着透过移民律师办延期居留的方式在美生产。然而,延期居留这条"计策",却并非万无一失。虽然移民局基于人道立场,有可能准许孕妇延期居留,但一旦有了欺骗嫌疑,在入境的电脑资料中,将记载旅客申请延期居留产子,这与观光签证目的不符,重者可算是诈欺起诉,轻者是具移民企图,未来可拒绝入境。长远来看,父母一旦有了"移民企图"记录,即便孩子成为美国公民,未来父母想要入境美国陪伴孩子,也恐难成行。

此番突击搜查后,众多中国孕妇被移民局的官员找去约谈后可能不发还签证,而将孕妇遣送回国;若执法单位认定孕妇为无心之过,也可能要求其转做污点证人,允许其继续留在美国;若孕妇被认定为知情者,则可能变成共谋,面临刑事起诉。

事实上,不只越洋生子的孕妇,其他华人民众在申请各类赴美签证过程中遇到的法律问题更是包罗万象、数不胜数。近年美国政府放宽了观光旅游签证(B-1,B2)、留学签证(F-1)以及投资移民签证的申请,大批中国游客以及留学生可以更容易地获取签证,不过,与美国驻华大使馆以及领事馆,美国移民局等政府机关打交道,一定要如实提供资料,才能避免掉不必要的麻烦。

申请哪类签证去美国比较合适

非移民签证适用于以特定目的为由,要在美国停留一段时间的游客、商务人士、学生或专业工作者。美国法律要求,大部分非移民签证申请人需向签证官证明,其在自己国家具有牢固的约束力,并在短期停留后会离开美国。

虽然非移民签证只允许在美国做临时短期停留,但"短期"停留时间可能长达数年,如学生签证或工作签证等。非移民签证的类别主要根据申请人访美的首要目的进行划分,除极少数例外情况,持该类签证人员只能在美从事与其签证类别相关的事务。另外,获得签证并不能保证最终进入美国,持有效签证的人员还将在美国入境港口接受国土安全部(DHS)官员的检查,如被怀疑有移民倾向或其他问题,将被拒绝入境。

非移民签证种类

- 商务及旅游签证(B1/B2 签证)
- 学生签证(F 和 M 签证)
- 交流访问学者签证(J 签证)
- 参与国际文化交流计划者签证(Q 签证)
- 短期工作签证(H、L、O 和 P 签证)
- 家属签证(F2、M2、J2、L2 和 H4 签证)
- 媒体工作者签证(I 签证)
- 与美国有贸易协议国的投资贸易商签证(E 签证)
- 过境签证(C 签证)
- 外交官员、国际组织雇员签证(A 和 G 签证)

- 未婚夫/妻签证(K 签证)
- 船员或飞机机组人员签证(D 签证)
- 宗教工作者签证(R 签证)
- 其他签证类别

非移民签证申请步骤

1)确定需要申请的签证类型,并查询所在地美国大使馆所要求该类签证的申请条件和申请材料说明。如果所在国家为豁免签证计划成员,并且本人出于商务/旅游目的前往美国,停留时间不超过 90 天,则无需申请签证。

2)填写 DS-160 表,并确保所有信息正确无误。一旦提交表格,将无法进行任何更改。如有疑问,应及时向移民律师或专业人士咨询,同时牢记 DS-160 编号以便预约面谈时间。

3)根据所申请签证类型,支付签证费,并妥善保管收据,以便通过收据编号预约签证面谈。

4)预约签证面谈时间。

5)按照约定时间到美国大使馆进行面谈,并随身携带所需材料。

6)如果签证获批,护照将寄送至申请人在预约面谈时选择的指定地点,而申请人则可在签证有效期内入境美国。

第二章　签证与移民身份

非移民签证面谈提示

按照美国法律，所有非移民签证申请人都会被预先假定为有移民倾向，除非申请人能够说服签证官情况并非如此。申请人必须证明与国籍所在地有紧密联系（如所拥有的或将要继承的工作、家庭、财产、房产和投资等）、在本国有强有力的理由，让申请人一定不会留在美国，而会在签证相关事务完成后坚定地返回本国。

另外，如果曾经在美国滞留的时间超过了合法停留时间，申请人要做好准备清楚简洁地向签证官解释，当时是什么事情导致申请人的非法滞留，并准备好支持性材料。

邓洪律师的忠告：携带现金进出境美国，需如实申报

美国联邦法律规定，民众携带一万美金以上的现金进出入海关，必须如实申报。过去，不少来自中国大陆的游客，由于对该规定不甚了解，在进关时未如实申报，所携带的现金惨遭海关当场没收，最终旅行计划泡汤，只能败兴而归。

70年代，美国联邦政府设立"反黑连坐法案"（RICO），目标是打击黑社会犯罪集团利用不法手段洗黑钱的行为，此法案要求任何民众出入美国国境，随身携带现金一万块以上都要申报，并证明钱的来源是合法的，用途也是合法的。一旦违反，轻则将未申报的现金没收，而如果被发现是累犯或明知故犯，且没办法证明钱的合法来源，当事人则可能面临刑事起诉。

另外,许多华人在进出美国海关时除了携带美金外,身上还可能有大笔的人民币、港币以及旅行支票等。邓洪律师提醒,这项联邦法规非常严格,民众出入关时所携带的金额包括美金、人民币、其他国家的货币,旅行支票、现金支票以及已签上字的普通支票等,一律算在申报范围内。

再者,不少民众误以为一万美金的规定是针对一个人的,因此如果一家三口入境美国海关,每人带五千美金,就不需要申报。邓洪律师特别强调,全家人的总现金数额超过一万美金,同样需要申报。因此,千万不要抱侥幸心理,试图用这样的方法来规避法规,最终只会给自己惹上更多不必要的麻烦。

如何申请商务旅游签证(B1/B2)

商务旅游签证(B类签证)是提供给短期访问美国并于期届满后立即返回母国的外国人,根据赴美目的可分为两类:短期商务访客(B-1),其赴美目的是为参加会议或从事合约商议、购买货物或代表外国雇主;短期观光旅客(B-2),其赴美目的是为度假旅游、探亲访友、寻求医疗服务、休憩或参加社交服务活动。通常情况下,B-1和B-2签证会合二为一,作为一类签证颁发(B-1/B-2)。

美国移民法规定,持B类签证入境的外籍人士不得在美国工作或者学习(少数情况例外)。另外,所有 B-1/B-2 签证申请人一律被视为"有移民倾向",除非申请人能够向签证官证明自己符合下述条件:

1)赴美目的是短期访问,比如参加商务/休闲/医疗活动;

2)计划在美停留的时间有限且确定;

3)有足够资金来支付在美停留期间的所有开销;

4)在美国境外有居所并具有牢固的社会、经济联系,能够确保赴美行程结束后如期返回。

B-1 签证的具体要求还包括,申请人雇主的主要商业场所及商业利润来源地在美国之外;申请人不得在美获得报酬,但在美国之外获得的报酬可通过美国金融机构支付给申请人,申请人也可在美获得一些日常津贴。

商务旅游签证申请材料(中国公民):

1)有效护照:如果护照将在距预计抵美日期的六个月内过期、已损坏或护照上已无空白签证签发页,应在面谈之前先申请一本新护照。

2)DS-160 表格确认页:在上面注明中文姓名、中文姓名的电报码、中文家庭地址、公司名字及地址,并将表格确认页竖着打印在 A4 纸上,面谈时携带。

3)一张照片:于 6 个月内拍摄的 2 英寸×2 英寸(51 毫米×51 毫米)正方形白色背景的彩色正面照,并用透明胶带将照片贴在护照封面上。

4)签证申请费收据原件。

5）含有以前赴美签证的护照,包括已失效的护照。

6）能够说明为何一定会返回中国的证据:出示经济、社会、家庭或其他方面对申请人具有约束力的文件,以帮助证明在美国短暂停留后有意返回中国,例如:户口本、身份证、雇佣证明、客观反映每月收入的工资单、有正常规律存取记录的存折等。

7）邀请信:如果受邀访问在美的亲朋好友,可提供邀请人信息、访美目的、事先安排的旅行时刻表;如果只是单纯赴美旅游,则无需出示邀请信。

8）资金证明:证明有能力无需工作即可支付在美停留期间的费用,例如能客观反映每月收入的工资单、有正常规律存取记录的存折等。请注意,银行存款证明单对签证申请没有帮助,请不要出示。

9）如果赴美进行商务活动,签证面谈时可携带的文件包括:美国合作方出具的详细邀请函,说明申请人的访美目的;与美国合作方签订的合同或其他协议;将赴美检测或购买的设备的相关信息,如产品宣传手册或目录等。

10）如果是赴美探亲,需提供材料证明申请人跟邀请人之间拥有真实且一直未间断的亲属关系,还应考虑提供邀请人入境或移民美国后的身份状况。相关文件包括户口本或其他证明真实亲属关系的文件、近年来与美国亲属的合影、亲属的美国护照或绿卡复印件、在美短期停留的亲属的护照复印件及美国签证复印件等。

11）如果申请人上次在美停留的时间超过入境时 I-94 卡

上的规定日期,请在面谈时出示美国国土安全部批准的延期证明书原件。

请注意,以上材料并非毫无遗漏,而出示所有文件也并非确保获得签证。但申请人必须提前做好充足准备,以便能够在签证面谈时合理解释访美目的和回国理由,并出示相关证据证明自己的陈述。

商务旅游签证有效时间:

B签证持有者在美的合法逗留时间,由海关移民官在签证持有者入境时决定,如果被准许入境,会被签发一张I-94卡,上面会注明签证持有人此次来美可停留的时间。

B-1签证时间一般从1个星期到6个月时间不等,通常情况为3个月,特殊情况下可能超过6个月,但不会长于1年。B-1持有者在期限界满之前,可以进行商务活动需要为由申请签证延期。

B-2签证持有者,无论入境时要求逗留时间是多久,移民官一般会给予最少6个月的合法逗留期。特殊情况下,移民官也会给予一年的合法逗留期。当然,B-2持有者入境后也可申请延长逗留时间,但每次延长不超过6个月。

美国根据不同国家的双边关系而签发一次或多次入境有效的B1/B2签证,其有效期也分为3个月、1年、2年、5年、10年甚至永久性有效。2014年11月12日,中美互惠延长发放给对方公民的短期商务和旅游签证、学生和交流签证的有效期,因此以商务和旅游出行为目的、符合B签证条件的中国申请人,现在可以拿到有效期最长10年的多次往返签证。然而,每次在美国能待多长时间,还是由海关的移民官来决定。

另外,台湾地区享受美国免签计划待遇,只要持台湾护照的申请人是赴美进行不超过90天的商务旅行或者旅游观光,不需申请签证,但入境美国后,不可以学习或工作,也不得申请转换身份。

B签证持有人是否可以转换身份?

B签证持有者在美期间可以申请转换成其他非移民身份,例如H-1、J-1、F-1等。理论上,满足条件的B签证持有者也可在美国境内递交移民申请。但是,在递交转换身份申请前需慎重考虑,因为移民局会严格审查此类申请,以防申请人利用B签证作为踏板进入美国,绕过其他更难的签证申请程序。这种行为一旦被移民局发现,可能构成签证诈骗,因为最初申请时,申请人没有真实表达自己的赴美意图,最终会导致驱逐出境等严重后果,未来想再次入境美国就非常困难了。

邓洪律师的忠告:外国人士能否合法来美生子?

答案是:外国人士可以合法地申请来美寻求申请医疗服务的非移民签证。美国并没有特别的签证来作为医疗服务之用,而将此类签证归属B1/B2类签证。

第一,在海外申请非移民签证的程序

外国人士可以申请商务签证(B-1),或旅游观光探亲签证(B-2),或两者兼可的B1/B2签证。要申请此类签证,申请者必须递交DS-160申请表,并在海外的美领事馆预约面谈。

申请签证者必须向签证领事证实自己没有移民倾向。领事官员会先假定申请人有移民倾向,申请人必须提供自己与原居地的关系,如就业、财产、家人情况等资料,来证实自己不可能放弃原住地的一切而留在美国。

此外,领事官员还可能要求提供访美行程的目的、访美行程的日程表,以及能证实申请人有经济能力支付这些费用的财力证明。

要获取到签证,申请者还必须证实,他们来到美国后,不会成为美国政府的负担(Public Charge)。领事官员考虑的因素包括申请者的年龄、健康状况、婚姻状况、职业、经济能力、教育程度等。因为美国的医疗费用比其他国家贵很多,领事官员在考虑申请者是否会成为美国政府负担时,会考虑到申请者到美国后是否会要求联邦政府、州政府或地方政府提供的医疗服务。

因而,在申请来美要求医疗服务的B-1/B-2签证时,申请者在面谈时必须向领事官员提供证据,证明自己不会成为美国政府的负担。

第二,入境时美国海关边防官员可拒绝外国人士入境

在美国海关及边防署(CBP)的官方网站就有关外国孕妇是否会被允许入境一事的官方政策是:在决定是否允许外国人士入境时,CBP人员将考虑到婴儿的预产期,以及孕妇计划的留美时间,此外,他们还将要求产妇提供证明,证实自己有足够的保险来支付所有的医疗开支,并且会如期离开美

国。如果证实外国人士没有足够的医疗保险来支付所有预见以及意外的医疗开支，CBP官员可以拒绝外国人士的入境。

第三，申请签证时美国领事官员要看的文件

外国人士要申请非移民签证入美来寻求医疗服务，美国领事官员可以要求申请者提供以下这些证明：

（a）申请者或其家人愿意支付全部开支的担保证明，并且证实保证人经济能力的相关证明；

（b）申请者本人或担保人的所有财力经济证明；

（c）申请者掌控的资源，足以满足所有的开支；

（d）美方的医疗机构证明，证实申请者所有的医疗费用将会由医院方承担；

（e）如有随同家人，申请者必须提供所有人员的开支、行程以及开支的承担人和其财务能力。

第四，入境时海关边防官员要看的资料

获取到非移民签证，并非能保证外国人士顺利入境。是否允许持非移民签证的外国人士入境，最终决定权在海关边防署（CBP）的官员手上。如果CBP官员认为外国人士有可能成为美国政府负担（即美国政府部门可能会因为外国人士没有医疗保险而必须提供医疗服务），CBP官员可以拒绝外国人士的入境。他们会考虑到以下这些因素：

（a）婴儿的预产期；

（b）外国人士在美国预计的停留时间；

（c）外国人士是否有足够的医疗保险来支付所有预计及

意外的医疗费用;

(d)外国人士是否有足够的经济能力来支付所有旅程的费用;

(e)外国人士是否有意图返回原来的国家。

CBP官员除上述因素外,他们在决定是否让外国人士入境时还将考虑到外国人士的诚实度,包括申请签证、入境表CBP 6059B、海关申报表等资料是否属实。如果CBP官员认为外国人士提供不实资料,或者没有足够的医疗保险或经济能力来支付所有的医疗开支,他们可以拒绝外国人士的入境。

如何申请学生签证

美国学生签证分为两类:F1签证和M1签证。F1签证发放给赴美进行学术学习的留学生;M1签证则发放给进行非学术或职业学习的留学生。请注意,本文提到的学生签证仅针对F1签证。

要获得学生签证,申请人必须首先获得美国一所合法院校的录取通知书,以及学校签发的I-20表格。申请人申请签证时必须出示I-20表格,同时需证明自己有能力在美国做全日制学生;进入美国并短暂停留的唯一目的是在被录取的学术机构完成学业;另外,自己有能力支付学费和上学期间所需的生活费用。

学生签证申请步骤：

1. 登陆美国驻中国大使馆网站，填写并完成非移民签证电子申请表(DS-160)；

2. 缴纳签证申请费；

3. 根据大使馆网站指示步骤预约面谈；

4. 按照约定的时间到使/领事馆进行面谈。

学生签证申请时间：

近年来，赴美学习热度高烧不退，申请签证的学生数量也持续增长。学生签证的审理时间可长达两个月。尤其在每年5、6月份签证高峰期，一定要提早预约面谈以免耽误准时开课，特别情况可申请加急处理。同时要注意，法律规定，签证官不能在学校开课90天之前发放签证，因此学生签证也不能在报到时间90天之前申请。

签证官面谈要点：

1. 申请人是个真心想去美国读书的学生吗？由于有的申请者提供伪造文件，还有人并非真的想去读书，只是把申请学生签证作为去美国的途径，因此签证官要仔细审核I-20表格、毕业证书、学业成绩，查找破绽。

2. 申请人有钱付学费吗？有的学生有全额奖学金，也有学生是自费（全部自费或部分自费），签证官要确认申请人所声称的钱款是否真能为其所用。

3. 去美国的目的仅仅是去上学而不是去工作吗？此处的工作是指毕业后的工作，而非上学期间的校内兼职。在学业完成后能马上离开美国吗？如果签证官向某人发放学生签证,此人必须使签证官相信他在完成学业后"打算"回国。

学生签证面谈建言:

要准确预料毕业后的事情并不容易,如果不清楚,你就直说不清楚,坦率承认会使签证官觉得你诚实可信。签证官并非要得到一个十分确切的答案,而是要看申请人是否认真考虑了这一问题。你对未来是否有计划?这一计划在中国现状背景下是否可信?你去美国所学课程是否能在中国派上用场?如果你能解释清楚所学内容今后在中国如何有用,则有助于获取签证。

另外,签证官会看申请人目前在国内的现状,家庭成员(国内与海外的)都有谁?父母做什么工作?他们在政府机关、工商企业、教育界所任职务对申请人回国后是否有所帮助?申请人的家庭经济状况如何?如果家庭能供申请人去美国上学,父母在国内事业开展得不错,签证官也容易相信申请人回国后事业会有所成。假如是借钱去美国上学,那签证官就很难相信申请人毕业后能马上回国。签证官不会根据某个单一条件而做决定,要综合考虑申请人的全部情况。

如果被拒签,你要仔细听签证官对你所说的话。比如,如果签证官说你经济来源不清,下次再签时你就要带上说明钱出处的文件;如果签证官说你无法让人信服毕业后就回国,那你就仔细想想在向签证官解释你的毕业计划时如何更清晰、更具说服力。如果第二次再来签时材料无任何变化,结果恐怕还是一样。

如何申请投资移民

EB-5 概况与优势

对于拥有足够资产并有意移民美国的外国公民来说,投资移民(EB-5)具有不小的优势。相对于其他类职业移民签证,EB-5 不要求申请人具有任何学历背景、投资经验或企业管理技能;不论国籍,也不需等待漫长的排期,只要申请人资金来源合法,并满足投资条件,即可获得临时绿卡。由于临时绿卡和永久绿卡享有相同待遇,申请人的直接亲属(配偶和 21 岁以下的未婚子女)可作为受益人同时申请调整身份。两年后,如果申请人满足有关资金和就业岗位的要求,就能拿到永久绿卡。美国每年约有 10000 个签证名额分配给合格的 EB-5 申请人,其中 3000 个名额分配给到目标就业区(Targeted Employment Area,又称 TEA)创立新企业的投资人,另外 3000 个分配给地区中心(Regional Centers,又称 RC)的投资者。

EB-5 投资对象与方式

EB-5 签证规定申请人的投资对象必须是以盈利为目的

的企业，包括公司（Corporation）、有限责任公司（Limited Liability Company）、有限合伙（Limited Liability Partnership）及其他法人或个人独资企业。而投资方式，主要包括以下三种：

1）新的商业企业（New Business Enterprise）。申请人可在美国任何地域创立、经营管理一家新企业；或收购一个现有企业并对该企业进行实质性的重建或重组；或投资一家现有企业并使其净值或员工数增长40%。另外，多个EB-5申请人可同时投资一个企业，但每位投资者的平均投资数额及所创造的工作机会，依然需要满足移民局的要求。

2）困难企业（Troubled Enterprise）。申请人可收购并经营管理一家困难企业。困难企业是指存在两年以上，且在投资人提出申请前一到两年内企业净资产（net worth loss）亏损超过20%。对于收购困难企业的申请人，没有增加10个就业岗位的要求，但要在至少两年内保持现有10个以上的岗位或投资时的雇佣状态，并使所收购企业其净值上升40%。

3）地区中心移民方案（Regional Center Pilot Program）。EB-5申请人也可把钱投给移民局核准的"地区中心"，成为项目合伙人或股东。相较于其他投资方式，该方案不要求投资者参与日常公司的管理，另外间接创造的就业机会也满足移民局对于"创造10个就业机会"的要求。

EB-5 投资金额

一般而言,EB-5 投资金额不能少于 100 万美元。但为了刺激偏远或高失业率地区经济发展,移民局规定如果申请人的投资对象属于"目标就业区域"(Targeted Employment Area),即人口低于 2 万的农村地区或者失业率高出美国平均失业率 50% 的地区,最低投资金额可下调到 50 万美元。另外,绝大部分的地区中心的投资门槛是不少于 50 万美元。

EB-5 创造就业岗位

除了投资资金外,EB-5 的另一要求是创造就业机会。一般来说,在 I-526 申请表格批准后两年内,投资新企业的申请人必须直接雇佣 10 个以上全职美国员工;参加地区中心计划的投资人,需证明区域中心正按照其被批准的商业计划运营;收购困难企业的投资人,需至少保持投资时的雇用人数。法律规定的美国员工包括,美国公民、绿卡持有者、其他合法移民,EB-5 投资人本人和配偶子女不算在内。

EB-5 风险评估

有意向的 EB-5 申请人也应清楚当中所涉及的风险,投资人并非投入 50 万元或 100 万元就能高枕无忧。首先,投资本身就存在风险,尤其是选择区域中心进行投资,投资人对区域中心没有直接控制权,再加上区域中心仅仅是由地方政府批准而非担保,并非万无一失,因此一旦投资失败,很可能血本无归,永久绿卡也获批无望。另外,移民局对于申请人的资金合法来源审查严格,投下钱去,临时绿卡是否拿到,也并非定数。而两年后申请永久绿卡,同样面临层层审核以及被拒风险。

如何申请跨国公司经理签证(L1)

L-1签证概况及种类

L-1签证是短期非移民工作签证,用于跨国公司派遣外籍高级经理(Managerial capacity)、行政主管(Executive capacity)、或拥有特殊知识的专业技术人员(Specialized knowledge)去美国分公司工作。L1签证主要分为两类:L-1A签证适用于跨国公司的外籍高级经理和行政主管,L-1B签证则是针对特殊技术人员。

L-1签证申请资格

在L1签证申请过程中,跨国公司是申请人,外籍高级行政管理人员或专业技术人员是受益人。受益人在提交 L1 签证申请前的三年内,必须在申请人跨国公司的海外机构(非美国境内机构)连续工作一年以上。虽然移民法未对 L-1 受益人的教育背景和工作经验提出具体要求,但申请人必须证明受益人的教育水平和工作经验能够与其职位相符。

跨国公司的海外机构与美国境内机构之间,必须存在母子公司、分公司或附属关联企业的关系,有实际资金与业务往来。L1 跨国公司也包括非营利性、宗教或慈善类机构。同时,L1 签证也适用于正筹划在美国设立分公司或办公室,因而需要将高级管理人员和专业技术人才派遣到美国境内进行筹备的跨国公司。

L-1 签证的有效期

一般情况,对于新成立的美国公司,首次 L-1 签证申请的有效期是 1 年,到期后申请人必须提出延期申请。对于成立至少 1 年以上的美国公司,首次 L1 签证申请的有效期可达 3 年,到期后也可以提出延期申请,L1 延期的有效期也可达 3 年。高级经理和行政主管的 L-1A 签证,最长不得超过 7 年。专业人才的 L-1B 签证,最长不得超过 5 年。当 L-1 身份的最长效期到期以后,L1 签证的持有者必须离开美国,至少 1 年之后,方可重新申请新的 L 签证。

L-1 跨国公司集体调职签证

L-1 跨国公司集体调职签证(L-1 Blanket Petition Program)适用于某些满足移民局条件的大型跨国公司,该项目允许一次申请就将一定数量的经理级高管和具备特殊知识的专业人员派遣到美国公司工作。

L-1 签证优势

L1 签证不像工作签证 H1B 那样有年度和名额限制,而且申请所需时间相对较短。如果申请人选择加急处理服务,15 天内就可获得结果。L1 签证虽然属于非移民签证,但允许 L-1 签证持有者具有双重意向(移民意向)。因此,L1 持有人可以在不影响 L-1 身份的情况下,通过其他移民途径(比如杰出人才 EB-1A、EB-1B、国家利益豁免 NIW、百万投资 EB5 等)申请绿卡。而如果条件成熟,L-1 持有者也可通过第一优先劳工移民(EB-1C)的方式,向美国移民局提出转绿卡申请。由于 L1 签证转绿卡周期短而且不受任何移民配额排期限制,是企业家赴美发展和移民美国的首选之一。另外,L1 签证申请人的配偶及 21 岁以下的未婚子女,可申请 L2 签证随同入境美国,并可一起申请美国绿卡。

在美国如何调整身份

调整身份概况

调整身份(Adjustment of Status)是申请绿卡过程中的最后一个程序。如果申请人在美国,也符合在美国申请调整身份的条件,就可向移民局递交调整身份申请,把非移民身份调整成永久居民身份。如果申请人在美国境外或虽在美国境内但不符合调整身份条件,就必须通过领事处理程序(Consular Processing)在居住地的美国使领馆申请,获得移民签证后进入美国,取得永久居民身份。

调整身份的条件

申请人必须合法入境美国且符合某一特定移民类别申请的条件。大多数申请人通过亲属或雇主提出移民申请,也有人通过难民、政治庇护或其他特殊法律条款而取得绿卡。申请调整身份受到移民排期的影响,只有申请人排期到了以后,才可向移民局递交 I-485 表格(Form I-485, Application to Register Permanent Residence or Adjust Status)。

第二章　签证与移民身份

移民申请和调整身份申请同时递交

对大多数申请人来说，移民申请（由亲属或雇主递交的I-140移民申请）必须先获得移民局批准，申请资格得到确认，才可以递交I-485表格调整身份。但某些情况下，移民申请和调整身份申请可同时递交。如果你的排期已经排到或者你的移民类别没有排期，你可以在递交移民申请的同时，递交调整身份申请。美国公民的近亲属（配偶，子女和父母）在申请绿卡时没有排期，可同时递交；EB-1和EB-2工作类移民，如果递交申请时没有排期，申请人也可在递交I-140时同时递交I-485。某些移民类别即使没有排期，也不允许同时递交，比如投资移民（EB-5）。另外，在I-485申请的等待期间，申请人还可以同时申请I-131回美证（Advance Parole，允许外籍人士离开美国一段时间后可不需要移民签证或者非移民签证重新进入美国的一种文件）以及I-765工作许可（Employment Authorization Document，简称EAD卡）。

调整身份期间转换雇主或工作

2007年克林顿总统签署生效21世纪竞争力法案（AC21），允许已经递交I-485的申请人，若符合以下条件，可在等待I-485审批期间转换雇主或工作而不影响其调整身份申请：

1) 由原雇主递交的移民申请(I-140,Immigrant Petition for Alien Worker)已获批准；

2) 申请人递交 I-485 调整身份申请已经超过 180 天；

3) 新工作,必须和原雇主递交 I-140 移民申请的工作属于相同或类似工作领域。

身体检查和指定医生

大多数 I-485 申请人都被要求进行身体检查,且必须由移民局(USCIS)指定的医生完成。申请人可根据其所在区域的邮编,查询居住区附近指定医生的信息。如果申请人是通过领事处理程序,也就是在美国境外领事馆申请签证,美国国务院会告知申请人所需的体检要求。

I-485 申请被拒

一旦申请被拒,移民局会为申请人提供书面决议,详述拒绝原因。这种情况下,如果申请人的非移民签证还未到期,可继续合法留在美国；但如果已过期,申请人将面临被遣送回国的风险。移民局下达的裁决不允许上诉,但如果局势逆转,例如申请人刚得到某项关键性证据可左右申请结果,或移民局最新下达的某项法律条款对申请人案例有利,足以更改判决,那申请人可要求移民局重审。

第二章 签证与移民身份

邓洪律师的忠告：在美国使用现金，需格外小心

近年中国大陆游客，蜂拥而至到美国旅游购物，而且都随身携带大笔现金。然而当中不少人，不是购物途中成为抢匪下手目标，就是现金放在旅馆中不翼而飞。针对这样的不愉快经历，美国刑事律师邓洪提醒，游客在美国使用现金一定要特别小心，不要随身带过多现金，出门尽量使用旅行支票或信用卡。像美国当地人，随身最多携带一两百美金应急，而出门购物大都使用信用卡、借记卡或支票。

另外，民众在美国银行存款也需格外留意。"9·11"事件后，美国国会为了反恐而通过《爱国者法案》，要求银行在收到民众一万美金以上现金存款时，必须向监管机构申报并提交 STR 可疑报告（Suspicious Transaction Report），同时要求存款人提供现金来源的合法证明。然而，有民众为了减少麻烦，自作聪明将现金分批存入，每次存钱都控制在一万元以下。邓洪律师强调，这样的行为本身已经触法。

联邦法规中特别设置"化整为零"（structuring）罪名，就是针对民众故意将一万元以上现金分批或分不同账户分散存钱以躲避银行申报的要求。一旦违反，当事人钱款不仅可能全部没收，还可能触犯刑法、面临牢刑。另外，也有华人民众在美国将现金通过电汇方式寄回中国，如果一次超过三千美金，同样要做 STR 可疑报告，有的汇款公司教唆存款人故意迴避该规定，同样触犯了联邦法律。

邓洪律师最后提醒，民众将大笔款项存入银行本身并不违法,但一定要如实申报,千万不要为省小麻烦而落得人财两空,得不偿失。另外,中国游客或华人移民,进出入美国还是建议携带小额现金,需使用大笔金额的情况,则选用银行汇款或银行卡支取,才最为保险。

留学生在美的三大证件更新与挂失

驾照、I-20以及社会安全码SSN,对在美留学生朋友而言,可以说是最重要的三大证件了。它们一旦过期或遗失,不但合法居留身份受到影响,日常生活也是寸步难行。因而,保管好自己的重要文件非常重要。随着科技的发展,民众可以透过云端信箱来保存自己的文件,一旦遗失可以将复印本找到,并可以按照以下这些方法来补办这些重要文件。

一、驾照过期更新

在美国,驾照相当于身份证的作用。它一旦过期,会给生活带来诸多不便。驾照过期更新规定根据所在州不同,会有细微差别,具体内容可在DMV网站查询,网址为:http://www.dmv.org/renew-license.php。加州主要更新方式如下:

(一)符合以下条件的可在网上更新

1. 地址没变;

2. 加州DMV有你的SSN资料;

3. 在网上注册账号。

一旦符合条件注册成功,你就可以网上支付更新费。

(二)通过邮件更新

以下两种文件二选一,完成填写即可:

1. 以邮件形式收到的更新通知;

2. 符合邮件更新条件的信息表(DL 410 FO)。

将填完的表格,连同更新费的支票或汇票,通过邮件形式寄到以下地址:

Department of Motor Vehicles

ATTN:RenewalBy Mail Unit

P. O. Box 942890

Sacramento,CA 94290

(三)通过电话更新

希望通过电话更新的,拨打更新通知上的号码即可。所需材料:

1. 更新通知上显示的更新 ID 号(RIN);

2. 信用卡或借记卡,用于支付更新费。

(四)现场更新

必须本人亲自到场进行驾照更新的情形如下:

1. 年龄在 70 岁及以上;

2. 距离驾照过期时间还有 60 天及以上;

3. 前两次驾照更新都非现场更新;

4. 需要进行笔试。

前往加州 DMV 办公室并且:

1. 填写驾照或身份证申请(DL44),表格可到现场领取,或拨打DMV电话索取;
2. 提供指纹;
3. 拍照;
4. 通过视力测试;
5. 如有需要,需通过笔试;
6. 支付更新费。

(五)身处他州的居民

如果驾照过期时,本人身处他州,可要求免费的一次延期,时长为1年。具体做法是,驾照过期前,本人写信要求延期,信中需写明:

1. 姓名;
2. 驾照号码;
3. 出生年月日;
4. 加州地址;
5. 外州地址。

写完后请寄至:

Department of Motor Vehicles

P.O. Box 942890

Sacramento,CA 94290

二、I-20过期更新

如果不能保持F-1的学生状态,例如学位结束或学位转换,就会导致 I-20 的终止,需要恢复(reinstatement),或出境后重新申请新的 I-20 再入境。后种方式可能对 OPT、CPT 有所限制。

(一)恢复 I-20 适用于以下几种情形

1. 非学生状态的时长不超过 5 个月;

2. 没有重复违规记录,即没有多次 I-20 过期;

3. 正在或即将在下学期进行全日制学习;

4. 没有非法工作;

5. 除 I-20 过期以外,没有其他被驱逐出境的原因;

6. I-20 过期非本人可控;

7. I-20 过期前没有提交项目延期;

8. 非全日制入学申请未能通过。

(二)在申请过程中,必须注意:

1. 申请期间必须保持全日制学习状态;

2. 该期间内不享受任何 F-1 签证下的工作福利(例如 CPT、OPT);

3. 可能无法申请或更新驾照。

(三)申请方法

请与学校的国际学生办公室预约,并带齐以下材料:

1. 学校代国土安全部收缴的申请费,需以支票或汇票形式;

2. I-539 表(其中第二部分第 1a 题,请填写"reinstatement to F-1 student status",第三部分第 1 题请填"D/S");

3. 所有之前签发的 I-20 表;

4. I-94 卡；

5. 含签证页的护照；

6. 财力证明；

7. 受赡养者的文件，包括护照、I-94，有 I-20 的也要带上；

8. 申请人当前状况及满足 reinstatement 条件的解释信；

9. 成绩单复印件（非官方也可）；

10. 如果非学生状态时长超过 5 个月，需携带支付新的 SEVIS fee 的收据。

三、SSN 办理挂失

不少留学生朋友，都有 9 位的社会安全码，一旦遗失，可要求补办并拿到原始号码，如果是被盗用，则可要求签发新的 SSN。SSN 办理挂失免费，但不能在网上进行，具体操作步骤如下：

（一）准备相关证明文件

1. 移民状态：I-94 表或外国护照上的准入章。F-1 或 M-1 学生身份，必须准备 I-20；如果是 J-1 或 J-2 访问学者身份，必须准备 DS-2019。

2. 工作许可：通常，只有被国土安全部允许工作的非美国公民，可以申请或补办 SSN。F-1 学生身份，且允许在校内工作，必须提供学校官方出具的证明信，证明是其本人，有学校学生身份，并显示雇主及工作类型；此外还需准备雇佣证明,例如最近的工资单、雇主写的介绍信等,介绍信上必须有雇主的签名和签署日期,且说明你的工作、雇佣开始时间、每周工作多少小时、主管的姓名及电话。

CPT 期间的学生,请携带附有工作页及学校签章的 I-20。有 I-766 工卡的 F-1 学生,请携带 I-766。J-1 学生、学生实习生或国际访问者,需提供赞助人的介绍信,该信应使用赞助人(如外国学校)的抬头,并含有亲笔签名。

3. 年龄证明:如有外国出生证明,或在 10 天内能拿到外国出生证明的,必须提供;如不能,其他相关证明,如护照或国土安全部签发的文件,也可。

4. 身份证明:I-94 或 I-766 均可。

注:社会安全部门可以使用同份文件用于两种证明用途,但申请人必须准备一式两份。

(二)填写并打印 SSN 卡申请表。

(三)邮寄或携带申请表及相关材料至当地社会安全部门。

邓洪律师忠告:未美国公民不要登记投票

美国民众要参加选举的投票,首先必须登记成为选民。为了方便民众登记成为选民并参加投票,加州州长布朗十月间签署了 SB 439 法案,并将在明年 1 月 1 日正式生效,允许任何去车辆管理局(DMV)办理或更新驾照、且符合投票资格的加州公民,可自动进行选民登记。

加州州务卿办公室表示,一直以来,选民登记都是数以百万加州人无法参与选举的一大障碍,而新法上路后,民众去到DMV办理业务的同时,就可将个人信息自动送达州务卿办公室进行选民登记,预计将给加州增加几百万新登记选民。目前州政府正在着手起草落实的具体措施,但是估计在明年6月份才会全面推广。

虽然新法给广大选民提供了便利,但美国刑事律师邓洪提醒,到DMV办理业务,但本身不是美国公民的民众,在不小心或语言不通情况下,很可能误入自动选民登记程序,登记注册成为选民,而这属于欺诈行为,触犯联邦法规,因而,在DMV填写表格时,一定要看清楚,不具备公民身份,千万不要自动登记。

另外,明年又逢大选年,政府预计会大肆鼓励选民登记、踊跃投票,再加上绿卡持有者可以政治捐款,因此很可能有不少搞不清状况的新移民,响应"号召"而投票,殊不知以非公民身份行使"公民特权",一旦被查出,会留下永久记录,为未来入籍引来不必要的麻烦。

第三章 理财法律

引　言

2012年报税季期间,洛杉矶地区一部分中国留学生中流传着这样一条信息:留学期间所交学费只要超过4000美元,就可以拿到美国联邦国税局的退税,不少学生还引用某些同学已通过某某会计事务所拿到了若干退税款的实例来证实这一传言的可靠性。一传十、十传百,不久这一信息就在留学生群中散播开来。而南加州多所高校的留学生也都有人陆续向国税局申请到了退税,其中人数最多的当数加州州立大学北岭分校,该校竟有200多名中国留学生通过学校附近的一家报税公司成功申请并拿到了退税。

事实上,这些学生所申请的是只有绿卡持有者和美国公民才有资格申请的美国人机会抵税额(AOTC),拿F1签证的留学生并不符合申请资格。而了解到真实情况的同学们,不但感觉受了骗、气愤至极,纷纷也担心这样的记录会影响到日后找工作以及在美国的身份问题。其中一名刘同学(化名)透露,她当时是听朋友说拿到了AOTC退税,于是自己也去申请,并且以为如果留学生不可以领取退税,会计公司肯定会告诉自己的。根据刘同学的描述,帮她们申请退税的那家税务公司是学校附近、两名墨西哥裔开的一个家庭式的小公司,当时还收了她75美元的手续费。所幸这起中国学生误领AOTC退税事件,马上引起了国税局方面以及中国驻洛杉矶总领馆的重视。中领馆人员也在律师的协助下即时处理,商讨出集体补救方案。

这些留学生误领退税的行为事实上已构成违法,依法可以被驱逐出境。好在中领馆及早采取行动,向该报税公司施压,要求其为学生更改报税,并发律师函警告,如若拒绝,领馆方面将向加州会计师协会报告,或采取法律诉讼,最终才帮学生成功脱困。事实上,不仅仅是申请退税,留学生以及来自中国的游客朋友,在美生活与逗留期间所遇到的财务方面的各种骗局数不胜数。究竟该如何防范,规避陷阱?这一单元,就要为大家详细说明。

外国人如何在美国购置房产

1. 在美购房优势分析

根据全美房地产经纪人协会数据显示,中国人目前是美国房地产遥遥领先的最大国外买家,无论数量、销售额还是成交价都高居榜首。而加州仍然是中国买家最青睐的置业之地。那么多中国人远赴重洋来美购房,好处究竟有哪些?

第一,不同于中国房产公有制,买房之后最多70年使用权,在美国房产实行私有制,永久产权。第二,美国房价不算高,甚至低于中国某些大城市的房价。第三,美国房产政策完善,法律健全,房屋产权受到很好的保障。比如房产信息是公开的,购房者可以去政府网站查看意向房产的详细情况。所有交易信息,也都明确呈报,有效避免炒房等现象的发生。第四,以出租和投资为目的的房产,可获得较高的租金回报率与稳定的增值效益。第五,美国房产分为独栋别墅(House)、联排别墅(Town house)、公寓(Condo)等多种类型,买家可依据投资目的选择最适合的房型。第六,没有绿卡,也可在美购置房产。由于法律透明公开,购房程序简单明了,任何人都可以购买,而且购房人理论上不必亲自到美国就可以完成交易。不过,在美国买房与移民没有直接联系,外国买家无法因此而获得绿卡。

2. 购房手续与程序

外籍人士购置美国房产,如果是本人亲自前往,只要有护照就行了。如果是委托他人购买,则需给受托人一份公证过的授权委托书(Power of Attorney),并提供一份护照复印件。受托人有了委托书,可动用委托人名下的银行账户中的资金支付购房款,代签买房合同等法律文件以及代办过户手续。

买房的整个过程,要经过层层手续,虽比较繁琐,但也相对地将房产过户中的诈欺、违约机会降至最低。由于美国的房产经纪,需取得各州房地产执照才能执业,整体水平与职业素养较高,因此买家只要选择一个负责、有经验的房产经纪,其他事情就不必担忧。而在加州,买卖双方经纪人的佣金都由卖方支付,购房者也省去了佣金费用。

3. 购房资金支付与后续花费

外籍人士在美购房,可申请贷款。不过卖家和贷款公司对这类贷款申请审查严格,因而贷款难度更大。另外,贷款买房要比一次性全现金支付需要更多材料,手续更复杂。一切顺利的话,贷款买房的成交时间在1～2个月,而全现金购房最快7天即可成交过户。同时,由于外国人贷款审批期限长,所以在选择投资标的物时,比较不容易拿到相对优惠的价钱。

房款支付过程中,如果买家在中国或美国设有公司,资金汇入与转出应该没有问题;如果是以个人名义汇款,则会受到外汇管制限制,需分批汇入,也就会耗费更多时间。比较来看,如果购房者在美国的银行已设有一个账户是最方便的,因此购房之前购房者如果有机会来美考察、观光,建议顺便开设一个银行账户;如果没有,也可使用信得过的朋友或亲属的银行账户。

而购房过程中,需提供的文件也缺一不可。现金买主需准备的文件包括有效的护照和签证；购房资金证明（国内银行中英文版的存款证明）；在美国当地银行开设的账号。贷款买主需准备的文件包括有效的护照和签证；工作证明、工作收入（单位或街道开具证明，交由公证公司翻译）；自付款部分的资金证明（中英文版的银行存款证明）；在美国当地银行开设的账号。

而买家缴付房款，顺利过户后，并不代表就高枕无忧了。在美养房，每年还需支付房产税、房屋保险、物业费以及维护费等各项开销。

4.投资房产托管

外籍人士在美购买的非自住房屋，可找人代管。如果是投资出租房产，一般可以有两种方式：一是业主可将房屋委托给专业经纪人，经纪人会帮忙选择条件较好的租客；二是交给专业租赁公司打理。

一般而言，美国房地产买卖，是受到法律严格规范的经纪人模式，并且有公证公司监管资金和重要文件，很好地避免了骗局的发生。经纪人在合同确认之后就会提供买家一个监管账户（escrow account）用来汇款。这个账户受到州房产委员会监管，账户资金不能挪用，因此非常安全。

另外，外国投资人出售美国房产需缴资本利得税（所得税）。在加州，联邦和州政府共收约 25% 的所得税。比如房子买入 80 万美金，卖出 100 万美金，卖家赚得 20 万美金，这所得的20万美金就需缴纳25%,也就是5万美金的税。投资人可以找一个可靠的会计师来替自己处理税金的申报缴纳,省去麻烦。

如何建立良好的信用记录

美国经济建立在信用(Credit)的基础上。要租房,房东会要求租客同意查他们的信用记录;要申请工作,雇主可能会查你的信用;要购买房屋而需要申请房屋贷款,银行要查你的信用;要申请汽车贷款,汽车经销商要查你的信用。信用除了决定你是否符合资格申请到贷款外,还决定了贷款的利率。

如何计算信用分数?

在1989年,一家名叫费尔·艾塞克(Fair Isaac Corp)的公司向贷款机构推出一种消费者信用评分方法。该评分方法通过复杂的计算程序来评定消费者的信用度。这个被称为FICO的信用度评定方法,将最低分定为300分,最高分定为800分。如果你的分数在700分以上,就是信用记录良好,如果在750分以上,贷款机构会将你当贵宾对待,如果分数在500分以下,谁也不会贷款给你。

在评定你的信用度的过程中,FICO会考虑到以下因素:

你的付账单历史：是否准时付账单，拖延的次数，以及拖延有多长时间；

你的信用使用率有多高：你所获得的信用额，与你利用该信用额的比例。你动用你的信用额越多，对你的信用越不利。利用率越低，你的信用就越好；

你现时的负债总额：你负债越多，信用就越低；

近期是否获取到新的信用额：获取到新的信用额会降低你的信用度分数；

你的信用历史有多长：信用历史越长，信用度就越高。

通过以上这些因素可以看出，你的FICO可能随时都有变动。例如，如果你偿还了一大笔债务，你的信用分数就可能会增高。

除FICO分数外，美国三大信用局（Experian，Equifax，Trans Union）从2006年起也连手推出一套类似FICO的信用分数评分制度：Vantage Score。它将信用分数定为501到990分，901到990为A等，801到900为B等，701到601为C等，601到700为D等，501到600为F等。不过此等级制刚推出不几年，其欢迎程度远远不如FICO。

如何获取到自己的信用分数？

依照联邦法例，消费者有权利每年从三大信用报告公司处获取到一份免费的信用报告。比较聪明的消费者会使用分散索取的方法来每隔4个月向不同的信用报告公司索取，而不会同时向3家索取类似的报告。例如,你可以首先向Experian公司索取自己的信用报告,过4个月后,再向Equifax公司索取,再过4个月,再向TransUnion公司索取。这种做法,可以使你全年掌握自己的信用状况。你可以通过三种方式获取到自己免费的信用报告:

上网:http://www.annualcreditreport.com;

写信索取:Annual Credit Report Request Service(P. O. Box105281,Atlanta,GA30348-5281);

打电话索取:(877)322-8228;

不过,获取到自己的信用报告,并不表示你会知道自己的FICO分数。虽然FICO分数是依照你的信用报告计算出来的,但是FICO与三大信用报告公司都是独立的营利机构,要获取你的FICO分数,可以到http://www.MyFico.com,支付小额的费用,购买自己的分数报告。

如何维持良好的信用及修理自己的坏信用?

培养出良好的习惯,一收到账单就马上支付,绝对不要拖延时间来支付自己的账单;

尽快将数额较大的贷款偿还,贷款数额越大,越会拖低你的信用分数;

关闭旧账户不仅不会提高你的分数,反而会降低你的分数,因为关闭旧账户会将你原来可利用的信用额度减少。

过多的查信用行为会降低你的分数,如果汽车经销商、房贷公司经常查你的信用,信用报告公司会认为你可能要申请其他的贷款,同时会认为你可能准备申请破产。

不要过度相信市场上的"信用修补服务",如果发现信用报告有误,你可以自己向信用局提供解释并要求信用局作进一步的修改。三大信用局的联络方式如下:

Equifax Information Services,LLC
P. O. Box740256
Atlanta,GA30374-0256
(800)688-1111
www. equifax. com

Experian
(888)397-3742
www. experian. com

Trans Union Consumer Solutions
P. O. Box2000
Chester,PA19022-2000
(800)916-8800
www. transunion. com

如何在美国申请使用信用卡

信用卡的出现,为消费者带来很大的方便,民众从此不必随身携带大笔现金,只要及时支付信用卡账单,可以先购物后付钱,而且不需要支付任何费用。不过,越来越多的消费者因为过度使用信用卡而成为"卡奴",根据2008年的统计数字,全美五千三百万个家庭的信用卡债务欠额共达一万亿美元,平均每个家庭欠一万八千美元的信用卡债务。

申请信用卡时应注意哪些事项?

消费者信用卡债务越来越重的主要原因是信用卡公司所收取的利息过高,手续费用过多。因而,你首先要选择一家利息较低、手续费较少的信用卡公司。每一家信用卡公司所收取的费用及利率都不一样,消费者在选择前应做一些调查。你可以将收到的信用卡广告信件都收集起来,进行比较,或者上网去进行比价。这些常见的网站包括:Bankrate.com;cardratings.com;creditcards.com;lowcards.com;lowermybills.com 等。

在申请前应仔细阅读合约上面印有的极微细文字的条款:

息率(APR):如浮动的年息率是根据什么来定?何时会有变动?从其他信用卡公司转来的账款的年息率是多少?提取现金的年息率又是多少?

年费:有些卡不收年费,但有许多信用卡公司都会收取年费。

免付利息的缓冲期(GracePeriod):收到账单后过多长时

间才必须付款。如果你支付最低的还款额,何时开始计算利息？如果你没有完全支付全部欠款,剩余的欠款如何计算利息？

信用额度：信用卡的额度有多高,信用卡公司能否未经你的同意就调整你的上限额度？如果你超出信用额度,信用卡公司是否收取罚款？

欠款条款：是否有环球欠款条约规定？环球欠款条约(Universal Default Clause)是指一旦持卡人拖欠其他公司的账款,信用卡公司就可以将你的信用卡利率调高或增加罚金。因而,尽管你所拖欠的账款与信用卡公司毫无关系,但是他们仍然可以调高你的利率。信用卡公司的理由很简单：你的信用度已下降,风险已增加,信用卡公司不得不调高利率以保护其自身利益。

注意提防信用卡公司使用双周期利息计算方法(DoubleCycleBilling)：三分之一以上的信用卡公司都采用此方法来收取高额的利息。例如,如果你在一月份用了五千美元,二月份账单来时你一次付清,在二月份间你用了两千元,三月份账单来时,你只付一千美元,仍有一千美元未付,如果你的信用卡公司采用双周期利息计算方法,你不但要付两千美元的利息,还要付一月份所用的五千美元信用额的利息。大部分消费者对此做法非常不满,国会目前正在立法禁止信用卡公司的这种欺骗性的收费。

邓洪律师的忠告：在美国使用信用卡与提款卡的区别

在美国，几乎每个人打开钱包，里面都会有来自各大银行的提款卡（Debit Card）与信用卡（Credit Card）。然而日常消费过程中，不少民众都尽量选择使用信用卡，而非提款卡，来更大限度地保护自己的权益。

一般情况下，新移民刚来美国不久，还没有建立起信用，因此银行只会为其发放提款卡，上面大都带有 Visa、Master 的标示，外观看起来跟信用卡没什么两样。提款卡在超市、餐馆等大多数商家都可使用，支付起来比现金方便很多。另外由于提款卡直接与银行账户连在一起，因此持卡人账户上有多少，才能花多少，也大大节制了不良消费习惯。虽然乍看之下好处不少，但相对于信用卡，提款卡还是逊色得多。

首先，用提款卡刷卡的同时，商家直接从你的银行账户上扣除消费金额，这样民众一旦与商家发生纠纷，想要退货，往往钱已经被拿走。然而，如果是信用卡，与商家发生争议，退货退款就方便得多。再来就是卡被盗用的情况。提款卡一旦被盗用，银行账户上所有钱都能被取走，而银行方面却没有责任，因为卡落在别人手上，对银行来说这可能是客户授权给别人使用，因此不受法律保障。然而，如果是信用卡被盗刷，民众发现后及时联络信用卡公司，向警方报案，最多需要支付 50 美金的损失，而不少信用卡公司都会免掉这个赔偿，并发给客户一张新卡，也就是说被盗刷客户不用偿付任何损失。最后考虑到在美国每四个人中就有一人身份被盗用的高风险，民众还是使用信用卡更有保障。

虽然很多新移民及留学生担心,自己没有足够的信用来申请信用卡,但邓洪律师提醒,其实很多银行都特别针对这些客户,提供一种有资金保证的信用卡,允许民众向银行申请额度为2000美金的卡,用完再存钱进去,等于用自己的银行存款做担保。而且额外的好处是用这种信用卡一段时间后,只要用完都有准时补钱,信用就会慢慢建立起来,信用额度也能从需要资金做保证,逐渐升级为不需要保证的一般信用卡。因此,留学生与新移民朋友,不妨开户时向银行咨询这类信用卡,顺便帮自己建立信用。

在使用信用卡时,消费者有哪些权利

联邦政府和州政府都制定了信用卡相关法律。但是州的法律受到联邦法律的约束。联邦政府的《公平信用卡账单法案》(*Fair Credit Bill Act*),详细规定了消费者所具有的权益及使用信用卡的相关法律,具体内容如下:

◎一 信用卡公司一旦收到客户的付款,必须在同一天放进客户的账户。信用卡公司不得故意推延来向客户收取利息或手续费用。

◎二 信用卡公司应向客户提供14天的付款缓冲期,亦即客户收到账单后应该至少有14天的付款时间。

◎三 信用卡公司每年应至少两次向客户提交有关客户权益方面的告知,向消费者告知在账单处理时可能会出现的问题及解决方法。如果客户向信用卡公司提出要公司提供告知权利的资料,信用卡公司应尽快给予响应或解答。

◎ 四 信用卡公司必须尽快、合理地处理客户账单中的问题。信用卡账单中常见的错误或存在的问题包括:未经持卡人本人授权就收取的费用、付款的日期及金额有问题,账单数额不清楚;通过信用卡订购的物品,消费者没有收到或者没有接受,但信用卡上仍被扣钱;信用卡重复收费,如应该打折扣的没打折扣,商家继续在信用卡上扣钱或消费者已经向商家付款但是商家仍在信用卡上收费,或消费者已向信用卡公司付费,但是信用卡公司并没有将消费者的付费计算入内,或者信用卡公司计算错误等。

发生信用卡付费纠纷,该如何处理?

信用卡公司在其账单上都会列出 800 免费电话号码,消费者发现账单有问题时,拿起信用卡就可以打电话同信用卡公司交涉,但是有时打电话未必能解决问题。在收到账单时发现有问题,消费者应该在收到账单的 60 天之内以书面的方式向信用卡公司提出核查要求,应在信中标明发生错误的事项、金额、时间,陈述信用卡公司处理不当的理由,写清楚自己的通讯地址和账号。按法律规定,信用卡公司必须在 30 天之内答复消费者的书面查询,并且必须在收到信的 90 天内或两个账单的循环期后解决账单上的纠纷。

信用卡公司在处理账单问题时会采取两种方法:第一种

情况是证实错误属实后,信用卡公司将其改正,偿还信用给消费者,同时扣除偿还部分的利息;第二种情况是商家收取消费者信用卡费用的数额是正确的,消费者在接到这样的信息后应在 10 天内做出决定,要么马上支付这笔费用,要么继续写信给信用卡公司,表示自己不服商家所提供的解释,要求信用卡公司继续调查。如果仍没有结果,信用卡公司将要求客户直接与商家接触,商家与消费者的纠纷很可能要诉诸法庭来解决。由于州对信用卡的管理比联邦严格,因此一旦出现上述情况后,消费者还可以向州消费者保护委员会求援。

万一信用卡不见了或被盗用,持卡人要负哪些责任?

如果你发现自己的信用卡不见了,可能是被人偷走,或自己遗失,也可能是其他人未经自己同意就擅自使用等时,你必须尽快通知信用卡公司,假如你向信用卡公司报告信用卡不见了,而该卡仍在被使用,持卡人将不负任何责任。如果你向信用卡公司报失时,卡已被他人盗用了,不管被盗用的数额有多大,持卡人最多只需要付 50 美元的赔偿。如果持卡人拥有多张信用卡,最好是将所有的信用卡号码及这些信用卡的免费电话号码列出,万一丢失,可以马上向信用卡公司报失。

小孩未经家长同意使用信用卡到网上购物,持卡的家长是否应该承担责任?应该如何处理?

理论上讲,未经持卡人授权而使用其信用卡,持卡人不负责任。但是从另一个角度看，小孩未经允许使用信用卡是触犯刑法的，信用卡公司可以报警或起诉这个小孩。发生这种情况后家长要做权衡，一种做法是家长不承担责任，无论小孩使用信用卡花了多少钱，家长最多只需向信用卡公司付50美元。但是信用卡公司可能报警并刑事起诉小孩。大部分情况下，家长都愿意承担全部责任，并偿还小孩持卡所支出的所有费用，以避免小孩被起诉。

如何与收债公司打交道

一般人觉得中国人都有积蓄，一收到账单就马上付款，因而很少会出现债务方面的问题。不过也有些中国人家庭会遇到财务方面的问题，因为对美国法例不熟悉而吃大亏。

在中国人的印象中，收债公司都是与黑社会有关联的。但是在美国，社会并不认为欠债是一项犯罪，因而对收债公司的管理也相当严格。美国法律禁止收债公司采用任何暴力或威胁行动来收债，同时还对收债行业的惯用手法有严格的限制。

如果消费者不幸要与收债公司打交道，首先要了解相关的法律法规。美国联邦的《公平收债法案》（*Fair Debt Collection Act*）对收债人员"约法五章"：

◎一　收债人员不能骚扰、威胁和伤害到欠债人个人的人身安全。因此收债人员不能不断地打电话给债务人，或在电话中使用下流的语言恐吓、威胁欠债人。

◎二　收债人不能欺骗消费者。他们不能谎称自己为律师或政府官员,既不能威胁说:"如果你不付账,我就逮捕你",也不能说:"我要扣除你的薪水"或"我要拍卖你的房子",除非真的要采取这方面的行动。

◎三　收债人不能采取不公平的收债手法。例如使用对方付费(Collect Call)的方式打电话给欠债人、不能故意欺骗说有电报让债务人去领取、不能故意地将欠债人开出的日期延后支票提早存入银行。

◎四　不能在不合理的时间向债务人打电话骚扰。联邦法律规定,除非得到债务人本人同意,否则收债公司只能在上午八点至晚上九点之间进行联络,八点以前及九点以后打电话给债务人是违法行为。如果收债公司知道债务人上班的地方,但是债务人的公司已告知收债公司不欢迎他们的电话,而收债人员继续打电话骚扰这家公司,也是违法的。另外收债人员不能向债务人的同事、家人和亲属谈及债务人欠债之事以诋毁债务人的声誉,不过收债人可以向这些人询问债务人的电话及地址等,但是不能说是为了追债。

◎五　如果债务人用书面的形式向收债公司要求停止打电话,收债公司必须停止。如果债务人声称自己有律师,收债公司再也不能直接找债务人,而必须与债务人的律师联络,如果继续打电话找债务人,债务人可以打电话报警申告收债公司骚扰。

美国法律允许收债公司采取合理的收债方法,收债公司可以通过法律途径要求法官签署法令,扣除债务人的薪水,但是一次扣除的金额不能超过周薪的75%。如果是用汽车作抵押,当贷款无法被还债时,债务公司可以把汽车没收拍卖(Repossession)。但是债务公司必须是在平和的状态下取走债务人的车,不能在半夜三更将门敲开,把车拖走。很多州规定车停在公共场合下才可以拖,车若停在债务人私有财产处,收债公司无权把车拖走。对于债务人的房屋,必须经过法庭拍卖的程序才能没收,这种情况常在房屋贷款中发生。债务公司一定要证明自己已经花费了两到三个月的时间与债务人谈偿还债。

前车之鉴:合法追债与非法勒索的一线差

案例:马先生和十多位老乡参加一个标会,没想到其中的陈姓人士拿到钱就消失了,马先生花了很大工夫才在旧金山找到陈先生。马先生怕他再跑,便守候着陈先生,叫他的太太拿钱来还,没想到他太太报警,警察将马先生逮捕,并指控马先生绑架勒索罪。

邓洪律师的解说:欺诈案件可通过民事及刑事两种方式处理。民事纠纷必须通过法律的诉讼程序来要求对方赔偿,并通过合法的程序来执行;刑事案件必须向警方报案,自己不能私自执法。绑架罪并非一定要将他人绑住或架走,如果使用武力强迫他人到别处,即属绑架罪;如果使用武力或威胁手段要求他提供资金,即属勒索罪。中国人所组织的标会不仅不合法,而且常常成为诈骗集团下手的对象,要存钱或要贷款,最好是在受政府管制的银行及信贷机构进行。

一旦发现自己上当受骗,中国新移民可以向警察报案,请求警察立案调查,刑事起诉涉案人士。如果警察不受理你的报案,你可以请求律师出面与警察交涉,或者聘请律师在民事法庭起诉涉案人士,将自己的资金追回。

关于债务的问题,如果债务人仍然没有办法偿还抵押,此时债务公司可以向法官申请房屋拍卖。但是拍卖必须是公开的,而且屋主必须事先收到拍卖通知。

消费者在美国购物的相关法律权利

(1) 商店退货

许多中国新移民都非常喜欢美国的购物方式,货物购买回来使用几天后,如果发现不满意,随时可以拿回商店退货,商店服务员也不会问太多问题。不过,在养成退货习惯后,当商家不给消费者退货时,消费者往往怒发冲冠。

其实,美国法律在商店退货方面并没有强制性的规定,商家这样做完全是出于讨好客户。但是如果商家在商店内挂出退货规定,而客户符合所有的条件,商家必须按规定退货。

如果商家向客户提供"保证满意(Satisfaction Guarantee)"的承诺,如在店内张贴"As Is""No Return or Refund""All Sales Are Final"之类的告示,商家完全可以拒绝接受退货或换货。因此,在付款前,客户应向商家问清楚商店的退还规定,以免发生不必要的误会。

天上掉下来的礼物?

信不信由你,在美国住久了,有时会发现一些"天上掉下来的礼物"。有一天,邮差按铃送来一个包裹,里面是一些货物,但是你并没有订购这些物品。原来,这是许多美国企业常用的市场推销手法,其目的是让你试用。如果你不喜欢可以寄回;如果你喜欢,他们希望你能继续购买。

其实,你可以将这些不订自来的货物当成给自己的礼物。根据美国法律,自己没有订但是主动送上门的物品,应该算作礼物,市场推广公司不能强迫你自己付邮费寄回去。

邓洪律师的忠告:使用支票格外小心

在美国,银行都会将客户的银行账户号(Account Number)与汇款号码(Routing Number)打印在为其发放的支票上面。除了银行之外,事实上任何人也都可以遵照规定的格式印制支票。而支票持有人一旦在上面签字并填写好数额,该支票就正式生效。对于支票的使用,大多数民众都有常识,不要将支票给无关人士,并且每个月都应查看银行账户开支明细(Statement),确定里面的钱没有被人盗用。然而,即使有了基本的防范措施,民众在使用支票时,还是有些骗局防不胜防。

美国刑事律师邓洪介绍,各大银行为了更好地服务客户,都会为自家客户提供一定的方便。虽然客户存入的支票仍没有兑现,银行往往允许客户先行使用支票的钱款。而许多诈骗集团正是钻了这个空子,利用他人银行账户进行诈骗行为,同时该类案件也往往利用民众贪小便宜的心理。例如,有人拿支票找上门,请你帮忙存银行,声称因为他没有合法移民身份,或者自己宣布破产而怕别人发现自己有钱,请你帮忙存入五千美金,而支票兑现后你可以留下五百美金作为报酬。由于你信用良好,而且银行账户上也有钱,你将该支票存入后很快就能取钱出来。但是,不久之后银行却发现存入的是伪造支票,或这些支票的银行账户没有钱,或者早已被关闭等。届时,这些给你支票的朋友早已不见,而你却不得不承担刑事及民事赔偿责任。

邓洪律师提醒,民众开支票前,一定要确定银行账户内有足够的钱款,否则一旦支票跳票,银行虽会先假定是由于疏忽造成,允许客户只缴纳罚款,但如果发现当事人是明知银行没钱或账户已关闭,还连续使用作废支票或伪造支票,则会报警处理,并追回所有预支金额。因此邓洪律师再次呼吁华人朋友不要为人代存支票,否则不但被利用作为支票欺诈的人头,到头来,人财两空,还要受到法律追诉。

(2)消费者邮购货物的权利

在美国,邮购是一种方便的购物方式,消费者通过电话及信件就可以订购自己喜爱的对象。但是,在进行邮购之前,首先你应该对所选择的商家有足够的了解,尤其是对商家退款退货的相关规定有所认识。

法律规定,商家一定要在广告中所承诺的时间内把物品寄到消费者的邮件地址。如果消费者在广告中承诺的时间内没有收到货物,消费者可以取消订购。如果广告中没有送货的时间或消费者没有与商家商谈送货的时间,法律的规定是必须在 30 天之内将订货邮寄到消费者的邮件地址,否则消费者可以取消订货。

CD 俱乐部陷阱:

在国中、高中及大学的青少年经常会收到加入 CD 俱乐部的推销广告,广告声称每张只要九角九分钱,或者是免费,其实大部分 CD 俱乐部都设有"关门打狗"的陷阱。他们先用非常便宜,甚至只有几分钱的 CD 作为引诱,一般的学生因为可以免费或低价获得自己喜爱的 CD 而加入,却没有仔细看清楚里面的小文字,等后来发现价钱越来越贵,拿出以前的资料一查,才知道自己上当。因为接受了低费或免费的 CD,你就必须每年购买一定数量的 CD,而这些 CD 的价钱会是正常价格或比正常价格还高,而要退出俱乐部,仍要交一笔罚款。如果订购者为未成年人,家长可以与商家联络,表示在美国未成年人十八岁以下签订的合同是无效的,因此小孩及家长将不承担合约中所涉及的责任。

(3)航空公司订位爆棚

航空公司为了保证飞机的座位满载,常常通过各个旅行社售出超过飞机座位数量的机票,因此有的旅客到时会没有座位。有的航空公司可能采取动员乘客主动让位的办法,凡是主动让位的乘客,可以得到现金退款及优惠券。

美国法律规定,凡是预定60座位以上航班的乘客,只要是已经确认了座位但是由于航空公司的原因没有办法搭乘所订航班,航空公司应该安排以其他的方法使这位乘客比预定到达时间最多晚一个小时到达目的地;如果到达的时间超过了一个小时但是不足两个小时,航空公司必须给这位乘客单程机票费用的补偿,但是机票的金额不能超过200美元;如果超过的时间为两小时以上,则应该补偿双程机票的费用,但是机票的金额不能超过400美元。

(4) 行李丢失或被损坏时

根据联邦航空法规定,在美国国内航线发生行李丢失或损坏的情况,最高的赔偿额为2500元;如果是国际航班,最高的赔偿额按每磅9.07美元的标准进行赔偿,根据这个标准可以推算出国际航班的最高赔偿额不会超过635美元。但是获得上述最高赔偿额的前提条件是:必须能够证明损失的所有物品都是全新的。另外诸如首饰、现金、电子产品等贵重物品是不在赔偿之列的,因而乘客在乘机时应该随身携带这些对象。

(5) 网络购物的安全

在发送自己的个人资料时,首先要注意所使用的购物网站一定是有安全保障的(Security)。安全的网站一般加注"s"的标记,即https:/,或有锁的标志。其次,如果网站填写表格的选项是"选择性(Optional)",尽量不要填。

再次,应当使用一张专用于网上购物的信用卡,万一发

生问题,可以立刻停掉而不至于产生其他影响。

最后,选择由"BBB Online"和"Trustee"认可的网站购物通常是安全的。因为"BBB Online"和"Trustee"选定的商家都经过了商会的资格审核,相对而言是比较可靠的。

邓洪律师的忠告:银行授权书、委托书,不可乱签

不少新移民,在语言不通又不熟悉美国法律的情况下,风险意识和防范能力不足,往往容易被人利用、骗取钱财。其中常见的一类案例就是,当事人跟银行签署授权或委托书,将有关自己银行账户的资金活动全权委托朋友负责,不料朋友随后起了歹念,利用授权书赋予的权利将自己账户内的存款一卷而空。

很多时候,新移民到银行开户,往往需要朋友帮忙办理相关手续,也有留学生朋友,不在美国期间,希望委托朋友代管银行账目。这些情况下,银行往往需要当事人授权。而授权一般通过两种方式:一种是Joint Account,也就是开户时加另外一人名字进去,然而相当一部分授权人却并不了解,一旦加入他人名字,该联名账户人不但可以开支票,也能把账户里的钱都转走;第二种授权是通过签授权/委托书(Power of Attorney),这种情形下同样有授权人。等到钱不见了,当事人才恍然大悟,更有甚者账户被人利用,进行洗钱等犯罪活动。

为了避免成为这类案件受害人,邓洪律师提醒,第一,开户时不要乱加他人名字;第二,银行职员即使讲中文,让你签的文件往往是英文，而其翻译未必准确，因此最好让职员将开户数据提供一份给你，拿回来请律师或会计师把关，将数据填好，尤其是 Power of Attorney 这类文件，万万不可随便签署。同时，也建议你向银行索取所有你签署文件的复印件，自己保存起来，未来万一发生纠纷，可以清楚地知道自己签了哪些文件，并及时拿给专业人士，查看问题，进行处理。

如何防范和处理身份被盗用案件

盗用身份在近五年间已成为成长最快的犯罪活动。估计每六位民众中就有一位身份被盗用。一旦身份被盗用，消费者的信用将受到很大的影响，为避免自己成为这些新潮犯罪活动的受害者，消费者应了解如何防范自己的身份被盗用。

防范身份被盗用措施

(1) 保护您的社会安全号码

不要把社会安全卡放在钱包里随身携带。如果你的健康计划（Medicare 除外）或者其他磁卡上使用到你的社会安全号码，应该要求这家公司提供不同的号码，以免外人能从中获取到你的社安卡号码。

(2)小心"网络钓鱼",切莫上钩

犯罪集团会冒充银行、商店或政府机构"吸引"受害人上钩。他们的手法是使用电话、电子邮件和一般邮件,冒充这些机构来索取你的个人资料。除非是你主动联系,否则不要提供个人信息。如果有人要求查证你的账号或密码,不要理会。正当的公司不会以这种方式索取此类信息。

(3)不要将自己的身份信息当成垃圾扔掉

在处理含有个人信息的纸张前,最好用碎纸机将它们粉碎。此外,务必撕碎你不使用的信用卡申请函和"便利支票"。

(4)保管好您的个人财务信息

加州法律规定,你的银行和其他金融服务公司在与外部公司分享你的个人财务信息之前,需要征求你的许可。你还有权限制你的金融服务公司的关系企业分享你的某些个人信息。

(5)保护电脑避免病毒和间谍软件

保护家庭电脑中的个人信息:使用复杂的密码:至少八个字符,同时包括字母、数字和符号,你比较容易记,但是别人很难猜;使用防火墙、防毒和防间谍软件,并且定期更新;只从你了解和信任的网站下载免费软件。

不要安装不认识的软件;把 Internet Explorer 浏览器的安全级别至少设定为"中级";不要点按弹出窗口或垃圾邮件中的连结。

(6)小心浏览网络

网上购物时,要在输入信用卡号码或其他个人信息之前查看网址。仅在安全的网页上输入个人信息；这些网页的地址栏中有"https"，而且浏览器窗口底端有一个挂锁标志。这些标志意味着你的信息会被加密或打乱，防止被黑客盗取。

(7)每月查看账单和银行对账单

当收到信件时，立即打开您的信用卡账单和银行对账单，仔细查看任何未经授权的收费或提款并立即报告。如果账单没有按时寄到，要打电话询问。这可能意味着有人已经更改了联系信息以便着手使用你的身份。

(8)要求停收信用卡申请函

预先批准的信用卡申请函是盗取邮件的身份窃贼所觊觎的目标。民众应该把自己的姓名从信用局营销名单中除名。消费者可拨免费电话1-888-5OPTOUT(888-567-8688)或上网www.optoutprescreen.com，要求信用卡公司停止寄发这类邮件。

(9)随时提出质疑

当有人让你提供对某交易看似不适当的个人信息时，你一定要提出疑问，询问这些信息如何使用，是否会被分享，如何获得保护并解释你担心身份被盗。如果你对回答不满意，可以考虑停止与该人或商家往来。

(10)免费查看信用报告

监控信用记录是保护身份不被窃取的最好办法之一。民众每年可以从三家全国性信用局处各获得一份免费信用报告，它们分别是Equifax、Experian和Trans Union。你可以让这三家信用局成为你免费的信用监控服务机构，方法是分别索取,即每隔 4 个月换一家机构(信用局也提供更全面的监控服务,费用从每年 44 美元到 100 美元以上不等,可向 www.lifelock.com 订购该项服务),或拨打免费电话 1-877-322-8228,或上网 www.annualcreditreport.com,索取每年的免费信用报告。

邓洪律师的忠告:小心保管护照,防止银行账户资料被盗

在美国,银行允许外籍人士开设账户,因此,不论留学生、新移民,还是来自两岸三地的游客,只要持有护照,就能够在银行开户。然而,这项针对外籍人士的便捷服务,却被不少骗子利用,进行不法勾当。

美国刑事律师邓洪介绍,很多大陆游客、留学生与新移民朋友,没有在美国长期居住且不熟悉美国法律,风险意识和防范能力不足,往往成为犯罪集团下手的目标。华人社区近些年就出现了诈骗集团,伙同某些从事旅游业的地陪(地方陪同),将外籍游客护照拿到手,之后复印下来,在当事人不知情的情况下,向银行申请开设账户,等到账户建立好,再存进假支票,或利用账户申请信用卡等一系列身份诈欺,骗取钱财。

邓洪律师提醒,所有来美的留学生及外国游客,一定要保管好自己的证件,不要把护照随便借给别人使用,否则可能被不肖人士拿去开设账户或申请信用卡,从事非法行为,未来进而影响当事人再次入境美国或申请移民。另外,旅行途中选择导游地陪,也一定要挑选有口碑、信得过的专业机构人士。

发现自己的身份被盗用，如何处理

(1)向三家主要的信用局报告欺诈案件

消费者可通过下列任意一个免费防欺诈电话号码向三家主要信用局报告身份被盗案件。该自动系统允许你向三家信用局发出欺诈警示通知。这将有助于阻止盗用者以你的名义开设新账户。警示期为90天。每一家信用局会寄给你一封确认信，并说明如何索取信用报告。作为身份被盗受害者，你有权免费获得这些报告。每份报告中将包含一个电话号码，供消费者与信用局反欺诈部门的工作人员联络。Experian：1-888-397-3742；Equifax：1-800-525-6285；Trans Union：1-800-680-7289。

(2)向当地警察局报案

根据加州法律，你可以向当地警署报告身份被盗案件，要求警方出具一份身份被盗报告。在报案时，你应向警方提供一份列有与身份被盗有关项目的信用报告副本，将与身份被盗无关的其他项目涂掉；向警方提供你收集的新证据并加入警察报告内；务必索取一份警方报告副本。你需要将该报告副本送交给信贷机构和信用局。

(3)请求提供有关被诈骗账户的信息

当你向警方报告身份被盗案件时，警官可能会向你提供一些表格，供你向信用授予部门、公用事业公司或移动电话服务公司索取账户信息。你给盗用者开设或申请账户的信贷机构写信时,应附上此类表格副本以及警方报告副本。

(4) 打电话联络信贷机构

一旦发现身份盗用者使用自己的身份开设或使用的任何账户,消费者应尽快打电话与该机构的信用安全或防欺诈部门联络,告知他们你是身份被盗受害者,请他们不要让你对盗用者开设的新账户承担责任。若你现有的信用账户已被盗用,则请求信贷机构冻结这些账户,并向信用局报告你的账户已"应消费者请求冻结"。若你开设一个新账户,应设置一个授权后方可使用的密码或 PIN。你切记不要使用你母亲的婚前姓氏或社会安全号码的最后四位数字作为你的密码。你要要求信贷机构提供被盗账户的记录文件副本并转交警方处理。

(5) 仔细审阅你的信用报告

你收到信用报告后,应仔细阅读并查看是否有你不知道的账户,查看询问栏中您未申请信用的信贷机构名称。你可能会发现有些询问带有"促销"标记。这是因为有些公司从信用局获得你的姓名和地址,向你提供信用计划。促销询问并不表明是欺诈行为。当你电告身份被盗后,你的姓名将从接收此类信用计划的邮寄名单上自动删除。同时,作为一项普通预防措施,你还应当检查个人信息栏,核对自己的社会安全号码、地址和姓名。

若发现有任何不理解的内容,你请按报告上所列电话号码与信用局联络,告诉他们你希望阻止或清除报告中任何因身份被盗而产生的信息。你必须发送一份警方提供的身份被盗报告作为此项请求的支持文件。

(6)送交身份被盗宣誓书

信贷机构可能会要求你填写一份"身份被盗宣誓书";信用局及大多数主要信贷机构都接受联邦贸易委员会的"身份被盗宣誓书"。消费者可将填妥的表格副本寄给盗用者以你的名义开设账户的信贷机构,同时,可将副本寄给盗用者用你的账户付款的信贷机构、信用局及警方。该表格可从联邦贸易委员会(FTC)的网页下载:www.ftc.gov/bcp/conline/pubs/credit/affidavit.pdf。

(7)写信给信用局

写信给每一家信用局,重申你在电话中反映的情况,向他们寄送警方报告副本以及填妥的"身份被盗宣誓书"。提醒信用局务必清除所有因为身份被盗用而产生的不良记录。消费者应用带回执的挂号信邮寄,保留每封信的副本。三大信用局的联络方式如下:www.equifax.com;www.experian.com 及 www.transunion.com。

(8)索取额外的免费信用报告

持有警方身份失窃报告的加州身份被盗受害者,有权自警方报告之日起 12 个月内收到最多 12 份免费的信用报告,每月 1 份。向各信用局索取每月免费报告的程序有所不同。

Experian:一次索取您所有免费的每月报告。你可以通过邮寄向 Experian 索取 12 份免费的每月报告,地址为 P.O.Box9554,Allen,TX75013。信中随附一份警方身份失窃报告副本、一份政府颁发的身份证副本（如驾照、州或军人的身份证明）和一份现行邮件地址证明副本（显示姓名、现行邮件地址和颁发日期的水电费账单、银行或保险对账单），还需提供姓名、过去两年的地址、社会安全号码和出生日期。

TransUnion：每月写信或打电话索取。TransUnion 的邮件地址是 P. O. Box6790, Fullerton, CA92834。你也可拨打 TransUnion 寄来的信用报告上的免费电话，提供包括你的姓名、社会安全号码、出生日期和居住证明（如水电费账单或银行对账单）的资料。

Equifax：每月写信或打电话索取。Equifax Fraud Department 的邮件地址是 P. O. Box740250, Atlanta, GA30374。你也可拨打 Equifax 寄来的信用报告上的免费电话。

(9)写信给信贷机构

请写信给以你的名义开设或使用账户的每一间信贷机构，重申你在电话中反映的情况；邮寄一份警方报告副本；涂去填妥的"身份被盗宣誓书"副本中在其他信贷机构开设的所有账户的账号，把副本寄给信贷机构。

(10)考虑冻结信用

防止他人以你的名义开立新账户的最有效保护措施就是冻结信用，也称为安全冻结。冻结意味着没有你的许可，信贷机构、保险人、雇主或房东不能分享你的档案。这些机构要动用你的信用时，必须先打电话跟你确定你的身份。

(11)如果你的支票、自动提款卡或银行账户信息被盗用

你要马上打电话给银行关闭你的银行账户，用新的账号

开设一个新账户并通知银行,你希望使用一个新密码存取你的新账户,千万不要使用你的母亲的婚前姓氏或社会安全号码的最后四位数字。你要请你的银行通知其使用的支票验证公司,向零售商使用的支票验证公司报告失窃支票。你亦可与主要支票验证公司联络,请他们通知使用其数据库信息的零售商拒收你已关闭账户的支票,拨打 1-800-710-9898 与 Tele Check 联络,并拨打 1-800-437-5120 与 Certegy, Inc. 联络。如欲查询身分窃贼是否以你的名义开出不良支票,你可拨打 1-800-262-7771 与 SCAN 联络,或写信给你的银行做后续追踪,最好使用带回执的挂号信邮寄。

(12)如果有讨债公司与你联络

你可以告诉讨债公司你是身份被盗受害者,你对债务的有效性持有异义,因此不应对此负责。随后你再给讨债公司寄一封信,表述相同的内容,并附上一份警方报告副本以及你从信贷机构取得的任何文件的副本。你可在信中注明:根据"加州民法"第 1798.93(c)(5)节的规定,本信函通知索赔人发生了身份被盗案件。请用带回执的挂号信邮寄。如果讨债公司并非原信贷机构,你务必在收到讨债公司的第一封书面付款信函后的 30 天内寄出你的信函。

(13)如果你的驾照或身份证被盗用

你应立即与当地 DMV 办事处联络,报告身份被盗用案件,请他们在你的驾驶执照上增加被盗警示标记;然后,打电话到 DMV 的免费防欺诈电话 1-866-658-5758。若盗用者正在使用你的驾照作为身份证,你可能需要变更你的驾照号码。你可以请 DMV 安排一次面谈,携带警方报告副本、账单副本或者其他支持您的被盗索赔的证据,以及证明您的身份的有效文件,例如护照、公民身份或入籍证明或美国军队颁发的带照片的身份证。当你符合所有的要求后,DMV 将颁发新的驾驶执照或身份证号码。

(14)如果你的邮件被盗或地址被盗改

若你认为他人窃取了你的邮件或者以你的名义提出了变更地址的请求,应马上通知邮政调查员。你可以到就近的邮局,要求向该局的 POSTAL INSPECTOR 报案。

(15)如果他人使用你的身份犯案

如果你怀疑他人使用你的身份犯罪,而自己却无辜被起诉,你应尽快聘请专业的刑事律师,向法院投案并提供证据证实犯案者并非你本人。

(16)如果他人使用你的社会安全号码冒领失业救济金或者从事工作

如果你怀疑有人用您的社会安全号码领取失业救济金,可拨加州就业发展部(California Employment Development Department)的免费防盗窃电话号码 1-800-229-6297。详情可查阅该部门的网站 www.edd.ca.gov。你只需在网站上搜寻"fraud"(欺诈)一字即可。

有时,盗用身份者会使用他人的社会安全号码从事工作。你应每年都检查自己的社会安全收入记录,查看盗用者赚取的收入是否计入你的账户,这不失为一个好方法。你拨打电话:1-800-772-1213,索取一份收入记录,或者从网页 www.ssa.

gov/online/ssa-7004.html 下载一份"社会安全对账单请求（Requestfor Social Security Statement）"（表7004）。如果你认为盗用者正在使用你的社会安全号码从事工作或申请社会安全福利，可拨社会安全防盗窃热线电话1-800-269-0271，或在线检举社会安全福利欺诈，网址是 www.ssa.gov/oig/hotline/index.htm。

其他身份盗用消费者信息中心可提供更多的信息：联邦贸易委员会（Federal Trade Commission）网站（www.ftc.gov/idtheft）、身份被盗资源中心（Identity Theft Resource Center）网站（www.idtheftcenter.org），以及隐私权数据中心（Privacy Rights Clearinghouse）网站（www.privacyrights.org）等。

邓洪律师的忠告：担保人责任大 追全责需三思

华人传统观念是重感情、讲义气，遇到朋友开口，理当义不容辞。然而，如果是遇到被要求帮忙做担保人，美国刑事律师邓洪提醒，再亲的家人或朋友开口，都请三思而后行。

在美国，不论租房、租车，还是跟银行贷款，往往都需要申请人有一定的信用。然而很多新移民与留学生，刚来美国信用未建立，因此房东、租车公司以及银行，会要求信用不够的申请人，找一个在美居住时间久并且有信用的担保人（guarantor）共同申请。出于老乡或朋友关系，很多华人都乐意帮忙新移民或留学生都做担保人。不过当事人应明确的是，一旦未来双方发生纠纷、关系变坏，或申请人拖欠租金、没能力偿还贷款，那房东、租车公司以及银行，就会向担保人追讨债务,因为法律上担保人承担和申请人一样的责任。

邓洪律师提醒,决定签署担保文件之前,一定要考虑清楚,万一申请人不付款,自己是否有能力承担所有债务以及个人信用受损的后果。另外,应注意自己所签署文件中,若涉及 Promissory Note，Personal Guarantee，Co-Applicant，Co-Signer 等字眼的,都已经涉及担保职责。

美国破产法常识

许多中国新移民由于经济基础欠佳,或者不善理财,拖欠信用卡公司或贷款公司金额过大,从而使家庭出现入不敷出的问题。许多民众往往过早选择破产的出路,导致十年的不良信用记录,影响到将来的发展。在选择破产前,民众可以向消费者信用咨询服务社（Consumer Credit Counseling Services）联络,这家非营利机构与信用卡公司有良好的合作关系,他们可以替消费者与信用卡公司及贷款机构谈判,争取少还一些资金,或帮你争取一个合理的分期付款偿还计划。

该机构在每个州都设有办公室,你可以打电话 1(800)388-2227 或上网 www.nfcc.org 查询附近的办公室。

对于商家或个人来说,破产是在无路可走的情况下的最后"出路"。宣布破产后,破产的记录可以保存十年,对个人来说，必然会影响到未来的工作或重新开业。

所谓破产，是指承认债务超过了偿还的能力。按照美国法律，破产有三种形式：第一是企业破产（也称第十一章破产，Chapter11），第二是个人破产（也称第七章破产，Chapter7），第三是重组（第十三章破产，Chapter13）。

对消费者而言，经常使用的是第七章个人破产。如果申请个人破产，消费者应该向破产法庭提出申请，将自己所有的财产交给法庭处理，同时向法庭提供所有债权人的名单。法庭将向所有的债权人发出通知，说明破产人目前的财产总值，由法庭来决定各个债权人获得破产者财产的优先权及数额。

消费者也可以使用第十三章重组的方式宣布破产，重组破产（www.ftc.gov/idtheft）比个人破产的方式更好些。一旦宣布个人破产，马上会有人告你，如有共同签约人（Co-Signer），他也逃脱不了债务责任。但是重组破产的方式不同，只有在确认破产者确实无能力偿还债务时，也就是由重组破产方式转变成个人破产方式时，债权人才可以向共同签约人追债。重组方式的另一个优点是：破产者在贷款公司的记录可能会好一些，因为以重组的方式宣布破产，表明破产者有诚意偿还债务，只是暂时没有能力。

邓洪律师的忠告：未必一定要申请破产

在考虑破产的时候，消费者应该想清楚采取什么样的破产方式更为有利。因为在美国宣布破产太容易了，有很多的人钻破产法的漏洞。特别是有钱的人,宣布破产后仍然住豪宅、开好车。国会已经开始考虑改革法律,严格限制破产申请者的资格,如果申请者在宣布破产前的60天内曾使用信用卡提取了大量的现金或购买了大量的名贵物品,法官可以裁定这是欺诈行为,这样的债务是不能够被消除的。

在宣布破产之前,消费者应该与信用卡公司商谈,看看有无办法偿还。很多信用卡公司都会做出一些让步,因为如果持卡人宣布破产,他们可能一分钱也得不到。同时,消费者还可以与消费者信用咨询服务社联络。消费者如果确实要宣布破产,应该找专业的破产律师咨询,因为宣布破产的手续复杂,只有熟悉宣布破产的步骤和程序才能真正达到效果。

投资人的权利

中国人社区投资骗案的真相

这些年,来自中国大陆、香港及台湾的中国新移民,由于过去一直习惯于在股市赚钱。移民来到美国后,他们发现语言不通,创业艰难,往往希望可以在美国能继续以"炒股"为生。殊不知,美国的股票并不像亚洲一样投机,经手的经纪人不管涨落,每笔交易都会收取丰厚的佣金。再加上,美国国税局也要分享你的成果,如果你"炒股"赚到了钱而不交税,国税局会马上找上门来。

中国人社区每隔几年就会爆发几宗投资公司骗案。大批中国新移民将自己的全部家当压进去,结果却血本无归。大部分的骗案都涉及黄金及外汇的期货投资,美国证券管理署只对上市的股票交易进行管理,对涉及海外的期货交易管理仍不够健全。这些投资公司往往利用招聘员工的方式来吸引投资者,先用丰厚的薪资及高额的投资回报来稳住员工,然后用业绩的压力迫使员工将他们的亲友拉来投资。

这些中国人地下投资公司用投资者 A 的钱来支付投资者 B 的投资回报,再用 C 的钱来稳住 A。等累积到一定的资金后,他们再安全地将资金转移,公司也就人去楼空。许多投资公司根本没有拿资金去投资,纯粹是做假账来欺骗投资者。今年华尔街爆发的马多夫(Madoff)诈骗案就是一个典型例子。

也有一些投资公司拿出一文不值的房地产权状书来提供所谓的抵押贷款投资。刚到美国的中国新移民根本分不清权证书的实际效力,而轻信急于赚取佣金的亲友的保证,结果当投资公司倒闭后,要拍卖房地产时,才发现该房地产一文不值,但是后悔已晚。

在将大笔资金投资到一些自己不熟悉的项目前,中国新移民应自问一下,假若这些投资项目真的这么好,为何美国人这么笨,不去投资而要去辛苦做工?为何美国人投资都喜爱通过证券交易行及有执照的证券经纪人来进行交易?

与证券经纪打交道时

对于美国投资者来说,最常见的投资方式是买卖股票或证券。买卖股票或证券往往通过证券公司的经纪人(Broker)进行。证券公司是受政府管制的,经纪人的资格也要通过政府认定的考试才能得到,因此证券公司或证券经纪人是有一定的职业道德和规范的。即便如此,由于最近美国企业的作弊案非常多,政府对证券行业的管制也日趋严格,投资人只有清楚地知道自己所具有的权利,才能更有效地保障自己的利益。

一般情况下投资人有如下的权利:

◎一 有权利得到适当的投资建议,被告知投资的风险有多大。

◎二 投资人在任何的交易中,都有权得到合法的处理。

在下列的五种情况下,投资人可以怀疑经纪人有违法的行为:

◎一 投资人要求的是保守的投资,但是投资公司并没有按投资人的要求去做,反而进行了一些高风险的投资项目。

◎二 投资公司给投资人一些错误的信息或误导投资人,使得投资人蒙受损失。

◎三 对证券公司而言,每一笔交易都可以得到佣金而无论投资人的盈亏。因为佣金的原因,经纪人可能故意建议投资人进行交易,导致交易次数过于频繁。

第三章 理财法律

◎四 没有经过投资人的同意就进行交易。

◎五 投资人要求交易,但是证券经纪人并没有采取行动或故意拖延,使投资人错失良机而造成损失。

证券行业是由证券交易委员会(SEC)管理,投资人有权知道投资的风险。如果出现上述的问题,有如下三种办法解决:

◎一 可以直接与证券的操作人员进行谈判,看看有无办法解决。

◎二 如果操作人员无法解决,可以向其主管的经理进行投诉,同时向州管理机构和联邦政府的管理部门投诉,把投诉函的副本寄给他们。

◎三 可以使用仲裁的手段解决。在投资者与证券公司所签订的合约中,一般都有仲裁的条款,所有的问题都可以通过仲裁来解决。如果打算通过仲裁解决,一定要尽快。因为仲裁的时效期是6年,过了这个时间就没有机会了。另外要注意的是,仲裁是有约束性的,一旦仲裁的结果确定,是不能上诉的。在决定采取仲裁时,要向专业律师咨询,请求协助。

邓洪律师的忠告:银行保险柜未必保险,财物被盗求偿无门

很多华人朋友都抱持传统观念,认为现金及贵重财物只有放到银行保险柜里才最为安全。然而过去几年,南加州某家大型华资银行,几间分行连续被劫匪凿破屋顶、垂降进入,之后将银行客户保险箱内财物洗劫一空。不少民众因此损失大笔现金,等到求偿过程中才发现根本理赔无门,只能叫苦连天。

银行保险柜一旦被盗,理赔过程中客户必须提供里面所存放贵重物品的证明。由于大部分华人客户存放的都是现金,而具体数额银行方面并不清楚,因此银行不予赔偿。更糟糕的是,银行客户存款通常是由银行和联邦存款保险公司(FDIC)承保和理赔,一般情况下,如果是银行倒闭等原因所造成的损失,客户最高可追回25万美金的赔偿,然而一旦发生保险柜被盗,却根本不在FDIC承保范围内,理由是保险公司难以监控银行提供给民众的保险箱内投保物品的价值。因此换言之,一旦保险箱被盗,民众也拿不到保险公司的赔偿。再者,很多时候银行保险柜失窃,可能涉及银行内贼监守自盗,这类案件侦破取证就更是难上加难。

因此邓洪律师提醒华人民众引以为诫,不要以为保险柜就真的保险。如果已经在使用保险柜,每次往里面存放东西时,当事人最好拍照存证,做好贵重物品的登记,这样一旦发生意外,理赔才能"有据可争"。另外,也有民众使用银行保险柜,主要是用来存放出生纸、遗嘱等重要文件。这种情况下,万一保险柜使用者不幸突发意外身亡,其他人想要把保险柜里的数据第一时间取出,往往并不容易。邓洪律师提醒,现在高科技手段已慢慢取代传统保险柜,因此民众不妨考虑将数据放入云端网络进行储存,这样万一需要数据,可直接从网上下载,拿到复印件,比使用保险柜方便快捷得多。

美国新移民如何报税

1. 美国税务居民报税

新移民登陆美国后,需根据美国税务规定进行报税。第一次报税时间是成为美国税务居民后的第二年。对大多数纳税人来说,如果 2011 年 12 月 31 日登陆,那么需要在 2012 年 4 月 15 日之前报税;如果 2012 年 1 月 1 日登陆,则需在 2013 年 4 月 15 日之前报税。资料若准备得不够齐全,可延期 6 个月再申报。但欠税一定要在 4 月 15 号之前缴上去。如果 4 月 15 号之后还欠税,则会产生罚款和利息。

美国的税务居民,包括公民和绿卡持有人,以及满足实际居留标准的居民(于本年度在美居留达 183 天;或是本年度在美居留达 31 天,且在本年停留天数乘以 1,上年在美停留天数乘以 1/3,前年停留天数乘以 1/6 后,所得结果累加超过 183 天)。如果纳税人超过一年不登陆美国,导致绿卡失效,国税局不会因此就承认纳税人被动放弃绿卡。除非绿卡持有人向 IRS 提交正式书面申请,否则即使绿卡被剥夺,仍然会被认定为美国税务居民,需正常申报全球范围内的个人所得税。

第一次报税,理论上应申报全部资产。实际上,银行账户、特定金融资产以及控股超过10%的境外公司必须申报；不产生盈利的不动产可以不申报；在美国境内的存款无须申报，只要申报利息所得；对于海外存款，超过1万美元的账户都要申报；对于海外金融账户，超过5万美元的账户都要申报。申报的资产数量，要根据个人移民后的资金使用程度来判断。申报资产不宜过少，如果消费金额远超过实际申报资产及相应收入水平，则会引起国税局怀疑；同时申报资产也不宜过多，从而可减少未来处理遗产税的负担。

在美国从事与商业贸易有关的投资，需缴纳相应的所得税。投资移民（EB-5）所参与的有限责任合伙（LLP），在成为美国税务居民之前，税务部分由项目方代缴；登陆美国后，每年项目方会邮寄k-1税表给投资移民申请人，用于其自行申报个人所得税。另外，投资移民也可申请低收入福利，可申报低收入或无收入。理论上来说，投资移民拿到绿卡或成为公民后，在社会福利上没有任何差别，只要达到相关要求，就可以申请；但是如果申报资产与日常花费相比有严重出入，可能招致IRS稽查；此外，投资移民申请人在持有条件绿卡的2年中，如果申报资产/收入过低，可能会影响I-829条件解除。

2.美国境内或海外房产报税

美国税法并不要求申报海外房产，除非房产产生盈利（出租、出售）。即便申报，在中国已缴纳房产税、增值税也可在美国进行税务抵扣。而主要用于自住的海外房屋出售所得,符合相关税务规定还可获得25万美元的免税额,夫妻共同报税则为50万美元免税额。享有免税额需满足的条件为在出售的前五年中,拥有该房产且作为实际居住的主要处所至少两年,并在出售的前两年中没有使用过免税额。同时,房屋相关花费也可用来抵税。

举例来说,从中国移民来美的李先生购买房屋时花费100万人民币,房屋装修20万元,其他相关费用5万元。房屋售价200万元,出售时花费中介等相关费用5万元。则李先生的房屋出售利得为200-100-20-5-5=70万人民币,按美元对人民币汇率6.1计算约合11.5万美元。若李先生满足25万美元免税条件,则李先生无需缴纳该住房出售所得税。不过还是建议申报,以免日后IRS查证时误以为漏报。

如果是外国人从境外购买美国房产,给美国籍亲人使用的情况,建议通过直接赠与购房款,由在美居住的亲属购买房产,从而出售时可满足自住房的条件,得到25万美元的免税额,最大程度减少资本利得税(所得税)。

在美国境内所购买的房产,主要包括两部分税费,一部分是在购买时一次性支付,包括交易税、契约保险等;另一部分是每年缴纳,包括物业税、房屋保险、物业管理费、水电煤气等。如果纳税人收入较低,部分税费可享受退税;如果以公司形式持有房产,部分支出可冲抵收入。

如果纳税人以非自住目的购置美国房产,例如用于出租,则还需注意出租收入的所得税、每年需缴纳的房产税、出售时的资本利得税,以及所有者死后遗产税的部分。而纳税人是直接持有房产还是以公司方式持有,具体税金计算方式也不尽相同,建议咨询专业会计师处理。

3. 受控外国公司(CFC)报税

美国政府对美国人持有的海外公司,也有相关申报要求。为了避免美国人在税率较低或免税的国家建立海外子公司,并将海外收益留存于子公司,而不转回美国来合法免税或减税的情况,美国政府颁布了受控外国公司(CFC)的相关法规,要求美籍股东通过申报5471表,披露受控外国公司的资料。

一家境外公司成为受控外国公司,需满足两个条件:第一,根据美国法律规定,拥有或被视为拥有至少10%有投票权股票的美国人,成为"美国股东";第二,如果"美国股东"合计拥有超过50%有投票权股票或拥有超过价值50%的股票。

4. 美国国税局查账

美国国税局会通过核查纳税人的账户及财务信息来检查申报总额是否正确。追查的内容包括:海外藏匿的收入、隐藏海外控股公司、滥用税务减免、虚假申报退税等。国税局查账范围虽不确定,但却能达到惊人的仔细程度,甚至可以追查10年之内的每笔消费的资金来源。国税局的查账对象主要包括:利用计算器筛选程序,税务报表被选取的纳税人;所申报信息与实际收入不符的纳税人;与其有生意往来的关系人被国税局查账的纳税人。

给纳税人下达查税通知后,国税局可能通过信件、检阅纳税人数据或者面谈的方式进行查账。面谈地点可能在国税局办公室,也可能在纳税人家里或办公室,亦或是在会计师办公室进行。国税局工作人员会通过书面信函的方式告知当事人,查账需准备的材料,通常情况下根据美国税法规定,所有已申报数字的来源记录需留存至少三年。每一次查账的时间长短会根据查账种类、复杂程度以及材料取得难易程度而有所不同。

查账结束后,如果国税局认为纳税人的税务申报应该进行调整,但当事人不同意进行更正,则当事人可要求同查账部门主管会谈,来进一步确定复审程序。当事人也可申请简单调节,或针对查账结果提起上诉。

5. 漏报海外财产的处罚豁免

漏报海外财产,如没有申报国外银行和金融账户,若符合某些条件可免于罚款:第一,没有欠美国税的纳税人(例如,国外工资符合免税规定或已在所在国报税)不会面临不报税所带来的惩罚;第二,国税局认为有合理缘由(reasonable cause),

即纳税人能证明自己尽其所能遵守了纳税义务,但由于某些合理缘由,未能达到要求。

所谓合理缘由,可能是依据事实和情况(比如受教育程度、以前是否被处罚过、最近是否有纳税人不清楚的税法变化、税法复杂程度等),纳税人没有注意到报税或纳税的具体义务。在裁定合理缘由时,国税局考虑的因素包括纳税人没有履行税务义务的原因、纳税历史记录、没有履行税务义务和后来遵守纳税的时间差、无法控制的情况等。

邓洪律师的忠告:外籍人士小心退税骗局,防范卷入福利诈欺

美国拥有着世界上最庞大的社会保障制度。其中,社会福利和社会救济作为两个重要方面,对于在美国贫困线以下生活的社会弱势群体,如单亲妈妈和失业人士,提供了很大的经济支持和援助,以确保他们不会流浪街头,得以度过生活难关。政府的本意是好的,但有人却利用法律漏洞,滥用社会福利制度,弄虚作假诈骗政府福利,而这类现象在华人社区尤其普遍。

美国刑事律师邓洪介绍,美国和加拿大,在过去对海外移民一直采取欢迎态度,给没有工作能力的移民提供一定福利,然而这些福利却大肆被人滥用。像几年前,由于加拿大政府所提供的福利政策被大批移民滥用,加拿大变成"大家拿",让当地居民甚是反感,最终导致加拿大进行大规模福利改革。在美国同样如此,由于福利被滥用,目前大部分政府福利仅提供给美国公民,就算是绿卡持有者,除了政府的紧急性医疗服务之外,其他福利一般也享受不到。

更糟糕的是,处处设限的福利政策,更进一步被犯罪分子利用,进行福利诈骗。邓洪律师表示,近些年市面上就出现了针对中国留学生以及由公民子女申请移民美国的老人家,所提供的退税服务陷阱,声称美国政府为了吸引留学生,只要有社安号码,就能拿到退税,而非美国公民的老人家,也能申请退税。事实上,这根本是个福利诈欺的骗局。

在美国,退税一般是工作之后,雇主从员工的薪水中先行扣下一部分税,等到报税期,某些收入不高,或有小孩教育开销等可抵税项目的民众,就可以从被扣下的税金里申请退回部分金额。而该类案件中的留学生与老人家,根本没有工作过,因此政府没有扣税,又哪来的退税?!

这类诈骗案中,犯罪分子通过蒙骗受害者相信美国优惠政策允许退税,而拿到其个人资料,仿报其收入,拿到退税支票,把其中一小部分拿给受害人,自己侵吞其余大部分。而等未来这些留学生和老人家想要申请身份,由于报税提供了假数据,即使是在自己不知情的情况下,但用的是自己的名字与社安号码,美国政府会对这些申请人提出诈欺指控。因此,邓洪律师再次提醒,天下没有白吃的午餐,千万不要为了贪小便宜,而影响未来的身份与前程。

如何与国税局打交道

美国政府的财源主要来自于税收,民众的任何收入都与税收有关,无论是生产经营还是日常生活,都要与政府的税务部门打交道。美国国会在1913年通过了对宪法第十六项的修正案,授权联邦政府征收所得税(Income Tax)。目前税务征收的条文有两千多页,可见税收的重要及税收法律的细致,也正因为如此,美国才拥有庞大的律师和会计师的群体。消费者应该对以下几个问题有所注意:

◎一 必须知道每年报税的截止日期是4月15日,但是不要等到最后一天才去报税。如果确实无法在4月15日之前报税,应该申请延期报税。申请延期报税的表格是"4864表",延期报税的期限为4个月。

但是在延期的期限内并不是不缴税,还是要缴纳预估税。如果将来的实税高于预估税,纳税人还必须缴纳差额及利息。

◎二 如果在报税过程中自己出现了错误,纳税人可以有3年的时间进行弥补。

◎三 如果在报税过程中会计师出现了错误,报税人要自己承担国税局要求补交的税金。会计师承担的只是国税局的处罚或其他手续方面的费用。但是如果错误是因为纳税人提供不实的数据而引致,会计师将不负任何责任。所以纳税人应确定每项填写的内容都是正确的。如果出现问题,国税局有3年的追诉期。如果国税局证实实际的收入超过报税的收入25％,国税局有6年的追诉期。但是如果报税作假或没有报税,国税局的追诉就没有时间的限制。

◎四 国税局查税时该做如何的处理？一般情况下,报税者中只有1％的人有被国税局查税的机会。国税局审计的目的:第一,是要证实报税人所申报的情况;第二,是要追回可能少报的税。如果报税者使用的是"C"和"F"表,被抽查的机率可能会大一些,在这种情况下,报税前,应和自己的会计师商量自己应该准备哪些资料,以便向国税局解释。

邓洪律师的忠告:纳税人被查税时拥有的权利

在被国税局查税时,纳税人有下列这些权利:

1. 纳税人可以派代表参加而不需要本人亲自参加。

2. 如事先给查税员通知,纳税人可以拍录全部查税过程。

3. 如果你能证实你曾向国税局查询过,国税局曾给过书面的解答,而你只不过是在落实国税局的建议时出现错误,国税局就不能因此而惩罚纳税人。

4. 国税局在没收你的财产来支付税金时,应有一定的限度。

如果国税局官员在收取欠税时不顾法律,故意或恶意伤害到纳税人的利益,纳税人可以到法院状告该名官员及国税局。

另外，国税局鼓励举报漏税的行为，纳税人可以用匿名进行举报。如果用真实的姓名举报，国税局追回漏税之后会对举报人将进行奖励，奖励金额为追回税金的15%。

购买人寿保险常识

在美国购买人寿保险是非常普遍的。所谓人寿保险，是指一旦投保人发生意外死亡，保单的受益人可以得到保险公司的赔偿。很多拥有子女或房产的民众经常用购买人寿保险这种方法来对付可能发生的意外情况。购买人寿保险通常要按照下面的步骤进行：

◎一　首先是申请阶段。保险公司对于申请者往往进行比较严格的审查和认真的调查。如果认为投保者发生意外的风险很大，相应投保的费用也就会高些；如果认为投保者发生意外的风险特别大，如有心脏病，也可能拒绝投保者的投保。

投保人要注意如下的问题：在申请时要如实回答保险公司所提出的问题。保险公司也会让投保人签署授权书，允许其去对投保人的医疗报告及住院报告进行调查，也会对投保人进行包括验血在内的体检。如果投保人向保险公司提供的数据不实，一旦被发现，虽然已经与保险公司签署合约，投保人依然会被拒付。保险公司会采取措施预防欺诈行为，一般保险公司都设有两年"自杀期"的条款，即在投保之日起的两年之内，如果投保人自杀，保险公司不予赔偿。保险公司设定"自杀期"的条款，就是假定投保人可能会以自杀的方式欺诈保费。如果死亡事故是在两年内发生，即使属于意外死亡，保险公司也要进行详细调查，如果查出是自杀，保险公司将不赔偿。

◎二 确定受益人的问题。理论上任何人都可以成为受益人。受益人分第一顺位的受益人和第二顺位的受益人，同一顺位的收益人可以不止一个，他们将平分所获得的赔偿额。

◎三 更改受益人。人寿保险中更改受益人的情况是经常发生的。应该注意：如果投保人购买的保单是不可撤销的，必须征得原来的受益人同意，才能更改受益人。在夫妻财产为共同财产制的州（如加州，结婚期间双方共同拥有财产和债务），如果配偶一方是受益人，更换其他人作为受益人时，必须征得配偶的同意。保单中的受益人必须与投保人有某种利益方面的关系。民众不能为一个与他本人不相干的人投保，比如不能为某一个名人投保，赌这个名人会死而得到赔偿，因为这是一种违法赌博行为，投保人与受益人在投保前没有任何利益关系，因而是违法的。但是如果是生意上的合伙人之间的投保，由于其中有利益上的关系，因此是合法的。

邓洪律师的忠告：选择会计师时应该注意的问题

在选择会计师（CPA）时应要注意如下的事项：

1. 要尽早选择，不要等到四月初才选。

2.在与会计师商谈时要问清楚收费的情况,确定如果发生误报,会计师是否会付国税局的罚金。

3.要知道会计师的资历和经验如何。

4.自己也要认真准备,不要拿一大堆数据让会计师处理,因为自己最清楚自己的财务状况。另外,有时会计师也是按小时收费的,若自己不做好准备,支付会计师的费用会更高。

5.如果所找到的会计师什么也不问,就应该注意,这位会计师对你的报税可能会粗心大意。

6.报税表格寄出之前,应该仔细检查。虽然由会计师做表,但是责任最终还是由自己承担。

第四章
交通与法律

引　言

在美国的电视新闻中,经常会出现警察在高速公路上驱车追捕嫌疑人的惊险画面。去年2月当地时间20日晚上,洛杉矶地区的几家电视台就出动直升机,现场直播了这样的一幕。令人惊讶的是,肇事司机的车速最快竟达到将近每小时200公里,而5辆警车和12名警察,在追逐将近1个小时后,才以撞车围堵的方式将肇事车拦截下来。

更让人意想不到的是,从肇事车司机位置走下来的竟然是一位刚满18岁的中国留学生。这名周姓学生(化名)事发前不久才刚拿到临时驾照,而驾驶的汽车也还没来得及过户。由于拿到驾照兴奋无比,他就决定带着两个朋友开着新买的白色宝马出去兜风,展示自己的酷炫车技和蛇形驾驶。而叫人哭笑不得的是,被捕时小周还天真地询问一旁的美国NBC电视台记者:"警察这样抓我是不是违反了我的人权?"

稍后警方释放了车上的两名乘客,小周也在缴纳保释金之后获得释放。然而,这场闹剧非但没有就此结束,反而愈演愈烈。9月份,这位因现场直播警车追逐而在中美"名声大噪"的肇事者小周,在起诉日当天没有到庭,被法官以10万美金悬赏通缉。10月份,小周出现在洛杉矶国际机场飞往中国的候机厅,想搭机回国一走了之,结果被洛杉矶警方二次逮捕,罪上加罪。

在美国,藐视法庭可不是小事。如果当事人对出庭通知置之不理,在出庭日没有及时出现,法院将会增加一项逃庭罪(Failure To Appear),将原本的违规上升为刑事指控,法官同时会对当事人下达通缉令。这种法官通缉令无时效限制,一旦下达即同步更新于美国国家犯罪信息中心(National Crime Information Center)数据库,使得当事人无论从全美哪一个机场出入境都会立即被警察逮捕扣押。因此留学生朋友或中国游客,来美因为交通违规或犯罪而被警察开具法庭通知单后,千万不要置之不理,应当尽快询问有经验的律师,依照法律程序处理。如果当事人无经济能力聘请律师,法庭会指派免费的公辩律师,帮助行使其在法律上的正当权利。另外,针对国外观光游客没有时间在美国停留数月处理案件的情形,加州刑法第977项也特别允许刑事辩护律师代表当事人出庭,而不必要求当事人本人亲自处理。事实上,不论是来美观光的中国游客、留学生还是华人新移民,每年在美因交通违规而涉入民事或刑事案件的都数不胜数,究竟该如何避免并妥善处理? 这一单元就要为读者朋友们详细讲解。

第四章 交通与法律

如何申请驾驶执照

生活在美国,汽车是不可或缺的交通工具,在洛杉矶、旧金山等大都会地区更是必需的。拥有汽车及汽车执照,是在美国落地生根的第一步。但是,拥有汽车也有连带责任。

例如,两年前,一名来自广东的中国新移民酒后驾车时失控,越道撞上迎面而来的汽车,虽然保住了自己的性命,但对面的驾车人士却被撞死,后来该名华裔人士被判五年的有期徒刑。

由于汽车会引发各类问题,每个州政府都设立了车辆管理局(DMV)来管理汽车驾驶执照及汽车注册。一来保证驾驶人员掌握必须的技能,二来保证公路上的汽车都安全,而且驾车人都购买了相关的汽车保险,以便在发生意外时,当事人和受害者能得到适当的保障。

申请驾驶执照有一定的条件限制,但是州与州之间不尽相同。就年龄而言,一般限制在16岁以上。大部分州都允许14岁到17岁间的青少年驾驶,但是,往往须要家长的同意,并且参加学校或政府授权的青少年驾驶课程。在获得驾驶执照之前,申请者必须先通过考核交通法规等以理论内容为主的笔试,在加州等中国新移民较多的地区,州政府可以提供中文的考试,但是申请者仍必须能够看懂英文的路标。通过笔试后,申请人就可以拿到学生训练驾驶执照,可以在拥有驾照的成人陪伴下上路开车,或到驾驶学校接受驾车训练,经过一段时间的训练后,申请者必须通过路试才能得到正式的驾照。驾照上也会标明对驾车人的某些限制,如因视力有问题,驾照上会标注驾车人开车须戴眼镜(包括隐形眼镜)。

如果汽车管理局发现申请人是酒醉驾车累犯、吸毒驾车累犯及有驾照被吊销过的记录,他们有权拒绝核发驾照。残障人士的病况影响到驾车的安全,汽车管理局也可以拒绝核发驾照。患有潜在突发性疾病的民众,如羊癫风及其他类型精神病患者,在没有压力时开车正常,但是一旦犯病就会开车失控,不但危害自己,也对他人构成威胁,因此汽车管理局可以拒绝这些人申请驾照。有些州要求医生主动向汽车管理局报告这些病人的情况。有些州则是在发生问题时,才采取吊销驾照的行动。

许多在美国拥有合法身份的人士,如果不打算开车但又要证实身份,可以向当地的 DMV 申请一个 ID 卡(身份证)。ID 卡上标明了个人的身高、住址等与驾照上一样的个人资料。

年长者由于年龄太大,可能会在驾车时发生意外,不仅会伤害自己,也可能会危及他人。不过,美国退休人士协会等老人权益团体一向反对限制老年人的驾车权利,因而,大部分州都没有立法限制驾车者的年龄。不过许多州,如夏威夷州等,将年龄超过 65 岁的驾车人士的驾照有效期缩短,在签发驾照时,其有效期只有两年,两年以后要重新考试更换驾照。大部分州的做法是发生事故后吊销一些年龄偏大者的驾照,或让这些老年人为获得驾照重新考试,但是许多老年人再也无法通过考试。

邓洪律师的忠告:"国际驾照"是自欺欺人

很多中国新移民来到美国后经常使用所谓的"国际驾照"。实际上,在美国签发的"国际驾照"是为美国人去海外旅游或执行公务时驾车所用的,墨西哥和加拿大等国认可美国核发的国际驾照。美国国务院授权给 American Automobile Association 及 American Automobile Touring Alliance 这两个非盈利机构对美国民众提供国际驾照的服务,申请者的资格是必须年满18岁、并提供两张照片、一定的费用及有效的美国驾驶执照。

许多失去身份的中国新移民为了生计而开始使用国际驾照。根据1943年的美洲汽车交通法规及联合国1949年的公路交通公约,公约国的民众如果同时拥有外国驾照及国际驾照,则可以在美国旅游时合法驾车,但这是针对途经美国作暂短停留的人,并不适合在美国留学和长期居住的人。然而,由于每个州又有自己的规定,所以很多执行公务的警察不一定知道这样的规定是国际公约,往往会认为没有当地的驾照驾车就是违法。加州法律规定,在加州居住超过30天,驾车必须使用加州的驾照,不能用外州或国际驾照。因而,在美国本土使用在美国境内获取到的"国际驾照"并没有法律效用,而在海外获取到的"国际驾照"亦只能有效使用10天到30天,并不能长期使用。

"9·11"事件后的身份证

美国社会非常重视民众的个人隐私,因而,国会曾多次商讨全国身份证的方案,但都未获得多数议员的支持。汽车驾驶执照一直成为美国民众的身份证明。在平常生活中,无论是银行开户、申请工作、甚至被警方检查等,民众都可以使用汽车驾照作为自己的身份证明。如果民众不开车,汽车管理局仍可以颁发身份证明,以方便民众的生活。

对于移民来说,与申请驾照有关的一个主要问题就是是否具有合法身份。在90年代初经济不景气的时候,加州提出了"187移民提案",该项提案要求所有申请汽车驾驶执照的民众都必须提供合法居留的身份证明。特别是一些反移民的团体,认为政府应该采取"斩草除根"的方式取消非法移民赖以生活和生财的工具,即取消他们的驾车资格,这样可以迫使非法移民离境。因此,很多州都对申请驾照的人进行身份核实。1996年国会通过《移民改革责任法案》等一系列法案,这些法案逐步地剥夺了很多没有合法身份的移民的驾车权利。自从"9·11"事件爆发后,因为劫机的19名恐怖分子有多名都利用了佛罗里达州等地汽车管理机构对申请者移民身份较为宽松的漏洞,因而,全美各地的汽车管理机构再度从严处理申请案件。"9·11"事件前,加州议会曾通过放宽中国新移民申请汽车驾照的要求的AB60法案,但是前州长威尔逊以国土安全为由拒绝签字,使这项有利中国新移民获得驾照的法案胎死腹中。

目前,很多州要求申请者提供合法的居留身份。申请者须从社会安全局拿到社会安全号码后,才能申请驾照。另外还有一种情况,申请人在多年前申请驾照时并没有核实身份,但是在定期重延时却需要提供在美合法居留的证明。因此,保持自己的合法身份非常重要。

以前,全美没有一个统一的身份辨识系统,驾照是全国各地唯一认可的"身份证"。"9·11"后,国会开始计划把各个州的个人身份资料统一起来,形成全国范围的身份证辨识体系。近期,国会通过的国家安全法案,也要求联邦政府的执法机构与地方政府的执法机构必须相互交换数据。目前,各个州的身份辨识系统已经以汽车驾照为轴心链接为完整的数据库。包括加州在内的45个州已经形成了一个全国性的驾驶执照联盟(DLC),其成员共享各个州的DMV数据库。驾车人士在自己居住的州被吊销了驾照,另一个州马上也会知道。例如,以前在加州使用科罗拉多州的驾照驾车,执法人员无法马上查证这个驾照的真伪,现在通过这个联盟的网络就可以马上查清楚。

"9·11"事件后,执法部门对汽车驾驶人士的检查变得更加严格。越来越多的华裔移民因为向执法人员提供不实的驾照而被逮捕。部分民众因为无法申请到合法的身份,而私下花钱购买假驾照,以往这类驾照都没有发生问题,但是,在"9·11"事件后,联邦政府及地方政府的执法部门加强数

据交换,从而使这类地下驾照纷纷现出原形。

近年来,部分州政府对于许多无证的居民,如游客或留学逾期居民等提供驾照,以让这些无证居民能合法驾车。加州从2015年1月1日起就向无证居民提供所谓的AB 60驾照,这些驾照可以让民众在加州驾车及注册汽车,购买汽车保险,但是无证居民不能拿这些驾照作为登机身份证明,因为联邦政府并不承认这些驾照为身份证明。

前车之鉴:非法移民使用假驾照罪加一等

案例:叶姓人士多年前从中国大陆来美商务考察,决定留在美国。但是他所提出的庇护申请被拒后并没有上诉,因而他失去了合法身份。于是他开始在一家包吃包住的中餐馆打工,如此多年也相安无事,一年多以前,他经一位老乡的介绍,花了一千多元钱买到一张有自己照片的驾照,介绍人声称该驾照为国际驾照,世界各地都可以使用。他也使用该驾照购买到新车及汽车保险,但是没想到在一次交通违规时被警察拦下,警察以使用不实身份证件为由逮捕了他,在服刑三个月后被转到移民局,驱逐出境。

邓洪律师的解答:十多年前,加州就要求申请驾驶执照者必须提供合法居留身份的规定。现时几乎所有的州都要求驾照申请人士提供合法居留身份。因而,坊间就出现了一大堆出售国际驾照及外州驾照的骗案,不少非法居留人士误以为购买到护身符,殊不知这些假身份证明让非法移民罪加一等。

在美国印发的国际驾照是让美国驾驶人士到海外旅行时使用的,来自台湾及香港等地的外国人士可以在原发照地申请国际驾照,与有效的护照及签证合在一起才可以在美国使用。不过,加州等地都有明确的规定,如果外国人士在当地居留超过30天,必须申请当地的驾照。坊间所出售的国际驾照绝大部分都不会被承认,有些人士遇到严格的警察时,还可能因提供假身份证明而被逮捕。

外州驾照:自从"9·11"事件后,大部分的州都要求驾照申请者提供合法移民身份才可以申请驾照。目前只剩华盛顿等个别的州不查移民身份,不过这些州都要求申请者在当地居住。如果你开的车是登记在你的名下,但是车主的注册地址或者所购买的保险却登记在外州,警察就会怀疑你所提供的数据不实而逮捕你。

此外,许多非法移民使用他人的数据到汽车管理局用他人的名义申请驾照,这种做法会引发出三种后果:其一,当事人可能会承担起他人的所有案底;第二,因为指纹不符,当事人可能会被DMV逮捕而被指控"向政府提供不实数据罪";第三,将来申请合法身份时因为你曾使用过他人身份而被指控"作伪证罪"。

驾车人士十大法律责任

获得正式驾照后,民众就可以驾车走遍美国。不过在驾车周游美国时,一定要遵守交通法规。值得注意的是,美国各个州的交通法规并不完全一样。例如,加州的交通法规规定,在红灯或绿灯的条件下,只要当时的路面情况安全,汽车都可以右转。但是,许多州禁止汽车在红灯的情况下右转。在加州,驾车人及乘客必须系安全带,否则被视为违规,但是有些州并没有这样的法律。所以驾车人事先要对旅行目的地的交通法规作充分的了解,要非常清楚时速的限制、安全带问题和停车等规定。

为避免驾车引发的问题,驾车人士应注意下列事项:

◎一　不要违规停车。尤其是千万不要以为自己只是短暂停车而停在残障人士的停车位上;

◎二　不能超速。尤其是不要与他人开车竞赛,开车竞赛属刑事罪,重者可被判罚半年的牢刑;

◎三　不能酒醉驾车。如酒后驾车而造成他人受伤或死亡,会被重罪起诉,判处3到15年牢刑;

◎四　不能逃逸。如果不幸与其他车碰撞或发生其他交通意外事故,驾车人一定要停下来,与对方交换驾驶数据;

◎五　保持良好的驾驶记录。汽车管理机构会根据驾车人士的违规情况而作出扣分的记录。如果罚单过多或违规严重,汽车管理机构有权吊销其驾驶执照。例如,加州法律规定,一年之内罚单的扣分不能超过4分,如果超过,汽车管理局可以吊销其驾照。驾驶人士酒醉驾车及没有购买汽车保险,也会被吊销驾驶执照。

◎六　争取听证会机会。汽车管理机构的吊销驾照行动可分为临时吊销(Suspension)和直接吊销(Revocation)。当驾照面临被吊销时,驾车人士应及时提出听证会,争取保留驾照的机会。如果错过听证会的机会,驾车人士纵使有理或是管理部门的错误,也可能无法挽回驾照。如驾车人士因驾车而引发刑事责任,法庭也可以做出吊销驾照的判决。当汽车管理机构和法庭同时做出吊销驾照的决定时,按最严厉的判罚执行。

◎七 驾车应有驾照。一旦被警察发现无驾驶执照驾车或执照被吊销后仍在驾车,驾车人士可能会被逮捕,也可以被检察官以轻罪起诉。如果无照驾车肇事造成严重伤亡或逃逸,被逮捕后可能会被以重罪起诉。如果发生无照驾车被逮捕的情况,当事人有权要求聘请私人律师,如无经济能力,也可要求法院提供公派辩护律师。

◎八 千万别提供不实驾驶执照给警察。如果自己没有驾照开车,警察可能会开罚单让驾车人士出庭,法官也可能只判罚驾车人士大笔罚款而了事。但如果向警察提供仿制的不实驾照,可能会面临更严重的惩罚。此外,在申请驾照时,也不能提供不实的资料,否则仍属于欺骗政府的行为,而触犯了刑法。

◎九 不要随便借车给他人。如果把车租给或借给无驾照的人驾驶,被警察查获后,警察有权把车扣下。在加州,警察可以把车扣留30天,车主必须承担存放费用及手续费等相关的费用。纵使借车的人士有驾照,如发生交通意外,车主也必须承担起事故的赔偿责任。

◎十　不要在车内放置任何违禁品及武器。即使驾车人士拥有合法的持枪证，但由于许多州不允许民众随车携带武器，如果民众想携带合法枪械到靶场，也必须将枪和子弹分开放，且不能将枪支上膛。另外，车内也不应放置任何可能会伤人的器具，在加州，驾车人士不能在车内伸手可拿到的地方放置球棒之类的东西。车内也不允许存放打开盖子的酒瓶（罐），如果被警察发现，驾车人士可能被控触犯法律。

如何进行车辆登记

开车人必须要有驾驶执照，同样，一辆车如果被驾驶，这辆车一定要在政府注册。在下列三种情况下，车主必须向汽车管理机构申请汽车注册：

◎一　购买新车时必须注册。一般情况下，在购买新车后的30天之内，车主必须向政府的车辆管理部门进行注册，并缴纳车税。车辆注册的主要目的是为政府增加税收，也起到了方便政府对汽车进行管理的作用，还能防止车辆被盗窃。

◎二　在迁入其他州60天到90天之内，车主一定要到所在州当地的车辆管理部门重新办理车辆注册。

◎三　州政府会要求定期重新注册。例如，加州要求车辆每年登记一次，并收取一定的费用。如果车辆不进行登记，警察可以扣车30天或更长的时间。办理车辆登记需要下列手续：

1.每个州都会要求证实所登记车辆的机械是安全的,也符合环保的要求。例如,汽车管理局会要求提供汽车尾气排放测试(Smog Check)通过的证明。

2.大部分州都会要求车主在车辆注册时,向政府提供已购买足够的车辆保险的证明。

3.汽车车主要根据车辆的状况付一定的费用。完成车辆注册后,汽车管理机构将会给车主注册证明及注册标签(Sticker)。如果是首次注册,汽车管理局还将寄给车牌。一些州要求每辆汽车在注册后将标签贴在汽车的牌照上。在加州,即使车辆已经登记,但是没有把登记的标签放在车牌上,也是一种违规的行为。如果自己的车辆没有进行注册,而将别人注册的标签偷放到自己车上,是属于重罪的违法行为。

一些州为了增加税收,往往设立一些比较特殊的车牌号,车主也可以使用自己所喜爱的独特车牌号,不过每年要多付一些费用。

常见的交通违规案件及应对策略

驾车人士难免会遇到一些违规事件。常见的车辆违规有如下四种情况,车主应了解解决这四类违规的方法:

◎ 一 停车违规罚单(Parking Ticket)。停车违规主要是指驾车人士没有按照规定停车,或将车停在残障人士停车位、消防栓旁、红色区内,或停车表内的停车时间已过等。停车违规一般的处罚是罚款,不会有任何驾驶记录,也不会被汽车管理机构扣分。停车违规后,车主只要按时交付罚款就可以了事。如果车主对停车违规的罚款不予理会,其罪名就会演变为蔑视法庭的刑事罪,累计到一定次数,法院可以签发通缉令对当事人进行通缉。有些州还有规定,如果对停车违规的罚单不做处理,就不允许车主进行车辆的重新注册或不再颁发驾驶执照。如果车主将车借给他人驾驶而被开罚单,即使车主并非驾车人,仍要替汽车付罚款。

◎二 车辆修理通知单(Notice to Correct Violation)。当警察注意到在公路上行驶的汽车有车头灯坏掉或煞车灯不亮等汽车故障时,会开出此类通知,要求车主在一定时间内去改正并证实自己已采取修理措施。

车主必须在指定的时间按要求把车辆修理好,然后将车开到警察局或法院进行检查,经确认所需修理的部分已经按规定修理好,车辆功能不完善的违规案件才可以结案,且不会有不良的驾驶记录。值得我们中国新移民注意的是,很多情况是车主觉得车辆已经很破烂,修理的费用已超出汽车的价值,已经没有必要在保留该破车,而不再理会警察的修理通知书。殊不知,车主因为没有如期向警察或法院提供修理证明,被法院开出通缉令。因而,即使你不开这部车而把它丢弃或送人,车主仍必须处理该通知单。如果车主将破车卖给汽车回收站,必须向法院提供车辆的报废证明;如果卖给别人,也要提供已经卖出的证明,否则将永远无法把这个车辆修理的通知单销除。

◎三 警察签发的出庭通知单(Notice To Appear)。在一项事故的调查中,虽然警察本人并没有看到当时现场的场面,但是经过调查取证之后,有合理的理由怀疑此案与车主有关,这就可以签发出庭通知单。例如,驾车人肇事后逃跑(Hit and Run),警察可以根据目击者提供的线索,确定车主牵涉此案,签发出庭通知,要求车主出庭应诉。因为这类案件涉及刑法,因此,当事人必须重视。一旦接到这样的通知,当事人应该找刑事律师商量如何处理,如不出庭,法官将会签发通缉令。

◎四 警察目击违规行为而签发的出庭通知单(Notice To Appear)。当事人违规被警察当场拦下,有两种处理的方式:第一种情况是违规情况不严重,如未带驾照、超速驾驶、不让道、STOP标志处没有停稳就走等,且当事人逃避法庭的可能性不大,警察可能只对当事人发出出庭通知单,要求当事人在指定的日期到指定的法院出庭;第二种情况是触犯刑法的严重违规,如酒醉驾车、鲁莽驾车等,警察可以采取逮捕的方式,在当事人交纳保释金后,警察局再给当事人出庭罚单通知单。

邓洪律师的忠告:签出庭通知单不等于认错

开出罚单后,警察往往需要当事人在所开出的单子上签字。很多中国新移民认为一旦签字就是承认了自己违规,或觉得警察开出的罚单不公平,拒绝在通知单上签字。警察在当事人拒绝签字的情况下,唯有采取逮捕的行动,而当事人大叫警察歧视中国人也无济于事,因为警察的做法并没有违法。在处理一般性合约时,不理解里面内容时当事人不应随便签字,但是,唯有在交通罚单方面,中国新移民应见机行事,签字只是表示当事人同意出庭与警察对质。但是如果当时不签字,警察就有理由逮捕你,因为他看到了违法行为的发生。因而,华裔民众一定要消除"在罚单上签字就等于认错"的误会。

如何处理酒醉驾车案件

"天有酒星,酒之作也,其与天地并矣"。中国人自古以来就钟爱饮酒,从杜康酒到茅台酒,中国人饮酒有五千年的历史。在中国人的传统中,酒是万能的:酒能治病、酒可养老、酒到成礼、酒浓成欢、酒能忘忧、酒以壮胆……

从《三国演义》中的张飞醉服严良、关羽温酒斩华雄;《水浒传》中的景阳岗武松醉打老虎、鲁智深醉闹五台山;《西游记》中的孙悟空偷饮长生不老酒;到《红楼梦》中的举酒同杯(悲),一醉方休的饮酒方式一直被当成抒发友情、表达情感、施展计谋的方法。

但是,在如今这个风驰电掣的时代,醉酒驾车将直接危及生命,一醉方休的饮酒方式已经不再跟得上时代的步伐。

中国人人口较多的加利福尼亚州,共有两千多万辆汽车,近两千万名汽车驾驶人士日夜在这个汽车稠密的地区飞驰,醉酒驾车引发的事故频频发生,了解美国关于酒后驾车的法例,能让您更熟悉美国的生活。

美国醉酒驾车法例

由于饮酒会导致神志不清、视觉及听觉判断不准等问题,从汽车开始普及的年代,美国就制定出禁止醉酒驾车的法例。早在1910年,纽约就通过了全美首项禁止醉酒驾车的法例,许多州也随后跟进。该项法例规定,"醉酒(Intoxicated)人士不能驾车"。

到了80年代,多个公民团体,如反醉酒驾车之母亲协会(MADD),认为当时反醉酒驾车的法例不够严厉,许多醉酒驾车人士未能得到应有的惩罚,便发动一波又一波的游说及宣传攻势。

从1981年到1986年,全美各地都通过了一系列反醉酒驾车的法例。这些法例一方面加重对醉酒驾车人士的惩罚,另一方面降低醉酒驾车的酒精含量标准,使许多饮了一些酒但仍未到达原有醉酒程度的驾车人士也受到法律的限制。尽管有这些严格的法例规定,但是由于许多驾车人士并不了解酒后驾车可能带来的后果,依然有许多的醉酒驾车事故发生。据全美高速公路交通安全署的统计,平均每年全美有16520人死于酒后驾车事故,占全部死亡事故的40%。

由于酒后驾车的事故仍然十分频繁,警察在执勤时十分注意驾车人士是否在酒后驾车。据统计,全美平均每年有2％的驾车人士会因为警察怀疑有酒后驾车行为而被拦下,其中18％被拦下的驾车人士因为有酒后驾车的嫌疑而被逮捕。

何为"酒后驾车"?

以往的禁止醉酒驾车法例是禁止在醉酒时驾车(Driving WhileIntoxicated 简称,DWI),但是从80年代起,许多州开始将法例扩大到在受到酒精影响下驾车(Driving Underthe Influence of Alcohol,简称 DUI)。例如,加州汽车管理法例第 231529(a)项规定,所有驾车人士在驾驶时血液内的酒精浓度不能过高而影响到其驾车的能力;第 23152(b)项规定,所有驾车人士在驾驶时血液内酒精浓度(BAC)不得超过 0.08。因而,许多酒后驾车人士在被逮捕时会同时被起诉"醉酒驾车"及"血液酒精浓度超过 0.08"这两项罪名。

加州的法定饮酒年龄为 21 岁,如果未满 21 岁的青少年被发现酒后驾车,酒精浓度标准就会降为 0.01,一旦罪名成立,驾照会被吊销 1 年,并将面临其他刑事处罚。

血液内的酒精含量的计算方法主要是视驾车人士的体重而定,假定驾车人每次饮用一罐 12 盎士的啤酒,或一杯 4 盎士的葡萄酒,或一杯含有 1 盎士烈酒的混和酒,以下数字可供参考:

体重	每小时次数	血液酒精含量
120磅	1	0.032
120磅	2	0.064
120磅	3	0.096
180磅	1	0.021
180磅	2	0.042
180磅	3	0.063
180磅	4	0.084

酒后驾车之法律后果

如果驾车人士酒后驾车未酿成交通事故,实属万幸之事。被警察以酒后驾车的理由逮捕后,除汽车会被警察扣押,以后需要大笔钱来交付拖车费及停车费、家人需要筹集大笔资金将驾车人士保释出来等费用外,驾车人士还将面临刑事起诉及汽车驾驶执照被吊销这两方面的困扰。

在刑事起诉方面,驾车人士将会被检方以前述两项罪名起诉。如果是初犯者,法院将要求驾车人士支付上千元的交通罚金,外加上千元的法庭罚金,驾车人士还可能坐96小时到6个月的牢刑,在4个月内不得驾车(在汽车管理局临时吊销执照期限后执行)。同时,当事人还必须参加费用上千元的驾车人士醉酒/吸毒康复教育计划。

在汽车执照方面,警察在逮捕驾车人士时会没收其驾驶执照。要保住自己的驾驶执照,驾车人士必须在规定时间内向汽车管理局(DMV)提出申诉,初犯者可能会被罚4个月到2年内不得驾车。虽然可以提出条件性许可,但是即使条件性许可获得准许,驾车人士也只能驾车上下班或上下学,而不能自由驾驶到其他地方。

如果是累犯者,除罚金会加倍,牢刑期会加长外,驾驶执照也会被吊销。这些记录属于刑事犯罪记录的一部分,会在驾车人士的个人档案中保留10年之久。在这10年期间,他的汽车保险公司可能不愿意续保,因而他只能购买保费昂贵的"高风险驾车人士"保险。同时,在找工作时,老板可能会因为驾车人士的醉酒驾车记录而不敢聘用他。

保护自己权益

如果驾车人士被警察怀疑有酒后驾车的行为,在被拦下时,应礼貌地与警察接触,少说话为佳。警察会直截了当地问你是否有饮酒,法律上保障每位人士都有不提供一些证实自己有罪证据的权利,因而,你可以礼貌地答复,在未与自己律师谈话前不想回答。

警察会叫驾车人士在现场进行醉酒测试,这些测试包括重述A到Z字母顺序、闭上眼将两手的食指合起来、走直线、用单脚站立或从地上将硬币拿起、吹气入呼吸器内等。虽然法律没有强制规定驾车人士一定要配合做这些测试,但是如果驾车人士相信自己血液内的酒精含量很低,就应该去做,如果这些测试都通过,警察就可能放人。如果驾车人士由于身体上有某些残障而影响到这些测试的结果,应及时告知警察。如果未通过这些测试,驾车人士就会被逮捕,但是被逮捕并不表示罪名成立,警方需要足够的证据才能起诉驾车人士。总而言之,少说话,少提供对自己不利的证据,将有利于自己的案件,同时自己也要有礼貌地与警察配合,不要争辩。

到了警察局后,警察会马上进行酒精含量取样。目前警方共有三种取样方式:第一种是抽血(Blood)取样,第二种是呼吸(Breath)取样(比现场的呼吸测试更加复杂),第三种是尿液(Urine)取样。驾车人士有权选择其中一种取样方式,但是无权拒绝取样,如果驾车人士拒绝取样,法例规定驾车者的驾驶执照会被吊销1年。

警察在逮捕酒后驾车的民众时,会没收驾车人士的驾照,并发给一张有效期为30天的临时驾照,为保住自己的驾驶权利,民众必须在10天内向DMV主管部门提出参加听证会的要求,否则自己的驾照在30天后会被吊销4个月到1年。

邓洪律师忠告:青少年酒后驾车惩罚严厉

30多万中国留学生在美国求学,而且留学生的年龄越来越年轻。父母不在身边,逢年过节时,年轻人往往因为喝酒而触犯法律。虽然美国的法定最低饮酒年龄为21岁,但不少热衷开趴狂欢的年轻人都不以为然,不但照喝不误,更有甚者,还酒后驾车。没想到,未满21岁的年轻人酒后驾车,法律惩罚格外严格。

比如,加州法律就规定,21岁以上的成年人醉酒标准为酒精含量超过0.08,但是如果未满21岁,该标准降为0.01,就是说,青少年只要小酌一杯或喝半瓶啤酒就已经违法,也就是所谓的"零容忍"(Zero Tolerance)原则,而一旦违反,驾照将被自动吊销1年。

此外,还有不少人自作聪明,认为即使被警察拦下来,只要拒绝酒精测试,警方没证据起诉,就拿自己没办法。事实恰恰相反。警察在进行酒驾测试时,会让驾驶者选择吹气或验血,如果两者都拒绝的话,汽车管理局(DMV)会自动吊销驾车人驾照1年;另外,如果拒测,法院也会假定驾驶者的酒精含量为最高标准(即BAC超出0.20以上),进行重罚。因此,遇到警察要求酒测,当事人一定不要拒绝。

驾车被警察拦下来时该怎么办

一向对警察敬而远之的中国新移民,一旦看到后面闪起警车的灯就惊惶失措,不知如何应付,有时刚停好车便立即四处寻找驾驶执照或保险数据。后面的警察不知驾驶者在做何事,也相当担心,因为美国多数人有枪,许多警察都是在拦车时被人开枪打死的。因而,当驾车人士身体及双手不停地挥动时,警察很可能误以为驾车人士在寻找武器。

第四章 交通与法律

许多警察误伤驾车人士的案件就是这样发生的。因此,在被警察拦下时,双手应放在方向盘上保持不动,要拿取证件时,应征得警察的同意,或由警察代劳,自己不要乱动。

警察在拦下驾车人士之后,一般会查看三类数据:第一类是驾驶人士的汽车驾照;第二类是汽车注册数据;第三类是汽车保险资料。

警察获得这些数据后会返回警车,通过车上的电脑库核对这些数据。如果没有发现其他可疑之处,警察可能开完罚单就让驾车人士离去。但是,如果发现一些问题,警察可能会对驾车人士或汽车进行搜查行动。

在美国上诉法院及联邦最高法院所审理的刑事案件中,最常见到的争议是警察有没有理由搜查当事人的汽车。有时,法院会裁定警察无权搜查,因而所收集到的证据不能作为呈堂证据;有时,法院会裁定警察的搜查行动是合法的,因而所有在车上收集到的证据都可以作为呈堂证据。

美国宪法第四修正案中明确规定保护民众的私人财产,政府不能无理搜查。私人财产主要包括民众的住房和汽车。一般情况下,警察只有在具有合理的怀疑或有搜查令的情况下,才能够入屋搜查或搜查驾车人士的汽车。搜查令是事先由警察向法官提出申请的。警察在申请搜查令时,必须向法官提供证据,证明被搜查人所居住的房屋或驾驶的汽车可能涉及违法的行为。警察在搜查时,要向屋主或驾车人士出示搜查令。

在高速公路行驶的过程中,警察如果怀疑驾车人士违规驾驶，可以将车拦下。当停车后，警察为了安全起见，可以在驾车人士所能接触到的车身部位进行检查，看看是否藏有武器。如果警察通过车后的窗子看到车主放置的物品是非法物品，如吸毒的器具等时，可以搜查并作为呈堂证据。如果警察有合理的理由怀疑车上可能藏有其他非法物品，可以对全车进行搜查。

有时候，警察会向车主询问是否可以搜查，驾车人可以拒绝警察的要求。不过，警察可能会因为驾车人的拒绝而产生"合理"怀疑，或有其他理由让他怀疑驾车人有违法行为或车上藏有非法物品，而有权利对车辆进行搜查。当车辆被警察扣押时，警察会对被扣押的车辆做"清单"搜查，把从车上搜查出来的所有物品都列入清单。如果在"清单"搜查中搜出非法物品如枪支等，都可以作为呈堂证据。

许多华裔小留学生年少气盛，父母花大笔钱购买跑车给他们。而有时这些青少年在被警察发现违规时，往往误以为警察不会越区追车或者自己的跑车马力大而可以逃过警车，殊不知许多警察都觉得逃走的车大有问题，可能展开大规模的追捕行动。绝大部分的青少年都难逃警察天罗地网的追逐，在被逮捕后，驾车人士除被控交通违规外，还可能被指控逃避追捕（Evading Arrest）的刑事罪。

第四章　交通与法律

如何处理交通罚单

被警察拦下,如果是例行性的交通违规,警察往往只开出交通违规的出庭通知单(俗称的罚单)。在拿到这类通知单时,驾车人士应如何处理?

驾车人士应该首先决定是否要进行"对抗",与警察在法庭上一决胜负。但应该注意,如果进行"对抗",自己要花很多的时间去准备。此外,在法庭上与警察抗争时,法官往往会比较倾向警察一方,因为法官认为警察没有理由无故开罚单,他们只是履行自己的职责而已,没有必要去故意刁难驾车人士,而被开罚单的人因为自身的利益,有可能提供不实的证词。因而,法官绝大多数时候会裁定警察有理。不进行抗争的好处是,罚款了事。但是在如下的情况下,驾车人士进行抗争可能会对自己有利:

◎一　在交通违规扣分很多的情况下,一旦接受罚单,可能导致扣分达到最高限度,驾照因此可能被吊销。如果不进行抗争,等于自动认错,很有可能就此失去驾驶执照。

◎二　有独立证人可以证明警察开罚单是不当的,或是违法进行的。

在决定与警察在庭上见后,驾车人士在庭上抗争的过程中要注意如下的问题:

◎一　如果与外州的警察进行抗争,通常需要抗争人到外州去直接抗争，不过也可以通过律师写信进行书面抗争。但是要知道，如果抗争失败，在外州的违规记录也会在驾车人士所在州具有法律效力。

◎二　可以在出庭之前或出庭时，改变自己的决定，向法官请求上课的机会。很多时候法官鼓励违规者去交通学校进行学习，学习后可以不扣分。

◎三　抗争前要进行充份的准备。当事人应重返现场进行拍照，寻找有利的证据和证人，从科学的角度证实警察的说词可能有误，如车速最高只能是每小时80里，但警察的罚单上写着车速为120里，如能找出证人或证据证实该车不可能开如此快的速度，就能证明警察有误。再比如闯红灯的案件，如果能找到后面车的人在法庭上指证当事人并没有闯红灯，也将是很有力的证词。

在法庭上，当事人还有机会交叉盘问警察，当事人可以从警察当时的位置、视角、阳光亮度、开罚单的次数及总数，以及其他罚单的性质等着手，证实警察所说的与事实不符，或通过盘问让法院知道警察的证词错误百出，不值得取信。

另外，一些民众会利用一些技术漏洞来打败警察，其中最常见就是延期战术。警察开罚单时，往往选择他可以出庭的日期。如果驾车人士要求延期，就会打乱警察原定的日程安排。很多州规定，如果警察不到庭，罚单会自动撤销。但是出现这种情况只是碰运气而已，而且很多法院也不一定同意延期。对于延期出庭的问题，当事人要事先向法院问清楚。

驾车旅游时如果在外州吃了罚单,不能置之不理,如果本人无法去外州可以打电话到法院。如果本人决定不进行抗争,问法院是否可以用信用卡付罚款;如果本人决定抗争,可以用书面抗争的形式,也可以请当地的律师帮助。

如何购买汽车保险

在美国拥有汽车可以说既方便又享受,但是,拥有汽车往往也带来许多问题及责任。例如,许多中国新移民因为刚来美国,对法律不熟悉以及经济基础不好,在能省则省的心态下,购买了汽车,但没有购买必要的汽车保险。当不幸发生交通事故时,大家才发现汽车保险的保费不能省。假定是对方的错,由于被撞的驾车人士没有购买必要的汽车责任险,许多州的赔偿都将只限于修车费及医药费,而不赔偿驾车人士的精神痛苦损失;假如交通事故是驾车人士自己的错而没有购买任何保险,问题就会丛生。首先,自己必须承担所有的修车费、租车费、医药费;其次,要赔偿对方的所有损失,包括修车费、租车费、医药费,以及精神痛苦方面的补偿,少则上千元,多则几万元都要自己承担;再者,如果警察到现场后发现驾车人士没有保险,警方有权扣留汽车长达30天,还会开出罚单,法官轻则判几百元罚款,重则判罚牢刑或社区义工服务,汽车管理机构也可能据此理由而吊销驾车人士的驾照。因而,经历过交通事故的中国新移民,绝对会后悔当初不买保险的决定。

为了保障驾车人士的利益,全美大部分州都要求所有驾车人士购买汽车保险。许多州都采用无过失汽车保险制度,即驾车人士不需要证谁对谁错,假如发生交通事故,保险公司都会向双方赔偿事故中的经济损失。这类保险制度虽然可以避免许多法律纠纷,但是也限制了双方的赔偿,因为这类保险往往不提供精神痛苦方面的赔偿。加州等州依然采用过失制度,即犯错的一方或其保险公司必须赔偿另一方的所有损失,包括精神痛苦赔偿在内。不管哪一种系统,州政府都要求驾车人士购买必要的责任保险。

购买汽车保险是一门很复杂的学问,购买到不必要的保险项目,可能要花许多冤枉钱,但是如果没有购买到合适的保险,在遇到意外时又得不到必要的保障。

一般而言,汽车保险有五大类项,其中一项是政府规定车主一定要购买的责任险(Liability Insurance),其他四项是供消费者选择的类项,有些十分有用,有些却没有多少用处。

◎一 责任险。此项保险是在发生事故时,如果是投保人的错,保险公司会向对方赔偿经济损失,如修车费、医疗费、租车费、工资损失费,以及精神痛苦补偿费等。加州法例规定所有驾车人士都要购买此项保险,如果没有此项保险,警察会开罚单,有时法官会判罚上千元的罚金。此外,如果是累次犯规,驾驶执照都可能会被吊销,加州第213号提案还规定,如果驾车人士没有责任险,纵使是对方的错,对方保险公司依然可以不支付精神痛苦赔偿费。

◎二　无保险驾车人士保险或保险不足保险（Uninsured Motorist or Underinsured，简称 UM）。此项保险是在发生事故时，如果是对方的错而对方没有购买保险，或对方逃离现场，自己的保险公司向投保人提供和责任险一样的赔偿。

◎三　医疗费用保险（Medical Payment）。此项是不管谁对谁错，保险公司都会替投保人支付医疗费用，如果驾车人士没有医疗保险，应购买此项，以防万一是自己的错而没法获取到必要的治疗。

◎四　碰撞险（Collision）。此项是不管谁对谁错，自己的保险公司都会支付因碰撞而引致的修理汽车费用。

◎五　综合险（Comprehensive）。此项只赔偿汽车除碰撞以外的损失，如汽车被偷、窗户被打破等汽车替换或修理的费用。

尽管州政府强制性要求购买责任险，但是，全美有近三分之一的驾驶人士都没有购买法定的汽车保险。因而，为了避免被人撞后对方没有保险赔偿的情况，驾车人士最好是购买 UM 保险，许多消费者未必有健康医疗保险，因而，购买医疗费用部分是有相当大的好处的，这两项添加保险的保费并不高，但是可以发挥很大的作用，可以说物有所值。

第四项及第五项，除非是新车或贷款购买的汽车规定一定要购买外，消费者使用的机会较少且保费相当贵，如果想要省钱，这部分可以省一些。

当驾车人遇到大型交通事故时，法定的基本保险也许不足以应负赔偿，驾车人士因此不得不动用个人财产处理事故，为了避免这种情况，如果经济允许，驾车人可以提高保费已增加保险金的金额。另外,保险公司都有自付额(Deductible)的规定,即头一笔的费用由驾车人自己承担,自付额越高,保费就会越低。驾车人士可以购买自付额较高的保险,以节省每月支付的保费。

发生车祸时该怎么处理

在驾车时难免会遇到交通意外事件,如果不幸遇上交通意外,该如何处理?

◎一　在发生交通意外事故时,不管事故是涉及行人还是车辆,不管谁对谁错,驾车人士都必须停下来交换数据。中国新移民常犯的错是:在事故发生后,觉得没有大碍,又是对方的错,因为不想计较而直接驾离现场,或拒绝向对方提供数据。如果驾车人士未停下来,即使不是驾车人士的错,仍可能会被指控"逃逸现场(Hit and Run)"的刑事罪名。

◎二　如果在事故中有人受伤,应马上拨打911紧急电话。如果驾车人士受伤,应不要乱动以避免伤势恶化,原地等候救护人员及警察到达现场。

◎三　在安全的前提下,在警察未到达现场前,驾车人士应尽快寻找路边或车后的证人,并记录下他们的数据。如果事故不严重,警察未必会赶来,双方可直接交换数据,并做一些事故发生时的具体情况的记录。

驾驶人资料:主要包括对方的姓名、地址、出生日期、电话号码、驾驶执照号码及执照失效期、保险公司名称及保单号码。

汽车资料：主要包括汽车的厂牌、型号、年份、车牌号码及其失效日期、汽车的辨别号码，如果汽车不属于驾车人士，应记录下汽车登记注册拥有人的姓名、地址、电话号码及保险公司数据。

证人数据：主要包括证人的姓名、地址以及电话号码，发生事故时应该请求证人和你一起等候警察的到来，如果证人要离开现场，应询问他们的证词。

乘客资料：主要包括对方及自己车上所有乘客的姓名、地址及电话号码。

收集现场资料：你可以用一张纸将事故发生的地点、路名、方向、路标、路灯、事故发生前的汽车位置，以及事故发生后的位置等数据绘制成简单的图案记录下来，并记录下当时的时间、天气状况，估计一下当时自己的车辆及对方车辆的速度，如果随身带有照相机，最好能用照相机将现场拍摄下来。

◎ 四　尽快寻找专业律师援助。许多州都规定驾车人士在事故发生的一定时间内要向汽车管理机构报告事故的情况，双方的保险公司都会派人来调查及估价，专业的律师可以从申报汽车管理局到最后的保险理赔提供全套的专业服务，大部分的律师都愿意用"打赢分成（Contingency）"的方式来受理此类人体伤害案件，即不获得赔偿不收取律师费用。正规的律师事务所收取的律师费为客人获取的赔偿金的三分之一,其中医疗费也占三分之一。

此外,车祸的理赔有时间上的限制。如果索赔的对象是政府机构,必须在半年内提出。其他对象则视各个州的规定而定,通常规定驾车人士必须在一年到两年内提出诉讼,否则将失去自己的诉讼权。

前车之鉴:未交换资料 被控撞车逃逸罪

案例:钟女士在驾车上班时被人从后面撞到,下车后发现车子并没有受损,因为要赶着上班,就先驾车离开。没想到两个星期后警察找上门,指控她撞车逃逸,要她出庭解决。钟女士觉得不解,因为自己明明被人从后面撞到,她觉得错在对方,但是自己没有受损,因此没有向对方要数据,为什么反而被指控撞车逃逸罪?没想到对方出庭时咬定钟姓女子退车撞到他的车,然后不理会他的要求而私自驾车离开。结果,法官相信对方的证词而判钟姓女子撞车逃逸罪名成立,罚她做10天的义工并且赔偿对方的修车费用。

邓洪律师的解答:加州法律规定,如果发生车祸,事故的双方都必须交换三类数据:(1)驾驶执照;(2)汽车保险资料;(3)汽车车主登记资料。不管自己是否有错,都可向对方提供这些数据。

撞车逃逸行为在加州属轻罪(Misdemeanor),最高可被罚6个月牢刑,并且有3年的坚守行为期(Probation)。许多时候,驾车人士可能没有发觉自己撞到他人而没有停下来交换资料,不过,警察会根据双方汽车受损的情况来裁定双方是否知道有没有撞车。

有时驾车人士撞到路边停泊的汽车,在车主不在场时,应将自己的联络电话放在汽车挡风玻璃上,方便对方与自己联络。大家千万不要抱着侥幸的心态,一走了之,万一被路人记录下车牌,就可能被指控撞车逃逸罪。

一旦你被警察约谈,最好能聘请律师陪同参加,想办法赔偿对方的损失,将轻罪降为违规行为(Infraction),这样就可以避免不必要的犯罪记录。

购买新车的法律常识

美国是世界上拥有车辆最多的国家,共有1亿3700万辆汽车,平均每1.7人就拥有一辆汽车,而全世界的平均水平是每12个人才拥有一辆汽车。据统计,美国人每年在汽车上的花费平均为8000美元。汽车在美国非常普遍,也是日常生活中必要的交通工具。每台汽车的平均售价为20000美元左右,这对普通的民众而言还是比较昂贵的,算是一大笔投资。民众在选购新车时通常应注意如下的问题:

◎一 要事先比价。比价有多种方式,上网查询是一种简捷而方便的办法,网站有汽车的性能和价格方面的数据。还有一些杂志如《消费者报导》(*Consumer Report*),每年都会出版一本《新车购买指南》;还有一本 *Motor Trend* 杂志,每年都对新车的价格进行比较。在购买新车之前,消费者要通过网站或有关数据进行价格的比较。

◎二 买车前要对自己的财力进行评估,量力而为。买车时消费者要考虑到自己财务的承受能力,不要买将来承担不起费用的汽车。常见的汽车价格从 10000 美元到 50000 美元不等,消费者要综合考虑自己的情况,购买合适档次的汽车。

◎三 要懂得购车谈判的技巧。购车时消费者要与经过职业训练的经销商(Dealer)打交道。与他们谈判时要注意:

1. 谈判前要知道自己所要购买车的品牌,要坚持自己的立场,不要在经销商的拉拢或诱惑下轻易地改变自己的想法。

2. 做一些背景调查,知道经销商从汽车制造商那里获得的价格。

3. 不要过早做出购买的决定,仓促往往会带来后悔。

4. 要考虑是否有必要购买车上一些可选择的附属设备。有时经销商卖出的附属设备比较贵,如 CD 机、GPS 等,消费者可以事先问一下外面的价格。

5. 在谈价格时,经销商往往把制造商的现金退款(Rebate)也算作他所给客户的优惠。应该设法让厂家把折扣寄到家里,不要经过经销商,以避免经销商将其作为减价的筹码。

6. 不要急于作"TradeIn"的交易方式。购车中的所谓"TradeIn"就是把旧车卖给汽车经销商以作购买新车的部分费用。如果不知道自己的旧车究竟价值多少钱,经销商往往把价格压得非常低,如果卖给其他人可能价格会更高些。旧车的价格可以到"蓝皮书"(*Blue Book*)网站去查阅,网址是www.kbb.com。

7. 要提防一些会说中文的销售人员,他们有时发现客户是刚来美国的中国新移民,英文及法律都不懂,因而利用客户的弱点,嘴上说一套,在合同上写的是另一套。不懂英文的消费者在签约之前应该找懂英文的人仔细阅读合同。另外,消费者在谈条件的时候做一个书面的记录,然后叫销售人员在谈判的草约上签上字,与合同上的条款做比较,看看是否两样。如果合约与谈判草案不符,应马上指出,如销售人员不改正,应不要考虑该汽车经销商。

8. 要注意销售人员所采用的高压手段,如把汽车钥匙拿走不让客户走、故意拖延或故意夸大其词进行心理战等。

◎四 要知道在新车销售的合约中并没有"冷却期",亦即签字之后不能反悔。办理完新车购买手续,购买者将新车驾离经销商的停车场,对经销商来说,这辆新车已成为二手车。二手车与新车的价格差距非常大,经销商绝不同意消费者退车,因而消费者在买车之前一定做好充分准备。对此有些消费者常有误解,误以为购买新车有 30 天的退货期。

◎五 贷款问题。消费者要问清楚贷款的利率是单一利率还是复利率(即利息上再算利息),复利率的代价很高。一些不法经销人员往往在合同的利率上做手脚,客户一旦签字就成为事实,即使上法庭,由于消费者已经签字,法官也往往会判经销人员胜诉。

你的车是否是"柠檬车"

所谓"柠檬车（Lemon Car）"，是指消费者买到手的新车有严重的缺陷，故障不断。据统计，百分之一的新车是"柠檬车"，全美国每年大约有15万辆。每个州对"柠檬车"的定义不尽相同，但是"柠檬车"基本特征大致如下：

1. 汽车故障修理多次而总是修不好。

2. 汽车有严重的缺陷。这种缺陷影响到汽车的正常驾驶并降低了汽车的安全性能，如汽车的刹车系统、方向系统及信号灯系统存在问题。

3. 在购买后的一到两年间修理很多次，或在第一个12000公里里程或第一个24000公里里程之内修理多次；或是在购买后的一到两年中放在修理厂修理的时间超过30天或其他不能超过的时间。

在上述的情况下，如果车的故障仍然没有修好，这类新车就被算作"柠檬车"，每个州对"柠檬车"的定义可以上网 www.autopedia.com 去查询。

当自己购买的新车屡次修理都无法修好时，车主有理由怀疑自己的车是"柠檬车"。为调查其他车主是否有同样的问题，消费者可以到全国高速公路交通安全管理署（NHTSA）的网站查看自己的新车是否榜上有名，网址是 www.nhtsa.dot.gov，也可以到 www.carfax.com 购买你汽车的背景资料。

如果发现自己购买的车属于"柠檬车"或具有与"柠檬车"相近的特征,车主应该做如下的处理:

通知汽车经销商和制造商。车主可以将车开回到经销商处,如果经销商修理不好,车主可以在车主手册中找到汽车制造商的免费800号电话,直接与制造商交涉。制造商接到通知后可能会采取一些补救措施,但是如果结果仍不满意,消费者有权要求进行仲裁(Arbitration),仲裁机构做完听证后决定该车是否为"柠檬车"。

如果对仲裁的结果不服,车主可以将制造商告到法庭。但是制造商为了避免官司可以采取两个措施:首先是为了避免更多的汽车收回,制造商会拒绝承认车主的车是"柠檬车";第二是如果汽车的缺陷非常严重,大部分制造商都愿意提供一个"Replacement"即换车,或承诺将车完全修好。

如果仍然无法解决,车主应该向律师咨询,许多律师专精"柠檬车"的诉讼案件,他们有时会采用分成的方式先免费替消费者诉讼,胜诉后才从汽车商的赔偿中扣除律师费。

短期租车注意事项

如果消费者在美国旅游或到外州出差需要短期用车,可到机场或旅馆附近的租车公司。短期租车(Rental Car)为消费者带来许多方便,但是也给许多从未租过车的中国新移民带来很大的困扰。在租车时,租车人应对租车公司的程序及自己的权利有所了解。

◎一　租车公司可以不租给21岁以下人士。根据法律,出租公司如果认为租车人驾驶车辆出事故的风险太大,他们有权不向这一族群的人士出租。甚至对于年龄在25岁以下的所谓"高风险"开车人士,其租车的费用也可以比其他人的高。只要对租车人没有种族、性别和宗教方面的歧视,租车公司可以对不同年龄的租车人采用不同的租车收费标准。

◎二　租车公司有权要求租车人使用信用卡租车,作为收款及收回汽车的保障。租车公司也可以要求信用卡公司"冷冻(Freeze)"租车人的信用。如租车的费用为2000美元,而租车人信用卡的信用额度为2500美元,租车公司可以让信用卡公司"冷冻"2000美元,此时租车人只有500元的信用卡使用额度。这样就保证了租车公司可以收到2000元的租车款,但是租车公司未经租车者的同意不得马上收费(Charge)。

◎三　如果租车者向租车公司预订特别的车辆款式及型号后,临时改变或取消了预定,租车公司可以收取一定的费用。因为租车公司往往要花钱调动一些特别的车辆如箱型车、敞篷车或其他具有专门用途的特殊车辆,所以在进行租车预定前,要问清楚改变或取消预定后的收费情况。

租车要非常小心的五件事是:

◎一　可以把自己的车辆保险转到所租的车辆上,这样能节省费用,不过自己的保险一定要有车辆碰撞险,否则依然应该购买碰撞险。另外信用卡公司也提供租车保险,有关保险的问题应该在租车前问一下自己的保险代理和信用卡公司,查问自己现有的保险是否能适用于短期租来使用的汽车。

◎二 租车长途旅行时,如果有两个或两个以上的人轮流开车,在购买保险时应该把其他人的名字也写上去,因为大部分租车公司在合同上只写一个人的名字,在条款上只允许一个人驾车的情况下,如果其他人驾车发生事故,保险公司不负责赔偿。为了安全,在租车购买保险时应该尽量把可能开车的人的名字都写上,租车公司可能因为额外的驾驶人士而多收一些费用,但是仍是值得的。

◎三 如果租车合约到期,租车人士仍未如期将汽车退还给租车公司,租车公司在催促多次后仍未见还车,或与租车者联络不上,租车公司可以向警察报失。届时,租车人士驾驶的汽车就成为丢失的汽车,警察查出时可以将驾车人士逮捕,并以刑事罪起诉租车人。

◎四 租车公司可以调查租车人的驾驶记录。如果发现租车人有酒醉驾车、驾照屡次被吊销的记录及在过去的一年中有两次车辆事故等情况,租车公司有权不租借车辆给这些人。租车公司可以通过汽车记录联盟查寻租车人的不良记录。如果民众想知道自己的驾车记录,可以询问当地的车辆管理局(DMV)。

◎五 租车公司的短期租车费用名目很多,租车人事先一定要问清楚。租车公司常见的费用名目包括:里程费用,也就是每里收费;机场费用;额外驾驶费用;年轻驾驶员的额外费用；儿童座椅（Car Seat）费（例如，加州及有些州规定，6岁以下或重量在18千克以下的儿童一定要有坐在专用的汽车儿童用椅上）；重新加油费，一般在归还车辆时应该把油加满，因为租车公司收取的加油费往往比外面的油价高。

邓洪律师的忠告：租车应考虑费用

在签订长期租赁车辆合同时，租一国两制人要做通盘考虑。每个月全部的付款额究竟是多少？如果要购买这辆车将花费多少？如果超出所规定的里程将如何收费？如果提前解除合约，罚款（Penalty）是多少？这些问题都是可以讨价还价的，消费者要一一搞清楚。有些经销商会从利率中赚消费者的钱，消费者要问清楚利率是如何计算的。

租车期间汽车的维修费用一般是由租赁者负责，但消费者可以通过汽车经销商购买维修计划，但是其费用往往比其他修理厂高。汽车经销商为保持自己的利益，都会要求租赁者购买汽车责任保险、汽车综合保险、汽车碰撞保险等，以防汽车在租赁期间因交通事故而报废。

长期租车注意事项

统计表明，在新车的销售中，有三分之一不是全额付款购买或分期付款购买，而是长期租赁（Lease）。

长期租车的优点是：

可以经常开新车,开两、三年就可以换新车,没有开旧车的担忧;长期租赁每月的付款,可能要比贷款买车的每月的付款少一些;可以花比较少的钱,开高档次的车。

长期租车的缺点是:

◎一　租赁者每月付款(Payment),但是除非到期时再付大笔资金,否则依然无法拥有汽车,而分期付款购买则在付款期完结后,车主可以拥有汽车的所有权。

◎二　租赁一段时间后,如果要购买所租用的车辆,要额外付款,但是付款金额比这部车当初的卖价高出很多。

◎三　租赁条款中往往按行驶里程收费。比如一年之内只能驾驶12000里到15000里,对于超过规定的里程,以每里25分或更高的费用来计算。因而如果驾车的里程预计很多,租赁未必合适。

◎四　一旦租赁车辆的合约签订,很难解除合约;即使解除,也要付出昂贵的罚金。

◎五　除了付租赁费之外,还可能要付利息。

邓洪律师的忠告:租车注意事项

案例:洛杉矶的李先生向一家租车公司租了一辆MINIVAN,开车到旧金山办事,原计划是一个星期,没想到他临时有事,必须开车到华盛顿州,他曾向租车公司打电话要求将租车期限延长一个星期,但是租车公司不同意。他觉得租车公司有自己的信用卡数据,可以随时扣钱,自己超期并无大碍,因此便不再理会。两个星期后,他回到洛杉矶,由于太忙,也没有去还车,没想到警察上门将他逮捕,并以刑事罪起诉他。

邓洪律师的解说:未经车主同意而擅自开他人的汽车属于刑事罪,最高可被判 6 个月牢刑及罚款 1000 美元。租来的汽车(Rentalcar)只给租车人士使用权,租车公司仍拥有汽车所有权,如果租车公司不同意延期,租车人士必须及时还车,否则就触犯了刑法。不过,如果因长期性的租车(Lease)贷款付不出,租车机构有权派人将车拖走取回(Repo),一般不会演变为刑事案件。如果因经济原因无力交付汽车贷款,当事人应尽快与租车公司联络,商讨减少或延后付款的可行性。

第五章 居住与法律

引　　言

今年8月南加州阿凯迪亚市警局接到报案,一名张姓女士(化名)声称自己所租住的房屋遭遇了盗窃,发现家中电视、衣服、鞋子、床单全部被搬光光。小偷连鞋子、床单都偷?警方感到不解的同时,马上火速赶到现场进行调查,才发现这原来是一起华人房东与房客之间的民事纠纷。

原来,20日晚,当张女士从中国返回位于阿市所租赁的住所时,掏出钥匙开门却打不开,才发现锁被换了。她马上打电话给房东李先生,李先生说时间太晚了,让张女士先去其他地方过一夜。第二天张女士趁清洁人员进入房子打扫的间隙进去一看,才发现电视没了、衣橱空了,连自己的衣服、鞋子、包包都不见了,于是一气之下就决定报警。

张女士告诉警察,她听邻居说看到房东和其家人进出搬东西,她希望房东能把自己的物品还给她,她愿意支付欠的房租。然而李先生却理直气壮,不但否认自己拿了张女士的东西,还说和自己签约的并非这位张女士,而是张女士的亲戚,因此他们二人之间并没有直接租赁关系。而且她们住了一年多,每次都晚交房租,至今还拖欠两个月的租金,李先生本想等她们搬走一起算,结果她们回中国不但没有告知,还一走好几个月,人会不会回来,他也不知道,而且也没收到她们要续约的任何通知。无奈之下,他只好换锁来保护自己的权益,因为之前就有房客不付房租连夜搬走的事发生。再加上房间里面的垃圾不搬走,他也没办法再租给其他人,自己只好花钱请人清理打扫。

一边是房客的盗窃指控,一边是房东对恶房客的控诉,最终阿市警方表示,由于双方租赁合同已到期,而且房客几个月都没有支付房租,房东有权进入房屋清理垃圾,至于丢东西与否,由于双方各执一词,无法判断,所以决定不予立案。

这类租赁纠纷在华人社区常见,而并非每位房东都像以上案例中的李先生那么幸运,免于立案起诉。因为依据美国法律,即使房客停止缴纳租金,房东也不能在没有向法院申请驱逐令前,私自进入房客房间,如被发现则属私闯民宅,有理变无理,触犯法律,除非有火灾等紧急情况,否则一律不能进入。如果遇到恶房客,房东应该通过法院,要警察来处理,这才是正常程序。另外,房客如果要出远门,一定要通知房东,并且保管好个人的贵重物品,否则丢东西难免各执一词,无法证实究竟是谁拿走。而其他各种在美国租房期间,租赁双方为了保障自己权益而需遵守的法律法规,这一单元就要为读者朋友们一一说明。

第五章 居住与法律

如何选择房地产经纪人

早期的华裔移民都抱着叶落归根的心态在美国居住,但是,随着时代的改变,越来越多的华裔移民都在美国落地生根,拥有自己的房屋,达成自己的美国梦。对于许多中国新移民来说,购置自己的房屋,是一生中最大的决定。但是由于对美国房地产的运作认识不多,再加上房地产的法律相当复杂,中国新移民在购买房地产时往往上当受骗。

要了解房地产的运作,首先要了解到房地产买卖过程中的几个重要人物:

房屋买卖的交易涉及"卖主(seller)",卖主由于经验不足,所以希望通过经纪人代表广招买家销售房屋;想购买房屋的"买主(buyer)",也往往希望在购买前多看几家来做比较而通过经纪人代表其购买房屋。介于买主和卖主中间的称为"房地产经纪人(Real Estate Broker)"。房地产经纪人拥有从事其专业的执照,可以合法地从事房地产买卖,靠提供中介服务来赚取佣金。

在房地产经纪人下有房地产的销售代表,通常称为"Agent"。"Agent"可以代表经纪人,也可以是"独立的合约商(Independent Contractor)"。Agent 在经纪人手下工作,在房屋买卖(Deal)达成后,会与经纪人分享商洽好的佣金。我们中国人在谈及房地产经纪人的时候,有可能指的是"Broker",

也有可能指的是"Agent"。一般来说,"Agent"在积蓄多年经验后,可申请考试成为"Broker"。

值得注意的是,"Broker"和"Agent"虽然并非政府的一个职位或头衔,但是他们要通过专业考试,再向当地州政府进行注册登记,才能拿到执照。许多经纪人及经纪代理加入美国房地产经纪人协会,他们通常被称做"Realtor",但是加入美国房地产经纪人协会是自愿的。

房地产经纪人可以代表卖主,也可以代表买主。如果同时代表买卖双方,经纪人可以拿到买卖双方的全部佣金,如果房地产经纪人只代表买卖中的一方,则只能拿所代表方的佣金。由于买卖双方存在着利益冲突,在法律上,他们如果代表双方,就必须向双方说明利益冲突,并征得双方的同意。其实,对于买家来说,拥有自己的经纪人较为划算,因为房屋交易的佣金来自卖主,自己的经纪人出面,对总价的影响并不大,而自己的经纪人忠于买方,他的佣金却是由卖方提供。

卖主可以通过上市经纪人(Listing Agent)将房屋放在市场上。房屋出售的价格越高,上市经纪人所得到的佣金也就越高,因此上市经纪人与卖主的利益是一致的。卖主在房屋交易达成后,会向房地产经纪人(卖方及买方一起)提供一定比例的佣金,一般为房屋售价的6%,但是可以商洽。

上市经纪人及买方经纪人在交易达成后从卖方处拿取佣金。由于中国新移民不是经常买卖房屋,因而与房地产经纪人打交道的机会不多,所以在与房地产经纪人或销售代表打交道时,应注意下列状况:

1. 如果买方经纪人领买主去看房屋,但是最后出价替买主成交的是其他的经纪人,在这种情况下,首位领买主看房屋的经纪人仍然可以得到佣金。

2. 如果一个经纪人只是对买主提到某处有房屋出售而没有提供具体地址,买主通过其他管道去看房屋而达成交易后,前一位经纪人将得不到佣金。所以很多经纪人不愿意在电话中提供房屋地点等相关的信息,只要拿到地址,便亲自带买主去看房。

3. 买主可以委托多个经纪人寻找房屋,但是买主必须要向这些经纪人讲清楚他有其他经纪人,因为只有协助找到房屋并达成交易的经纪人才能获取到佣金。

4. 在屋主不通过经纪人而自行售屋的情况下,买主可以直接与屋主谈,也可以找律师及做房地产经纪人的朋友去和屋主谈。在屋主自售的情况下,买主购房可以不需要经纪人,因为只有第一次陪同买主去看上市的房屋并且成交的经纪人才可以拿到佣金。也可以通过经纪人找到屋主自售屋,买主与屋主可以直接谈价,这时要付给陪同看房的经纪人费用,但不必按照房价的比例支付。买主也可以动员房屋自售的卖主给其经纪人3%的佣金而不是6%,但是否可行则由房屋自售者决定。

房屋卖主注意事项

卖主经常因为合同与佣金问题同其委托的房屋经纪人之间发生误解或冲突,卖主应该知道,一旦与经纪人签订了委托卖房的合同,对于经纪人来说就得到了一份"就业"契约。屋主聘用经纪人把房屋推销上市,帮助找到买主。在法律的原则下,经纪人根据与屋主所签订的合约,只要找到接受屋主所提供价位的买主,无论房屋买卖是否成交,经纪人都有权拿到佣金。买主可以用三种方式聘请房地产经纪人:

◎一 "独家出售权(Exclusive Rights of Sale)"。这种方式规定了屋主的房屋一定要由签约的经纪人经手,不论用什么办法把房屋卖掉,即使以后屋主自己把房屋卖掉,也要付给经纪人佣金。

◎二 "独家代理(Exclusive Agency)"。独家代理与独家出售权不同,签订独家代理的合约意味着屋主的房屋只能通过签约的经纪人进行销售,但是屋主仍可以自售。如果屋主自售,签约的经纪人就拿不到佣金。

◎三 "开放式(OPEN)"。如果屋主熟悉房地产的运作,并且不愿花费6%的佣金费用,就可以采用开放式的房屋上市代理协议,允许任何经纪人去寻找合适的买主,寻找到合适买主的经纪人可以得到3%的佣金。如果屋主自己先找到买主,就不需要付任何佣金。但是这种开放式的代理协议最好有时间方面的限制,万一屋主找不到合适买家而需要交给经纪商独家代理时,很可能因为这些开放式协议的存在而无法进行。

屋主在签订房屋上市销售的代理合约时应注意的问题:

◎一　签约中不要有"自动延期(Automatic Extension)"的条款。一般代理合约的期限为3个月到6个月,如果在这段时间房屋仍然没有被销售出去,屋主应该考虑一下问题究竟出在哪里,对经纪人作重新的考虑,如果有"自动延期"的条款,将失去更换上市经纪人的机会。

◎二　在签订的合约中应该明确订定取消合约的权力,这个问题可以与经纪人商谈。特别要注意"合约的保护期(Protection)"。一般情况下,保护期为90天到180天。所谓保护期是指经纪人找到买主,但是没有当时过户,如果以后在保护期内买主完成房屋过户手续,卖主仍然要付给经纪人佣金。

在寻找上市经纪人时,屋主可以要求经纪人提供他们的"市场营销计划(Marketing Plan)"。每个经纪人的市场取向都不一样,也有经纪人同时代表很多屋主销售,不一定有更多的时间为你的房屋推销,可能错失很多机会。

屋主如实告知的责任

购置房屋不仅是中国新移民一生中最大的一笔开销,而且也是一笔重大的投资。消费者在购买生活用品前都会仔细比价及检查质量,购买房屋也应如此。在出价、还价以及最后的过户过程中,买家应对所购得房屋进行仔细的检查。

美国法律比较保护购屋者的利益。如果卖主对所售房屋存在的问题隐瞒,不向买主讲清楚,以后买主发现这些问题时可以把卖主及其经纪人告上法庭。不过,与其到时候上法庭解决,倒不如在购房之前就查清楚房屋存在的问题。房屋存在的问题大致有四大类:

◎一　显而易见的缺陷。显而易见的缺陷是大家都会看得到的,对这种明显的缺陷,卖主应如实讲清楚。如屋顶塌陷,卖主不能说没事,原来设计就是这个样的,而不把屋顶塌陷的真实原因及产生的后果告诉买主。

◎二　重大的缺陷,但是不易被发现。例如因为地震等原因,房屋的地基有问题、无执照兴建的房屋、房主自己加建的一些房屋附属设施违反市政规定、季节性的缺陷如下雨时房屋漏雨,卖主对这些发生过的问题采取一些临时办法掩盖了下去,如把漏水之处临时处理一下,使其他人看不到等。如果卖主知道这些潜在的问题,法律要求他们应该把这类问题公开并告诉买主。

◎三　环境保护方面的缺陷。如果房屋内存在有害物质氡(Radon)、发霉的地方、用含有铅物质的油漆粉刷及用石棉(Asbestos)做隔热或防火材料等(旧建筑物内常用)等,屋主都要如实告诉买主。

◎四　如果卖主已经将房屋的缺陷问题向经纪人讲清楚了,

但是经纪人并没有向买主转告，今后发生了纠纷，经纪人就负有责任。将来经纪人的保险公司会向买主赔偿。卖主为避免将来法律上的麻烦，最好用书面的方式把房屋的缺陷向经纪人讲清楚，便于以后出现问题的时候分清责任。对于卖主来说，即使公开房屋的缺陷可能会使房屋的售价降低，但是应该这样做，一来这是法律上要求的，二来可以防止将来被牵入诉讼案中成为其中的被告。

如果屋主发现房屋经纪人（Agent）有不当的行为，屋主可以采取下列必要的措施：

◎一　为了避免与经纪人发生纠纷，在选择经纪人之前要对所选的经纪人进行相关情况的了解。例如有无被吊销执照的记录、有无被起诉过等。

◎二　如果发现经纪代理（Agent）有问题，应该先通知其"Broker"。因为"Agent"依赖于"Broker"的执照，"Broker"不希望自己的"Agent"利用他的执照做违法或不道德的事情。如果得不到解决，可以向当地的房地产协会投诉，作为同业者，被投诉人会考虑他在同行业中的声誉，当地的协会也可以在中间进行协调。

◎三　如果问题仍然得不到解决，可以向管理房地产经纪人的政府管理机构投诉。此举可以让这些机构调查经纪人是否有触犯法律的行为，以便吊销其执照。

◎四　聘请律师向法院提出诉讼。将涉案的经纪代理、经纪人等告上法庭。

购房时受歧视怎么办

与墨裔及黑人一样,亚裔在美国仍然是少数族裔,在日常生活中美国社会也仍然存在着对少数族裔歧视的现象。在上个世纪60年代以前,也就是美国的民权运动以前,很多保守的城市都有一些具有种族歧视色彩的法案,如50年代的圣玛利诺市,就有不允许华裔在该市购买房屋的法案。

1964年美国的民权法通过后,对少数族裔的歧视政策逐渐被取消,但是种族歧视的行为在购房中仍然时有发生,联邦政府为此拟定了"联邦公平房屋法案"。该法案禁止房屋贷款公司及房地产公司有歧视的行为,其中规定:不能因为购屋人的种族、肤色、宗教、性别、国籍、残障情况及有18岁以下的小孩等情况而拒绝出售、出租;不能因为上述原因而对客户谎称房屋已经售出或租出;不能以某某少数族裔大举"入侵"、这个地区马上就要变成少数族裔社区等为由,劝说屋主把房屋卖掉;对待任何购屋或租屋者要一视同仁,不能因为种族及肤色而采取两种不同的价格。

如果民众在购房中觉得受到了歧视,处理方法如下:
◎一 要保存好发生问题时的记录,如和谁联系,电话中谈了什么,和谁见面,见面后又谈了什么,会面人的名片及当时的文字记录。
◎二 直截了当地与当事人对质,要求当事人解释或说明自

第五章 居住与法律

己的歧视行为。

◎三　如果对其说明或解释不满意,可以向当事者的上司投诉,同时向政府的管理机构投诉。

联邦政府中有三个机构可以替受到歧视的少数族裔打抱不平,它们分别是:

全国公平住屋联盟(National Fair Housing Alliance),电话:1(202)896-1661(该机构在获得民众举报后,可派便衣探员调查)。

联邦住屋署住屋歧视热线,电话:1(800)669-9777,网址:www.hud.gov(该机构调查所有住屋歧视方面的投诉)。

联邦司法部,电话:1(800)896-7743,(202)514-4713,网址:www.usdoj.gov(该机构调查并起诉大型公司或地方政府大规模的歧视案件)。

◎四　联邦政府及州政府都设有专门的机构来协助被歧视的弱势团体,但是,法律规定如果民众要向政府管理部门投诉这些公司、银行和经纪人的歧视行为,必须在发生的一年内提出。

◎五　民众还可以咨询民权律师,对歧视行为进行民事诉讼。但是诉讼如在州法院层次提出,必须在事件发生的半年内提出,如在联邦法院提出,必须在事发后的两年内提出。

华裔人士都喜爱投资房地产,被歧视的现象虽然有,但是为数不多。然而,我们中国人歧视其他族裔如非洲裔、墨裔等的情形非常严重。南加州曾有多名华裔业主被政府管理部门指控种族歧视。"己所不欲,勿施于人",我们中国人身为少数族裔,应该尊重其他族裔,与他们连手消除种族歧视,而不应相互歧视。

签署购屋合约注意事项

与其他买卖一样,房屋的买卖也是经过开价和出价的一番讨价还价之后才能成交,成交后所签订的房屋买卖合约具有法律效力,买卖双方签字后,此合约即可生效。在签署合约前:

◎一 出价(Offer)。买方可以通过经纪人用标准的表格出价。但是应该知道,经纪人出价所用的标准表格并不是政府规定的,如果对表格中的条款不满意,买方可以修改、删除或添加。

◎二 定金。法律上并没有规定必须有定金或定金的数额是多少。定金是双方自愿的一种约定俗成,表明了买方的诚意,避免了卖方的一些风险。但是由法院拍卖的房屋,政府要求要有定金。买方向对方交纳定金时要考虑如下问题:

1.定金存放何处。一般情况下买方不要将支票直接给卖方,应该交给公证人(Escrow)或存入律师的信托账户。

2.定金的退回。卖方应该考虑退款协议的条款,即在什么情况下和什么时间之内必须把定金退还给买主,如合约签订及定金交完后出现买主不买的情况或卖主不卖的情况。

法律上对于定金退还的情况并无明文规定,但是在一般情况下,如果出现买家不买的情况,卖主有权将定金留下,以补偿所谓的"机会损失",不过在合约中应该注明定金是"Option Money",也就是"机会定金"。买卖双方可以对"Option Money"进行时效的限制,一般为 4 到 6 个月,而过户的时间为 30 到 60 天,如果在"OptionMoney"规定的期限内买家仍然不买,卖家就可以扣下定金。

◎三 房屋的产权。买卖合约上的房屋权状必须是完美无缺的,亦即屋主没有任何债务。一般有 30 天到 60 天的过户时间,在这期间买方要检查一下贷款够不够、有无能力拿到贷款及产权是否完整等。

◎四 过户期间所发生的问题。在 30 天到 60 天的过户期间内,可能会发生一些问题。买家最好不要在过户没有完成以前就搬进来,卖家也最好不要延后几天搬出去,因为一旦在这段时间发生意外事件,将很难处理,如发生火灾,因为解释不清楚,买卖双方的保险公司都不会受理。所以买家的进驻及卖家的搬出,一定要另外签订合约。

◎五 开价的时间限制。时间对于开价非常重要,开价应有时效的限制,对方在一定的时间内必须对出价进行响应,否则会错失机会。开价的时效双方可以谈,比如 48 小时。在对方接受开价或对方出价之前或者在接到对方通知之前可以取消开价,但是接到对方接受开价的通知,就无法取消开价。

◎六 房屋的检查。合约中应该明确,买主有权对房屋进行检查,检查后如果对房屋不满意,可以取消合约。实际房屋检查是非常重要的,买方可以以此作为讨价还价的依据。检查房屋时要找专业人员,对买方来说找一个自己信得过的、能够为自己着想的人更为有利。

◎七 不要忽视房屋环保安全方面的检查。房屋环保方面的检查也很重要。房屋内外如果存在有害的化学物质,不仅对居住者的身体产生危害,对以后房屋的过户也会有很大的影响。

◎八 合约中要明确房屋的附属设施或附属物应做如何处理。买方要明确哪些是属于房屋本身的(Built-In),哪些是可以搬走的,一些销售商在展示房屋时往往摆一些家具进行装饰,签约时要明确这些物品的归属。

◎九 房屋交付使用时,剩余的物品如何处理。如屋主搬走后往往留下了很多垃圾,他们有责任去处理,但是应该在合约上明确列出。

购屋违约时该怎么办

虽然经过一番讨价还价的反复过程,最终签订了购房买卖合约,但是合约签订后买方或卖方违约、毁约及不履约的情况时有发生。一旦出现这样的情况,买卖双方都应该清楚违约方应该承担什么样的责任,并知道如何作相应的处理。

◎一 卖方违约。根据法律,如果卖方违约,卖方必须赔偿买方的经济损失。买方的经济损失包括买方交给卖方的定金、做房屋检查聘请专业人员等所支出的费用和申请房屋贷款的费用及其他涉及买房的费用。当然,买方也可要求法院去强制卖方履行合约,把房屋卖给买方。还有一种处理方法是,如果卖方不履约,买方可以去别处购买符合合约要求的房屋,其高出的差价部分,买方可以要求卖方给予补偿。如合约中三房二浴、2500平方尺的房屋价格为200000美元,由于签约后卖方不卖,买方在别处花300000美元购买了同等规模的房屋,其高出合约价格的100000美元,买方可以要求由卖方承担,以示补偿。

◎二 买方违约。如果买方违约,法律上允许卖方没收买方所交的定金。卖方可以继续将房屋卖给另外的买主,其卖价低于合约价格的部分,卖方可以要求买方给予补偿。如合约价格为300000美元,签约后由于买方不买,实际上卖方只卖了200000美元,少卖的100000美元,卖方可以要求违约的买方支付,以示补偿。当然,卖方也可以要求法院去强迫买方履行合约。

拥有房屋的权状后,表明房屋的拥有者可以使用、管理和处理房屋,并且这些是房屋拥有者自身的权利。但是在获取房屋产权之前,买方要确定自己新购买的房屋在产权上没有"法律障碍"。

邓洪律师的忠告:当心房屋权状的"法律障碍物"

所谓房屋权状的"法律障碍物",是指屋主被状告、房屋建造商的留置权(Mechanic Lien)、国税局状告原来的卖主欠税的留置权、原来卖主的后裔为了争遗产而放置的"法律障碍物"、他人使用欺诈的手段故意在产权上放置的留置权等。房屋交易中若产权出现这些问题，将会影响屋主使用的权利。

要确保房屋权状无法律障碍物，买家在购屋之前最好对产权进行调查，英文是"Title Search"。只要支付几百元的费用，产权公司、公证机构和贷款公司，都可以做"Title Search"。买方通过调查可以知道，所要购买的房屋产权是否存在"法律障碍物"。

在签订合约时一定要写清楚，房屋的权状不能存在"法律障碍物"，如果发现有"法律障碍物"，买主可以以此理由取消合约，或者修改合约的履约条件，直到消除权状的"法律障碍物"后才能执行合约。

如果确认权状的"法律障碍物"纯粹是失误造成的，买方可以通过权状公司调出当时的记录进行修改。如果存在的问题比较复杂，买方应该与权状公司或律师商量，看看解决这些问题所需要的费用和时间的情况，然后再做决定是否继续履行合约。

办理房屋过户注意事项

根据买卖双方签订的买卖房屋合约，买方付款给卖家，卖家把房屋的权状更名为买家，这个过程称为房屋过户

(Settlement,或 Close Escrow)。房屋过户可以通过房屋产权过户公司(Escrow,或称公证行)来完成。

房屋过户涉及的问题有两大类:第一类是交付房屋的产权问题;第二类是卖方向买方公开涉及房屋的相关资料。

过户的操作过程是,买方将购房款存到产权过户公司指定的信托账户,卖方也将自己房屋的产权文件放入产权过户公司,产权过户公司对买卖双方所存入的资料进行验证及处理后,进行买卖双方文件的交换,这样也就完成了房屋买卖的过户。在房屋过户的过程中,买方应注意如下问题:

◎一 仔细检查文件。买方在签署各项文件之前,应该聘请律师审核所有的文件,查看文件是否妥当。

◎二 买方应该知道,权状过户公司必须给出一个过户费用的估价。根据联邦的《房地产过户程序法案 RESP》(*Real Estate Settlement Procedure*),在过户前权状过户公司应给消费者合理的费用估价。

◎三 在各项文件签署之前,买方有权要求进行最后的房屋检查,如果发现有问题要马上解决,否则,一旦签字就失去对卖方负责房屋的约束。在房屋过户的过程中所涉及的费用有贷款利息、房地产税、保险、地方政府征税、产权费、财产转移登记税及律师费用等。买方在购买房屋及进行权状登记时,一定要了解各项费用的情况,做好预算,准备足够的资金支付可能发生的费用。在此过程中,出售房屋的卖主还可以享受到出售房屋所赚到的利润。房地产倘若价格上涨,屋主在出售后减除以前的购买价格及投资在房屋上面的装修费用,所得到的差额,就是资产增值额(Capital Gain)。以往国税局在这些收入上抽取大笔税金,因而,卖方纵使以很好的价钱出售,也赚不到太多的钱。

但是,自1997年起,所有房屋出售者可以享受新的税率优惠。新税法规定:如果你在出售房屋前已拥有并在此居住2到5年,你在出售房屋时所得到的资产增值额的免税额单笔可达250000美元,夫妇共同可享受500000美元的免税优惠,并且每两年就可以免一次。

房屋使用的法律问题

美国人有句话说:"自己的家就是自己的城堡。"的确,购买到的房屋属于自己的财产,搬进去居住后,屋主应按着自己的意愿去使用。

不过,虽然房屋属于个人财产,但房屋仍属于社区的一部分,政府对房屋的使用可能会有法律限制。例如,居住地市政府的《地目法案》(Zoning Law)为市民安全及整体美观考虑,对市区用地进行使用用途的划分,规定出哪个区为工业区,哪个区为住宅区,哪个区为商业区……联邦政府或当地政府有权制定出环保法例,规定在某一地区不能使用某些设备或设施,以免环境受到污染;邻里之间也可能制定出居住协议,尤其是共渡社区或封闭警卫社区,可制定出自己社区的一些规定,这些规定涉及社区的公共安全、健康及规划等，其目的是营造良好的居住环境，也保持社区房地产的价值。

上述的规定对房屋的使用有很大的限制，但是仍具有法律的约束力。在购买房屋之前，买方一定要对所居住的城市及社区有关的法规进行了解。一旦购买了房屋，即使自己不同意，也要服从当地所有的规定。不过如果自己对这些规定不认同，并非是对这些限制没有办法，有些城市规定，如果居民有特殊的需求，可以向市政府申请特许证，但是申请的过程往往需要市政府进行听证，程序上比较麻烦。

居民违反市政府对房屋要求的某些规定而私自违章修建，例如当地市政府要求门窗一定是铝制的，但是有些居民做成了木制的。政府一旦发现这种情况，首先要求居民做更改，以达到市政府所要求的标准；第二，采取行动要求居民取消违章建筑，恢复原来的样子。

经常发生问题的是邻里协议（CC&R）。很多华裔移民认为邻里之间的协议不是政府的规定，没有法律效力，因此常常忽视其中的要求而与他人或社区产生矛盾。要知道，很多居民住宅区，特别是共渡住宅区，都设有邻里委员会，邻里委员会所做出的规定在法律上是被认可的，是合法的，也是必须遵守的。例如邻里委员会要求房屋刷成黄色，居民都要按这个要求去做而不能刷别的颜色；再如，如果某户居民自家的树高超过社区要求的高度而自己不自行处理，邻里委员会将派人把高出的部分锯掉，这家的居民不仅要服从，还要承担锯树的费用。因而，要维持自己的利益，民众应积极参与邻里委员会的活动,否则自己的权利就会被忽略。

如何合法保护自己的房屋

在美国可以经常看到,很多房屋前挂出或插有"严禁私闯民宅(No Trespassing)"的招牌。实际上,即使不挂出这样的招牌,美国的法律也不允许任何人随意闯入他人的住宅。如果发现有不速之客闯入属于你的住宅,你可以发出警告,要求他们马上离开,甚至可以动手将他们推离你的住宅,但是不能伤害他们。最好的方法是报警,让警察驱逐他们。如果他们仍坚持不走,你可以实施"公民逮捕权(Citizen Arrest)",要求警察逮捕他们。

如果事发时警察不在场,他们没有充分的证据来逮捕侵犯者,民众若觉得自己的人身安全或财产受到威胁,可以行使公民逮捕权。要求警察代表自己将对方逮捕。警察可以将对方逮捕,甚至起诉对方。但是,如果将来法院裁定逮捕行动不合法,要求公民逮捕的民众必须自己承担起所有的责任。此外,如果警察没有足够的理由来相信屋主,也有权拒绝替屋主行使公民逮捕权,假如双方都要求警察行使公民逮捕权,警察可能会将双方一起逮捕回警局。

美国宪法保护民众拥有枪支的权利。美国的影片中经常可以看到这样的场面:当陌生人闯入民宅时,屋主会拿出枪来,进行警告甚至射击。按照法律,屋主可以用枪来进行警告，但是不能使用，除非在自己或家人受到生命威胁时，才可以用武器进行自卫。即便有人进入房间偷东西，法律也不允许用致命武器伤害这个窃贼，如果使用武器不当而导致窃贼死亡，屋主反而可能被指控为谋杀罪。除了枪械外，棒球棍、武士刀及其他武器都可能被认为是致命武器，屋主在保护自己财产时，使用这些武器时要做谨慎的考虑。

如果屋主喜爱收集手枪或其他武器，应将这些武器锁在安全箱内，而不能让小孩子拿到。南加州曾发生多宗华裔家庭擦枪走火的悲剧事件：家长收集手枪，小孩子和同学偷偷地拿手枪来玩时不慎伤人，结果家人及小孩都一起被起诉。因此如果家有小孩子，拥有枪支武器就要格外小心。如果不清楚如何合法地保护自己的财产，可以去当地警察局咨询，向执法人员请教当地有哪些保护个人财产更好的方法及措施。

如何购买房屋保险

房屋保险具有两种功能：第一是保护自己及财产免受他人的伤害；第二是在自己或家人伤害到他人或损害到他人的财产时，能保护自己的利益和财产。房屋保险分为两大项：

第一项是房屋财产保险。例如，发生意外房屋受到毁坏、房屋内的物品受损、受损后的房屋需要资金清理或重建，以及在房屋受损期间不能居住等，屋主的房屋保险可以赔偿这些损失,让受保人安渡难关。

但是也有一些情况并不被包含在房屋保险中,如猫狗一类的宠物丢失、车辆受到损害、利用家庭做办公室时办公设备受到损害等。

购买房屋财产保险应该注意的问题是,应该购买"更换费用保单(ReplacementCost)"。很多公司的财产保险是根据被保物品的价值(Value)来计算的,按照损失时的价值来赔偿,对屋主来说是不合算的。

第二项是房屋责任保险。上一项的房屋财产保险是赔偿投保人自己的损失,房屋责任保险是替屋主赔偿他人的损失。因为屋主的大意、疏忽等原因导致他人受到损失,或屋主的孩子由于过失损害了他人的财物及对他人造成伤害而牵涉屋主及家人的责任,在这些情况下,保险公司将会替屋主向受损方做出赔偿,向对方支付医疗费等经济方面的损失。如果屋主因此被告,保险公司还会替屋主聘请律师,支付所有的律师费用。

房屋责任险,通常都会包括医疗方面的费用。例如,屋主在家开派对,有客人不慎跌倒受伤,房屋责任险中有关医疗的部分可以按伤者的医疗单据支付费用。一旦发生涉及房屋责任险的问题,保险公司首先要弄清的是该事故的责任是否应由屋主来承担,因此屋主在发生问题后要立刻通知保险公司。

有一种额外保险,英文称"Umbrella(雨伞险)"。这个额外险也是房屋责任险的一部分。如果屋主因诽谤而引起他人的精神痛苦、行使自己的公民逮捕权不当而导致被别人指控"逮捕不当（False Arrest）"、闯入他人私有财产处导致他人发生财物损失及不当起诉他人而引发官司等,可以运用"Umbrella"这个保险条款来保护自己的利益。在购买房屋责任险中附加这个条款,保费每年可能增加几百元,但是保险额可以增加到一百万元以上,因此居民是可以考虑购买的。

邓洪律师的忠告：保险公司的保护范围

在轰动一时的辛普森涉嫌杀妻一案中,死者家属委托律师状告辛普森"谋杀"及"过失杀人",虽然保险公司不能替客人处理犯罪的行为,即不能替辛普森的谋杀罪辩护,但是原告的过失杀人罪属于保险公司的受保范围,因而保险公司必须为辛普森支付律师辩护的费用及以后涉及的赔偿。由此可见,房屋责任保险在产生意外发生问题时,对屋主保护的范围是很广泛的。

房屋维修的注意事项

一般的地方政府都有规定,居民如要对自己所住房屋进行维修或加建,需要申请许可后才能实施。如果维修或加建的工程很大,还需要向市政府的规划委员会提出申请,让市政府知道维修或加建的项目符合市政府的标准。一般的营建商都会负责这些许可的申请。如果没有获得营建执照进行修建，就属于违规建筑，将会被取缔。维修或加建应该请有执照的营建商，营建商必须经过考试、受过专业训练及具有一定的能力才能取得执照。有些州还规定，领取营建执照需要购买一定数量的保证金（Bond）或保险（Insurance）。

保证金是政府为保障消费者的利益而要求营建商交纳的。如果出现营建商收费后不施工、没有完工、修建成本远远超出合约所规定的金额、施工结束后没有彻底清理现场、施工期间损坏了消费者的财产及消费者提出警告但是营建商并没有采取措施等情况，屋主可以要求营建商的保证公司补偿这些方面的损失。

营建商的保险有两大类。第一类是责任保险。如出现施工过程中不小心伤及路人的意外，营建商的责任险可以赔偿伤者的损失。第二类是劳工赔偿险。在施工过程中万一出现工人受伤的情况，可以由劳工赔偿保险来赔偿员工的医疗费用及损失工资等。

如果营建商没有保证金或保险，对屋主来说是非常危险的，一旦出现意外，屋主自己可能要替以上这些状况负责任。

法律规定，任何营建项目只要涉及的金额数量超过500元，就必须有书面合约。屋主在签订书面合约时要注意下列事项：

◎ 一　确定具体施工项目内容：开工和完工的时间；付款的日期及方式；施工质量的保证及质量保证期限等。在合约的条款方面，屋主必须要"先小人，后君子"，要讲清楚说明白再签字开工。

◎二　常见的纠纷是由"Mechanic's Lien"即分包商抵押（也称分包商留置权）所引起。如果总承包商没有付给分包商工程款，分包商可以在提供服务的房屋上放置留置权，将来房屋出售时，留置权就成为出售房屋的"法律障碍物"，屋主必须向分包商妥协来解除留置权问题，或者在出售后，屋主得到的购买资金中需扣除留置权的资金给分包商。因而，屋主可能会付两次修建费用。屋主向总承包商付款时，应该让总承包商提出已经向其他分包商付款的证据，并且直接或通过总承包商在付款给分包商时签署放弃放置留置权的权利，这样可以避免以后的责任。屋主最好的保护方法是：在合约上写清楚最后一批工程款可以是在屋主自己检查完所有的工程后付清，这样做可以对屋主起到保护的作用。

◎三　施工质量的保证。如果施工的质量保证期为一年以上，屋主应该要求营建商提供书面保证，写明暖气系统、冷气系统等都要得到质量的保证。

◎四　为了防止营建商拿到工程款后突然宣布破产，在签订合约之前要了解营建商的背景。有很多的迹象可以显示一个营建商的信誉不好、经济状况不好等问题。一般营建商收取工程费用的方式是，签约后收取三分之一、工程进行到一半时收取三分之一、工程完工时收取最后的三分之一。如果营建商开始就要求屋主一次付清工程的全部款项或要求付一半以上的款项，屋主应该知道这个营建商的财务状况不佳。如果聘请一个经济状况不好的营建商，一旦营建商宣布

破产,不仅工程不能完工,而且要拿回已交的工程款也将非常困难。

屋主常见问题的应变之策

拥有房屋,屋主同时也拥有很大的责任。中国新移民成为屋主后,可能会遇到下列这些问题:

◎一 游泳池的问题。实际上修建游泳池是一项"高风险"的投资。所谓"高风险",是指市政府对修建游泳池有很多的规定,在法律上则称游泳池是具有吸引性的"公害",因为游泳池可以吸引附近居民的孩子们去戏水,在没有严加看管的情况下,会发生溺水伤亡的事件。

有游泳池的屋主一定要买足够的保险,以便在不测事件发生时有保险公司赔偿。此外屋主还要采取一些防范的措施,如购买能把游泳池罩起来的盖子、在四周设置围墙禁止小孩子随便进出,尽量把风险降低。

◎二 有关邻居树木的问题。如果邻居的树经常向你的院子内落下大量的树叶,或大树有向你的房屋倒下的趋势时,你应该如何处理?

根据法律,生长在邻居住宅范围内的树,邻居有责任进行修理。如果邻家树的树叶落到了你家的一边或树枝越过了你家的院墙,可以认为你的财产受到了侵犯,在法律上你有权保护自己的财产,但邻里和睦非常重要。因而,最好的方法是与邻居进行商谈,让邻居对树进行处理。如果与邻居商谈不通,你有权将"越界"部分的树枝砍下,但不能对整棵树构成伤害。如果还是没有解决问题,你可以去法院要求法官命令邻居采取措施解决树的问题。如果由于没有采取措施导致树倒在了你家的院内,对你造成了财产损失,你可以去法院告邻居,要求赔偿。

◎三 "公害房屋"。如果邻居不维护好自己的房产,导致房屋年久失修,周遭环境很差,杂草丛生,老鼠乱窜,你可以向卫生健康部门、市规执行部门及市政管理部门进行投诉,要求他们把邻居财产当成公害来处理。因为市政府对城市房屋的容貌是有一定要求及标准的,市政府接获通知后,会寄信或派人提醒邻居要维持好自己的财产。如果邻居在市政府管理部门警告后仍不采取措施,市政府可能采取两种措施:一是派人去维修整理,然后要求邻居屋主支付这些方面的费用;二是交由检察官,起诉邻居违反市规。

◎四 宠物。如果狗咬了人,主人将负很大的责任。前不久加州有一起因狗咬死人而主人被定谋杀罪的案例。发生狗咬人事件,主人不仅要承担刑事责任,也要承担民事责任。如果养狗,主人首先要有执照,要定期给狗注射疫苗,防止因狗有狂犬病咬人后造成意外死亡。很多州有这样的法律规定,只要狗咬了人,狗主人及保险公司就要负起责任。虽然有的州并没有对狗咬人做出明确的判罚规定,但是可以援引"One Free Bite"这样的法规,即第一次发生狗咬人的情况可以不予追究,因为狗的主人可能不知道狗会咬人。但是如果发生第二次狗咬人的情况,狗主人一定要承担责任,这是因为,同样的情况连续发生说明狗的主人没有采取措施,属过失或疏忽行为,因此必须负责任。

以前狗咬人的案件都是在房屋保险的范畴之内处理,但是自从发生了狗主人被判谋杀罪的案子后,保险公司都不愿意把狗咬人这个条款包括进去,所以购房者在购买房屋保险时要向经纪人问清楚。如果养狗,购房者一定要在保险中把狗咬人的责任加进去。

如果邻居的狗昼夜都在乱叫,屋主可以打电话报警,有时警察会马上采取措施,有时警察会建议屋主抽空到市政府反映。市政府可能会向狗的主人发出警告,如果狗的主人不采取行动,市政府有权要求动物管理机构的人员将狗没收,然后毁灭。

房东的法律责任

我们中国人都喜爱投资房地产,尤其是公寓方面的投资。一来房地产可以保值,二来可以利用租金来作为自己的生活收入。但是在美国做房东并不容易,有诸多的责任。

◎一 房东要保证所出租的房屋是安全的、没有任何有害的物品。虽然法律上没有明文规定出租的住处必须可供人居住,但是所有的法院判例都要求出租的地方必须可供人生活。房东出租的房屋必须符合当地市政府的居住、建筑、健康和安全等方面的标准。例如,所出租的房屋必须有暖气、水、灯、可以上锁的门。如果没有提供这些条件而发生意外,房东可能会承担责任。

◎二 房东租房时不能有歧视行为。虽然房东有权利拒绝将房屋出租给任何人,但是不能因为租户的性别、种族、肤色、宗教、残障、婚姻和国籍等原因而区别对待。华文媒体刊登的租房广告中经常有只限女性等条件,这是不当的广告,许多房东因此而被告有歧视行为,官司缠身,所以房东登广告时应该格外注意。

◎三 签合约时房东要注意如下问题,便于以后避免承担一些责任:合约中要注明出租房屋的地址、租房人的姓名,特别要注明是谁居住;有其他人居住时,租房人必须通知房东;租金数额,租用的期限,租房定金的数额,在什么情况下退还定金,定金如何使用,是否允许住客拥有宠物,出租之前的房屋检查,能否将租约转给他人,能否分租他人。为了避免以后产生纠纷,房东还应该在合约中加进在什么情况下屋主有权进入房客的房间。根据法律规定,只要提前 24 小时至 48 小时发出通知,房东可以进入房客的房间进行必要的维修。

◎四 清单检查。房东为了保护自己的财产,在出租之前应该对房屋内的物品做清单检查,即所谓的"Check list",甚至可以拍照片留底,将来在房客退租时进行比照,看看是否有受损之处。如果受损,这些也可以作为证据让房客赔偿。

◎五 驱逐房客。如果房客不付房租,已经构成违约,房东可以要求房客离开。如果房东发现租客利用所租的房屋做违法的事情,如从事色情、贩毒等犯罪活动或利用房屋做生意等,也可以中止合约而将客户赶走,但是必须向当地法院申请驱逐房客的法令后才能进行。

前车之鉴:方法不当,驱逐房客不成反触法

案例:叶姓屋主将自己住宅的一间房间出租给一名学生,该学生不交房租。屋主就提前一个月给他通知,要他搬走。没想到在搬走前的一个星期,该学生突然消失并失去联络,而所有的东西仍放在房间内。一个月的期限到达时,该名房客仍没有回来,屋主便将他房间的东西搬到车库。几天后,该名房客回到房间,发现他房间的东西全部被搬走,他因此报警,指控屋主无权进入他的房间,并且称他丢失了许多贵重的财物。警察来时叶姓屋主出示一个月前的中止合约通知,但是警察仍认为叶姓屋主无权进入房客的房间,也没有权利搬动房客的东西,因此开出刑事出庭通知单,指控他私闯民宅,要求他必须出庭解决。

邓洪律师的解说:近期加州失业率超过两位数字,越来越多的学生都无法找到工作,造成一连串的问题。当房客无法交付房租时,屋主有权利要求房客搬离。但是,驱逐房客必须按照合法的程序。

按照加州的法例,房东必须提前给房客通知(一般是提前30天)。如果房客到期仍未搬走,房东必须给房客搬离的通知,5天后,房客仍未搬走,房东可到当地的法院申请驱逐令;在法官裁定房客必须搬离后,房东可以叫房客搬走,如果房客仍坚持不搬,届时可以打电话通知警察,要求警方强制执行法官的驱逐令。

中国人社区最常见的违规行为是,在法官仍未签署驱逐令前,屋主已先采取驱逐行动。届时,房客报警,屋主反而从有理变为无理,成为刑事案件的被告人。因而,房东在处理房客问题上应特别小心,在出租房屋或房间给他人前,应先做一些犯罪或信用调查,应向房客要求先交保证金,在房客违约时,应通过合法的方法来驱逐房客,不应擅自进入房客的房间,不应更换锁以阻止房客的进出,不应搬动房客的私人物品。

房客租房注意事项

购买房屋需要一定的经济基础,因而中国新移民往往只能先租房屋。在美国做房客,一来省钱,二来省事。房客应该注意下列事情:

◎一　房客在签约之前必须了解全部的合约内容,知道自己的权益。

◎二　为了防止房东无理扣押定金,房客在搬进房屋之前应做仔细的检查,并做一个列表,记录哪些东西已经损坏,哪些东西没有损坏。

◎三　如果发现房屋有需要修理的地方,房客有权向房东提出修理的要求,因为房客所付的房租中包括有权得到一个合适居住的环境。发现有修理的需要,房客应该尽快向房东提出,把需要修理的事项用书面形式通知房东,最好记录下通知房东的情况。如果房东收到通知后没有采取任何措施修理,有些州允许房客不交房租或减免房租,有些州允许租客先找人修理,以后从租金中扣除修理费用。

◎四　如果房东没有在合理的时间内进行修理,房客以此为理由可以解除租房合约。当然,房客也可以将房东告到法院。

◎五　如果房客要提前解除合约搬到其他地方,要注意:

1. 租房合约是否允许转让。如果允许转让,房客可以找到另外一个人,经过房东同意,这样就可以不用承担任何责任而由新房客承担合约上的责任。

2. 合约中有无允许分租的条款。如果有,房客可以将房屋分租给别人,但是不利之处是,如果所分租的人不付房租,房客必须对房东承担这个责任,将来房东仍可以向签约的房客要钱。

3. 在房客真的没有办法,必须要走而违约的情况下,房东可以要求房客支付合约期限中剩下时间的租金,如合约为一年,但是房客只住了两个月而违约搬走,房东可以让房客支付其余十个月的租金。不过法律规定,房东和房客可以共同去努力找到另一个房客来弥补这个损失。法院还可以要求房客向房东支付在没有找到新房客之前空屋期间的租金。

◎六　房客被驱逐前,房东一定要通知房客。在房客不采取任何措施的情况下,房东才有理由向法院申请驱逐令。房客在收到驱逐令后,可以决定搬走还是和房东打官司。如果搬走,事情到此为止。如果打官司输掉,房客不仅要支付所欠的房租,还要支付对方的律师费用,自身的信用也会受到影响。

租金与保证金

美国法律没有对房屋的租金范围有明确的规定。一般而言,房屋的租金根据租房市场的情况而定,也就是所谓的"随行就市",是房东和房客双方商讨而定。不过为了保护房客的权益,加州、哥伦比亚特区、新泽西州、马里兰州和纽约州中的一些城市,制定出一些房屋租金限制法规(Rerent ControlOrdinance)。像南加州的圣塔莫尼卡、北加州的奥克兰等城市,这些地方法规会禁止房东无故驱逐房客,或限制租金每年的涨幅。在购置公寓前,房东应向当地的市政府了解是否有这类法规。在租房时,房客应该去当地市政府了解是否有这类法规,知道自己有哪些权益。

除上述注意事项外,房东及房客在租金方面还应注意如下的问题:

◎一 租金交纳时间。大部分房东都希望房客每个月的第一天就交纳房租,但是法律上并没有强制性的规定。何时交房租是由房东和房客双方自行商定的。

◎二 迟付租金。房客要注意,支付房租并没有像支付信用卡费用的所谓"缓冲期",迟交房租是一种违约行为。如果房客迟交房租,房东可以酌情收取"滞期费",或中止与房客的租房合约。

◎三　租金调涨。如果房东与房客无合约,或只是按月的合约,房东如果如要想涨价,一般情况下在30天内通知房客即可。但是如果房客签署长期性租用合约,房东不得在期限内涨价,除非合约上允许如此。

在出租纠纷中,房租保证金是最常见的问题。法律上允许房东收取租房者的保证金,一来保证租客如期付租金,二来保障自己房屋的设施在房客使用过程中免受毁损,并避免房客恶意破坏房屋设施。

美国有一半的州对于保证金的金额有法律方面的规定,一般规定数额不得超过月租金的数额或月租金的一倍。有些州还规定,房客所交的租房定金必须存放在指定的账户,也有些州要求房东向房客支付保证金的利息。因此,在租房前,房客应该了解当地政府规定以及向房东查询保证金的退还方法。

在保证金退还方面,大部分的州都有法律规定,要求房东在房客搬出的14天到30天之内,在扣除合理的费用后将剩余的保证金退还给房客。

房东有权从房客的保证金中扣除相关的修理费用,但是必须向房客提供维修清单及出具付款收据。房东的维修不能包括日常损耗的项目,如房客居住很长时间,地毯开始变旧,房东如要更换地毯,不应将此费用也算在原来房客的身上。

第五章 居住与法律

租屋的维修问题

房东的英文是"landlord"。不过很多房东在维修自己出租的房屋方面表现得很吝啬，为了节省费用，对自己出租的房屋不进行必要的维修，导致房屋破烂不堪，因此逐渐衍生出了一个新的英文单词"slumlord"，中文可以翻译为"烂房东"或"恶劣房东"。

如果所出租的房屋没有基本的生活设施，如水道水管堵塞、没有水电、没有排烟道及卫生状况极差，这样的房东就是"slumlord"。如果房客的房东是"slumlord"，房客可以用"违反卫生标准"等理由向当地的市政府投诉，市政府的卫生部门检查后会要求房东修理。如果房东不按照指示进行修理，市政府可以提出刑事起诉，不少吝啬的房东因此而坐牢。

邓洪律师的忠告：如何避免成为"烂房东"

为了避免成为"烂房东"，房东应该注意以下问题：

1. 在与房客签订租房合约时，应该明确房屋维修的责任，分清楚哪些项目是由房东负责维修，哪些项目是由房客自行维修。

2. 在房客搬入之前做好出租房屋的检查，并列出检查后的列表作为合约的附件。

3. 要求房客在发现房屋有问题时，及时告知自己。

4.对房客提出的房屋问题以及自己采取的维修行为做好详细的记录。

5.如果发现房屋有问题,要马上进行处理。为了做到及时处理,房东应该有自己的维修人员联系网络,能安排维修人员在紧急情况下尽快抵达并处理。例如,出现水管破裂的问题,一定要在 24 小时以内派人解决;一些非紧急性的问题,如门窗玻璃损坏的问题,最迟不能超过 48 小时进行处理。

6.每年对所出租的房屋做两次以上的安全检查,主动进行维护或维修。

做房东的责任很大,维修房屋的钱,该花的一定不能省。一味地省钱,只能导致房屋存在的问题越来越严重,到头来不仅要花费更多的钱,而且可能引致更严重的民事或刑事责任。

第六章
青少年与法律

引 言

从中国来美的马太太(化名),六年前带着一个八岁、一个十岁的儿子移民来到南加州,在华人密集的阿凯迪亚市购置了房产,主要是因为朋友说该市的学区很好。马先生在中国经营一家电子公司,长年定居在北京,每年都会抽空来南加州两三次,但每次居住时间都不长。两个孩子在小学、初中都表现良好,但升了高中后,大儿子阿浩(化名)就开始和一群父母都不在美的"小留学生"往来。刚开始时逃课,后来学校发出警告,他依然我行我素。有一次他跟自己的小伙伴们混入洛杉矶一家酒吧,大家都喝了酒,出来时在门口与另一群人发生口角,两伙人迅速扭打在一起,最终导致对方一人被殴至死。虽然阿浩全程并没有出手攻击被殴致死的受害人,但自己与同伴却全数被以谋杀罪起诉,同时也被学校开除。而这样的结果让马太太和先生始料未及、悲伤欲绝的同时,过去为孩子的付出也功亏一篑。

笔者过去二十年中处理过无数青少年犯罪案件,常见青少年为了讲义气、助朋友一臂之力而前途尽毁。该类青少年犯罪案中常见情形包括：好友被其他族裔的同学欺侮而联手还击；朋友被欺负而自己路见不平，拔刀相助；朋友打架请求援助或壮胆；朋友或同学叫自己驾车出去惹事；惹事闯祸后替朋友掩护等。而美国刑法，为了打击集体或帮派式的犯罪行为，一贯采用共犯共责原则。如果当事人明知不法行为而参与行动，即使自己并未出手攻击或参与杀人，只是负责接应同伙，但一旦犯案过程中有人被杀（不管对方还是自己同伙），所有参与的人士都会被指控谋杀罪。如果没有人死亡，所有参与的人仍须一同承担被判最重的罪名与刑罚。

另外，青少年所涉入打群架的案件中，如果参与的人之中刚好有帮派分子，会被检方认定为帮派行动，法官将加倍刑罚，一般攻击罪五年刑期就会变成十年。依据加州的帮派刑罚加倍法案（Gang Enhancement），帮派定义为三人以上、有共同语言、穿着，就算没有正式组织起来，只要共同进行任何违法行为，如口出恶言、威胁、杀害，或拳打脚踢、拿武器攻击对方，就有可能适用该法。

青少年交友至关重要，家长应时刻注意孩子的社交圈，教育子女如何说"NO"，以免因讲义气而断送自己的前途。而华裔青少年帮派中许多人在校成绩良好，有小留学生，也有来自单亲或离婚家庭的人。他们最常做的违法行为，包括校园贩卖毒品、群殴、抢劫、收保护费等。家长可从孩子的衣着，如穿着固定颜色、数字衣物，有特定手势、朋友群，生活作息是否与往常不一样，来判断孩子有无入帮派，而最重要的是平日与孩子多沟通、少责备、少宠爱，若需求助，应咨询专业机构。更多有关青少年犯罪的法律问题，这一单元将为家长朋友们详细说明。

父母的法律责任及权利

在非常注重保护青少年的美国法律体制下,为人父母的职责在法律上是有具体规定的。

一般而言,父母的责任分为两大类:一类是养育责任,另一类是管教责任。父母双方,或继父母双方都有这些责任。

第一类责任是养育责任。父母必须向未成年子女提供生存的必需品,除食物、衣服、住房外,还必须承担起他们的医疗、教育及必要的法律援助等费用。不管父母与子女的关系来自正常的婚姻与否,父母都要承担此责任。至于具体的养育费及养育程度,法律并没有明文规定。在婚姻案件中,法官可能会根据父母的经济状况及小孩的需要而规定出每月的抚育费。

如果子女未满十八岁,或仍在高中上全天的课,父母就要履行抚养权。假如父母向子女所提供的抚养费未达到最低生活标准,父母就可能被指控虐待小孩,或疏忽照顾小孩,政府的儿童保护局也可以因此将小孩从父母手中带走,交给政府部门指定的寄养家庭抚养。

第二类责任是管教责任。父母必须采取适当的措施来监督及管制他们的子女。假如父母怂恿或放任子女犯法,父母将会触犯刑法。如果父母知道子女有不当行为的趋向而不理会,父母必须为这些不当行为的后果承担责任。

教育在美国占有非常重要的地位,美国社会对民众的教育是非常重视的。所有的州政府都有责任向五岁至十六岁的孩子提供强制性的教育。

在美国,为小孩选择学校的权利属于父母。从小学到高中,有三种类别的学校:

第一类是公立学校。公立学校是政府用纳税人的钱兴建的学校。每个城市的公立学校都由学区委员会来管理,这些委员大都是通过选民投票选出来的。第二类是私立学校。私立学校大部分是由宗教团体兴办的,父母有权利把孩子送到私立学校学习。第三类是家庭自行教育,在家里由父母对孩子进行教育,家长必须向居住地的学区申请,并在得到学区的同意后才能进行。每个学期必须把孩子的成绩单交到学区。到私立学校去上课及在家里自行教育,要自己承担费用。

任何学区都有责任向适龄的孩子提供从小学到高中的基础教育。如果学生因为打架或其他原因将受到开除的惩罚,学校必须给学生和家长一个听证的机会。如果听证的结果还是开除,学校有责任帮助学生寻找另外的辅导课程,使学生能够继续上课,接受教育学习。

父母在管教小孩方面有四大权力

父母在管教小孩方面的权利如下:

◎一 父母对子女有监管权。父母可以替子女作出重要的决定：如子女住在何处；他们和谁住在一起；他们每天的生活方式应该如何；他们去哪一所学校；他们应接受哪一项医药治疗；小孩应该信哪一种宗教等。

◎二　父母有权要求子女合作及服从。当然，说起来容易做起来难。父母可以采取适当的措施来管教子女，但这些措施不能过度伤害到小孩的身心，父母也不能因为子女不听话而置之不理。假如子女不服从父母合理的管教要求，或离家出走，或拒绝上学，或父母根本无法控制，父母可以到法院，要求将子女的管教权移交给法院，由法院安排管教的机构。可见，父母跟子女说"吃我的，住我的，就得听我的"在美国还是有一定法律根据的。

◎三　父母有权接收子女的收入。一般来说，父母都会让子女保留他们的收入，但是法律上规定父母有权接收子女的收入。在下列情况下，父母无权索取子女的收入：

1. 父母虐待或疏忽照顾子女；

2. 子女收入是因其独特的技能（如体育及文艺表演或人体伤害赔偿）而获得；

3. 子女的收入是他人赠送的礼物或继承的财产。

◎四　父母有权代表子女提出索赔。如果子女不幸受伤或死亡，父母有权向他人索取赔偿，以补偿其损失。

邓洪律师的忠告：子女的危险行为

法律规定父母要对自己子女的危险行为负责。例如：

1. 如果小孩使用枪械伤人，父母必须向受害人赔偿；

2.如果小孩故意伤人,父母必须向受害者支付医药费、住院费等;

3.如果小孩毁坏他人财产,父母必须向受害者支付子女无力赔偿的部分;

4.如果小孩逃课,家长每次最高可能被罚一百元;

5.如果小孩在商店偷东西,或从图书馆偷书,父母每次最高可被罚一千元;

6.如果小孩违反宵禁规定,父母可被罚交运载费用等。

青少年及成人的权利

美国的法律非常保护青少年,法律上一般都假定未成人仍未具有独立思考及独立生存的能力,因而,对未成人采取相当大的约束。一旦小孩成为成年人后,他们就会拥有很多的权利,父母的约束力也相应减少。但究竟什么年龄才算是成年人(Adult),什么年龄才算是未成人(Minor)?

美国以往一直将成年人的年龄规定在二十一岁,后来美国第二十六项修正案开始实施,将参加联邦选举投票的年龄降到十八岁,除少数州外,大部分的州都陆续将未成人的年龄定在十八岁以下,加州就是其中的一个州。

虽然基本上成年人的年龄标准是十八岁,但是,各个州对青少年的某些行动或活动的年龄有提前或延后的规定,例如,在加州,青少年在申请驾驶执照时满十六岁就可以算成年人,而在购买烟酒类产品时,青少年年满二十一岁才能算成年人。

邓洪律师的忠告:青少年成人后的权利

根据美国的法律,一旦青少年成为成人,他们就会得到下列这些权利:

1. 可以签署有效的合约。

2. 可以用自己名义出售或购买房产及股票。

3. 不需要父母、监护人或法官的同意就可以结婚。

4. 可以自己的名义提出民事诉讼,自己也可以成为民事诉讼的被告。

5. 可以自己决定和解或仲裁理赔案件。

6. 可以制订或取消遗嘱。

7. 可以直接继承财产。

8. 可以在州政府及地方政府的选举中投票。

9. 可以独自决定是否同意接受医疗治疗。

10. 可以不需要父母的同意就参加军队。

儿童法庭与青少年法庭

涉及青少年案件的法庭可分为两类:第一类处理青少年的监护权问题,亦称儿童法庭(Children's Court);第二类是处理青少年犯罪问题的青少年法庭(Juvenile Court)。

儿童法庭(Children's Court)

如果发生虐待少年儿童的案件,警察会自动通知儿童福利管理部门,由这个部门把孩子从父母身边接走,安排到一个寄养家庭临时看管,然后做进一步调查。如果这些社会工作人员发现父母没有不当行为,案件就到此为止,将小孩交回父母。

如果调查发现父母有虐待孩子的行为,或者小孩有受伤的情况等,调查人员会将此案交给儿童法庭。儿童法庭将对小孩的监护权进行处理,由法官决定孩子由谁来看管。由于案件涉及父母的权益,如果父母无力聘请律师,法官必须指派律师;如果父母不懂英语,法官也必须提供免费的翻译。

法官经常判罚孩子的父母去上课,接受专业的社会辅导,学习如何管教自己的孩子。如果父母通过学习后有明显的改善,法官将把孩子送回父母的身边。

青少年法庭(Juvenile Court)

如果十八岁以下的青少年犯错,如在校园打架、商店偷盗等被警察逮捕,一般会用两种办法进行处理:

◎一　向青少年开出出庭通知的罚单,同时通知家长把孩子带回去,并给家长一个出庭通知。

◎二　如果情节非常严重,孩子将被关押在青少年拘留所。青少年拘留所与监狱的性质一样,孩子被关在里面等待法庭的审判。孩子在被扣留期间,不能像成人一样被保释出来,一般在被扣押四十八小时之内去见法官。

青少年法庭的法官向小孩及父母提供如下的权利:如果家长不懂英文,有权利要求请翻译;如果没有经济能力请律师,有权利要求法庭派公共辩护律师。

如果青少年犯罪的情节严重,且有前科记录,并且他们已经满十五岁,检察官有权把孩子移交到成人法庭审理。如果继续留在青少年法庭,法官将根据是否有前科及家庭背景如何,考虑是否给孩子一个改过自新的机会。一般情况下,如果无犯罪前科,法官会给青少年较轻的惩罚,如做义工等。如果确实表现很好,法官会将案件撤销或将记录封存。如果满十八岁,青少年的逮捕记录也会自动存档。

在移民法中,青少年在十八岁以前犯的错误,如果是在青少年法庭审理,是不算犯罪记录的;但是一旦是按成人审理的,就将会有记录,并将影响到以后的移民。

法官可以对青少年作出下述惩罚:首先,最严重的惩罚,关押到州政府的青少年监管所,一般刑罚是一年以上;其次是送到青少年集中营,一般刑罚在一年以下;再者,罚做义工。另外,法官还会将青少年交由假释官(Probation Officer)监管,青少年要每个月去报到,假释官可以随时到家中检查。

整体而言,美国的司法系统对青少年犯罪的处理还是着重于给其改过自新的机会,但是家长不能因此而放松对自己子女的管教。

如何预防青少年加入帮派

华裔社区的青少年犯罪问题不容忽视。从上一个世纪70年代开始至80年代，来自台湾的小留学生陆续进入美国。在80年代，台湾的留学生开始出现包括吸毒和帮派在内的一系列问题，形成华裔青少年犯罪的第一个高峰。从90年代开始，大陆的小留学生也开始进入美国。由于这些小留学生或自己在美国或单亲在美国而被疏于管理，因此也出现了包括帮派在内的很多问题，形成了华裔青少年犯罪的第二个高峰。华裔青少年的犯罪主要有以下几方面的原因：

◎一　父母不在家，无法与孩子沟通。孩子在学校被其他族裔的同学欺负时，没有得到正确的辅导，孩子不知道用什么样的方法去处理。

◎二　同学之间结成团伙相互保护，久而久之形成帮派。

◎三　年少气盛，有逞英雄的念头。为了显示自己的能力，有钱的孩子请同学吃饭、喝酒，结交了一帮酒肉朋友。

◎四　像"华青帮"等帮派不断在学校招募新的成员。南加州的阿凯迪亚市、蒙特利公园市、核桃市及罗兰岗等地的华裔学生集中的高中，都有帮派分子在扩充自己的势力，利用这些学生在学校进行贩毒、出售或使用假信用卡等非法活动。

学生一旦加入帮派组织，很可能去从事非法的犯罪活动,如打架、群殴、抢劫等。特别是想加入帮派时,青少年要显示一下自己的实力,要被测试有没有胆量、敢不敢开枪等。

进入帮派的学生有两种情况:第一种是家境非常好,这些孩子花钱拉拢其他学生成为自己的"手下";另外一种情况是孩子的父母在餐馆、衣厂打工,收入不是很高,又不太懂英文,也无暇顾及子女的教育,如果有人花钱请这些孩子吃饭,出于义气,这些孩子会为请他们吃饭的人做些事情。

加入帮派可能会让这些失足少年获取到暂时的归属感,但是后患无穷:

◎一 很多州的法律规定,如果查明犯罪活动与帮派活动有关,将罪加一等,进行重判。

◎二 如果结伴犯下重罪,所有的共犯都将承担该案中最重的罪名。例如发生在南加州来自台湾的留学生刘易辰被杀的命案:原来几个学生只是计划抢走刘姓学生的钱,没想到其中一名主谋下毒手将其用刀杀死,结果涉及此案的几个学生都被以谋杀罪起诉。美国法律中有一项罪名是"重罪谋杀罪(Felon Murderer)",几个孩子共同犯罪,其中一个孩子犯了最重的罪,另外几个孩子也要承担同样的罪名。

◎三 许多州立法允许检察官将一些犯下情节严重罪行的青少年当做成人起诉,加重对青少年的惩罚。

◎四 孩子加入帮派容易,退出帮派非常困难。如果发现孩子在参与帮派活动,父母要立刻寻求警察部门、社区的非营利组织和社工等的帮助,采用搬家或其他的方法阻止孩子继续参与帮派活动。

校园安全相关措施

在学生面临学校内的压力及父母对学生缺少正确引导的情况下,美国的校园暴力事件频传。很多新移民学生没有办法适应新的环境,或觉得老师或同学有歧视的行为,自己没有得到公平的对待,就会在气愤的时候威胁同学,或用电子邮件恐吓老师,以发泄心中的不满。

还有的学生购买一些枪械、刀具放在随身带的背包里,可能是为了给自己壮胆,也可能是不小心带到学校而被学校保安人员查获。一般的民众在被警察拦截时,警察在有合理的怀疑理由的情况下才可以对民众或车辆进行搜查。但是,学校的校长或其他学校工作人员并不需要太多的理由就可以对学生的书包等随身物品进行搜查,一旦发现枪、刀甚至玩具枪,都会被没收。

学校一旦发现学生威胁老师或同学,或携带武器进入学校这类违法犯罪行为,可以采取两种措施:

◎一 开除学生。校方可以要求违法的学生停课,并开听证会给学生一个解释的机会,由学校的听证委员会决定是否将学生开除。学校的听证委员会由学生代表、家长代表、老师代表及学校的主管组成。大部分情况下,只要校方提出开除学生的建议,听证委员会都会通过。

由于学校实行的政策是"零容忍",因此学生的任何涉及危害校园安全的行为,都会导致被校方开除的命运。

被开除的学生不太可能被其他公立学校继续接收,但学生所居住的学区有责任替被开除的学生安排学校。一般来说,学区只能将被开除的学生安排到"另类学校"。这与其说是惩罚,倒不如说是奖赏,因为这种"另类学校"往往对上课没有严格的要求,每周上课只有几个小时。如学生在"另类学校"的一年多的学习之后表现良好,他们就有可能回到原来的学校。如果子女被开除,家长应该用变通的方法将学生转入私立学校,或去社区学院修课读,或自学直接考取高中毕业文凭。

◎二 刑事起诉。校方同时会打电话叫警察到校园,把违法的学生交给青少年法庭处理,由法官进行刑事方面的惩罚(参考上文)。

邓洪律师的忠告:吸大麻依然违法

美国政府调查显示,过去 10 年间,全美成年人中吸食大麻人数增加一倍,人数超过 2200 万,几乎每 10 人里就有 1 人抽大麻,而其中大多数都是出于休闲目的而吸食。

而究其原因,不得不提到近年全美各州蔚然成风的大麻合法化。目前,华盛顿州、科罗拉多州、阿拉斯加州、俄勒冈州以及首都华盛顿特区,已实现大麻全面合法化,允许民众吸食等娱乐/休闲用大麻(Recreational Marijuana)。而包括加州等 23 个州以及华盛顿特区、关岛,也将药用大麻(Medical Marijuana)合法化,民众只要拿到医生处方单,即可使用大麻。

尽管越来越多州为大麻敞开大门,但是,按照美国联邦法,大麻属一级成瘾性毒品,在任何情况下使用仍属非法,不论持有、服用、种植还是运送,都触犯联邦法规。而由于移民属联邦管辖范畴,因此留学生以及游客朋友更要特别注意。举例来说,留学生在加州以医疗为由合法取得大麻,拿到南部的德州、东岸的维吉尼亚州都是非法的,一旦被抓住,未来申请移民、调整身份都会受到影响,情节严重的还可能被递解出境。另外也需注意,虽然在加州药用大麻属于合法的,但以贩售交易为前提种植或持有大麻则属刑事重罪,一旦被捕,将面临牢刑。

青少年毒品问题及预防措施

很多人都认为华裔是一个模范的族裔,因此误以为华裔的子女不可能沾染上毒品,实际上吸毒在美国非常流行,特别是在大学和中学的校园。亚裔及华裔青少年使用毒品的事件已非新闻。例如,在2008年,洛杉矶就有3位华裔青少年因使用摇头丸而死亡,每年至少几十名亚裔及华裔青少年因持有、使用或贩卖毒品而被捕。

根据全美药物滥用警告网统计,在1994年,全美只有约253宗医院急症事故与服用Ecstasy有关,但到了2000年,却已急升至4511宗。7年之内,上升了18倍之多。摇头丸的使用者,在年轻人当中也增加了许多倍。在12~17岁的年龄群中,1995年有267000人表示曾使用Ecstasy;至1998年在同样的调查中,有369000人表示使用过;在18~25岁年龄群中,1995年有910000人,而1998年则增至1400000人。

无论是来自单亲的,或双亲同在,或经济不足,或经济富裕,都有人会滥用药物。原因除了是好奇、爱刺激、被朋友影响、自制力不足、对毒害认识不足等之外,主要也在于年轻人与父母及家人的关系状况,以及他是否在生活上有其他更好的活动去得到自尊、自信、自豪。

邓洪律师的忠告:美国年轻人中最流行的毒品

一、Club Drugs(快乐丸、摇头丸)

新近最流行的RAV舞会毒品,有好几种不同的化学成分,主要是安非他命类之兴奋剂。

1. MDMA(Ecstasy)(狂喜、亚当、快乐丸、摇头丸),安非他命之衍生物Methy lenedioxymethamphetamine,是中枢神经兴奋剂并具迷幻、加速心律、提高体温等功效,可使服用者连续跳舞数小时而不知累,有可能因脱水、血压增高导致心脏麻痹。

2. Methamphetamine(Speed Ice Crystal)(甲基安非他命、碎冰),容易由麻黄素合成,可口服、注射或鼻吸。中枢神经兴奋剂,具有使服用者欣快、警觉及不饿之作用。成瘾后血压上升,精神错乱,人消瘦,成为典型的安公子。

3. Gamma-hydroxybutyrate(GHB)(水狂喜、迷奸丸),

GHB属于中枢神经抑制剂,使全身松弛、入睡,过量会使呼吸停止。

4. Ketamine(K、维他命K)注射剂原本用于动物麻醉,后来被滥用为迷幻药,会造成精神错乱,动作失调,高血压、忧郁、失忆等。

5. Flunitrazepam Rohypnol,FM2,俗称十字架。它是安眠药之一,易上瘾,过量会神智恍惚、昏迷、血压下降、呼吸抑制。

6. Lysergic Acid Diethylamide(LSD)。LSD是口服的迷幻药,会使瞳孔放大、血压升高、心跳加速、盗汗、不饿、不睡、口干、颤抖等。

以上这六种Club Drugs经常被交互使用,有时加在大麻中吸,或和古柯碱(Cocaine)并用,一旦吸食,马上成瘾,并且极难单凭意志力去戒毒。

二、Marijuana、Hashish 大麻

大麻生长在热带或阳光充足的温带地区,其叶片或苞片易长腺毛,其内含轻度麻醉成分THC。大麻常被压成砖形走私,或用酒精抽取浓缩成膏饼称Hashish,其中有效成分提高20倍以上。

以卷烟或烟斗吸大麻时,初有欣快感,随后引起懒散、意识混乱,吸高浓度之Hashish常有幻觉及精神病反应。美国高中生吸过大麻者将近一半,是日后吸食摇头丸、古柯碱或海洛因之入门药物。以为吸大麻没什么坏处的家长,如果对子女的行为不加制止,很可能导致其子女滥用其他药物。

第六章　青少年与法律

三类毒品犯罪行为

◎ 一　受到毒品影响(Under Influence)。很多情况下,警察不一定要看你吸食毒品才能逮捕你。如果警察发现你有举止奇怪、谈话不清楚或异常兴奋等不正常的行为举止,就有理由要求你去验血。如果在血液中发现有毒品的成分,警察就可以以吸食毒品的罪名起诉你。

对这种毒品犯罪,法官往往要求嫌犯上戒毒课,一般上课一年或一年半,每个月都要进行抽血检查。如果认为表现良好及验血没有发现有毒品的成分,你可能得到一个撤销此项罪名的机会。

◎ 二　持有毒品(Possession)。在美国即使你不吸食毒品,但是在你身上发现毒品如随身携带摇头丸,也算是犯罪。如果在开车时被检查到身上有毒品,警察可能会对整个车辆进行搜查;如果在家中被查出身上有毒品,整个家中都会被搜查。如果被查出藏有毒品,最重的处罚可以被判半年的牢刑。

◎ 三　贩卖毒品(Possession for Sale)。贩卖毒品的量刑是根据贩卖毒品的数量及毒品的性质而定,刑期在一年以上,甚至十年。

涉及毒品犯罪对非美国公民来说影响非常大,因为这类犯罪对将来申请绿卡或成为美国公民会产生很坏的影响。如果非美国公民涉及毒品犯罪而被判罚坐牢,在结束牢刑后，案件将被转入移民局进入递解驱逐出境的程序。

防患于未然

◎一　自己对毒品药物要有基本认识，也要了解子女是否有正确的看法，但不宜仅用说教或强逼的方式，应该用讨论的方式，以年轻人的角度和思路去引导，较为有效。

◎二　建立和保持坚固的亲子关系，让子女不怕跟父母谈论心中的疑问。特别是在人生目标、交友、自我形象等方面，让年轻人有健康的人生观和目标，并在父母引导下解决一些生活困难，使子女不用通过滥用药物去逃避，或被不良朋友影响。

◎三　安排和鼓励子女参加健康的课余社交、宗教活动。这不只是给他们机会认识较健康的朋友和学长，更重要的是通过不同的活动，如：打球、音乐、义工等，来获得自尊、自信和自豪，从而减少被药物引诱的可能，不去追求虚假短暂的满足感。

◎四　注重子女学业成绩，并加以适当帮助，这是十分重要的，要使年轻人在学业上有进步和成就感。但父母切忌要求过高、施压过大，那会弄巧成拙，使年轻人不胜压力而要用药物来减压、逃避。

治疗方面

当发现小孩不幸染上毒品时,父母不要感到"失面子",不敢向人求助。其实,在社区里,有不同的服务机构可提供帮助。

◎一　学校方面。每间学校都有辅导老师,家长若发觉子女有学业、交友、行为或情绪问题,均可先与校方联络。在一般的中学里,均有说华语的辅导老师翻译,可给家长提供帮助或转介其他机构。

◎二　辅导机构及互助会。社区有政府资助或私人执业的治疗机构,可给予一般的心理辅导和药物治疗辅导。也有些家长或青少年互助会,让有困难的人士能通过经验分享,互助鼓励去渡过戒毒或改过的难关。

◎三　警方及假释局。警方及假释局不只是做检控或监管工作,他们的工作人员都能在治疗方面给年轻人提供指引和督导。

◎四　住院式治疗机构。若毒瘾较深,或朋友影响力太大,以致需要进入住院式的治疗机构,父母可以向社区中有宗教背景的、政府资助的或私立的机构寻求帮助。

邓洪律师的忠告:家长疏忽也构成刑事罪

涉及小孩安全的另一类刑事案件是家长疏忽。例如,华裔家长有时开车带孩子去购物,孩子不愿意进到商场的里面，家长就将小孩留在车里。在炎热的天气，车内温度很快就升高，可能使车里面的孩子受到伤害。这种做法属于疏忽行为，疏忽行为也可以被定为刑事罪。再比如家长为管教小孩让小孩饿了好几天，或家长经济出现状况，没有向小孩提供一个安全及卫生的环境，导致孩子的健康受到威胁或发育不完善等，这些也属于违法行为，做父母的应该特别小心。

家长合法管教与虐待儿童

体罚是中国人的"传统"。很多时候华裔家长在管教自己子女时都不同程度地使用了体罚的手段，甚至还有"棍棒之下出孝子"的说法。但是老祖宗流传下来的这套管教孩子的方法，在美国是行不通的。根据美国法律，如果老师或医生发现儿童身上有伤痕，他们有责任向警方及儿童福利部门举报。很多时候美国人爱管"闲事"。如在超市内买东西，小孩不听话，家长一巴掌打过去，很可能就会被举报。

如果打小孩被举报，将有两种情况发生：

◎一 家长会被剥夺小孩的监护权。小孩会被儿童福利部门的人员带走，然后进行调查，查询以前是否有虐待小孩的记录，调查后交由儿童法庭的法官处理。法官根据孩子受伤的情况及以前记录的情况进行裁决。如果程度较重，法院会将孩子判给寄养家庭，不允许父母接触小孩；如果程度较轻，父母必须上课，上完课后法官才能把孩子交还给家长，但是儿童福利部门的人会经常来检查。

要注意，儿童法庭的举证不同于其他的刑事案件。在其他的刑事案件中，首先是做无罪的推断，先假定被告无罪，让检察官来证明被告是有罪的。儿童法庭则相反，先假定家长有虐待小孩的行为，让家长自己来证明自己没有虐待小孩。

◎二 警方会以虐待罪或疏忽罪等刑事罪名起诉父母。如果家长虐待小孩，造成孩子的受伤，将构成刑事罪。如果罪名成立，家长可能会被判牢刑。中国人有个习惯，打完小孩后习惯用一些药水去擦伤口，因为药水的原因使伤口看起来相当严重，因而不懂得中医的美国医生、护士或警察会误以为是伤痕而使问题更为复杂。如果小孩受伤严重，或家长有虐待的前科，判罚会是一年以上的刑期。由于虐待小孩也属于道德品行不佳的行为，如果家长并非美国公民，服刑后会被提交到移民局，面临被驱逐出境的命运。

前车之鉴——家长抚育责任及虐待小孩的刑责

案例：陈小姐是一位单亲妈妈，一个人带两个小孩。为了生活，她还必须出外工作。有一次她到东部出差，以为两天就可以赶回来，没想到一下子拖延了三天，她的大儿子当时15岁，刚上高中，生活可以自理，并且可以照顾他8岁的妹妹，但是没想到邻居报警了，她回到家时，马上被警察逮捕，被指控虐待小孩。此外，小孩被带到寄养家庭，她是否能获取到小孩子的监护权仍是未知数。

邓洪律师的解答：为人父母是一宗责任重大的事情，在美国为人父母更具有挑战性,一方面,美国的教育制度及社会制度都假定每个家庭都是"男主外,女主内",爸爸出外工作,妈妈在家照顾小孩子的生活,不过,新移民家庭,尤其是单亲家庭,为人父母不仅要为生活、身份等事情烦恼,还要照顾好子女的生活及教育,的确是十分困难。

有三类案件经常会在抚养及教育子女时发生。

第一类是虐待小孩案:许多华裔家长由于子女不听话,或抽烟喝酒,或参加帮派,或染上毒品,在屡教不改的情况下,大打出手,用皮带、木棒等工具体罚小孩,而造成小孩受伤;

第二类是危害小孩安全(Child Endangerment):家长在夏季炎热的天气中将小孩子放在车内,或在家内放有枪械而没有采取必要的防范措施;

第三类是疏忽照顾小孩(Child Neglect):家长过于忙碌,或者自身压力过大,没有向未成年的子女提供基本的生活、精神、教育等方面的照顾。

这三类行为都触犯了刑法,轻者要被罚上家长辅导课程,重者要被罚三到五年的牢刑。

许多州都要求医院的医务人员、学校的护理人员等向警方举报任何涉及小孩安全的案件。

除刑事责任外,如果警方怀疑父母有失职的行为,他们可以通知儿童保护机构,将小孩带走,交由寄养家庭看管,直到社工认为小孩有一个安全及健康的环境后才会将小孩子的监护权交还给亲生父母。

第七章 刑事与法律

引 言

来自中国的小沈(化名),高中毕业后顺利考入美国南加州的一所高校,开始了没有父母陪伴、无拘无束的留学生活。然而,面对繁重的学业以及对异国生活的不适应,心智尚不成熟且无独立生活经验的他不知如何面对,于是选择用恋爱来逃避生活和学习中的双重压力。而恋爱后不久,他就与女友同居在一起。无奈两人爱情观并不成熟,加上都是独生子女,从小娇生惯养的他们,没能经得起现实生活的考验,每天开始无休止地争吵。为了缓解双方矛盾,两人决定收养一只小狗,来重拾往日幸福。谁知小狗并不"懂事",反而给两人带来了更多困扰,两人又为小狗争吵起来,导致学习成绩下降,加上同居生活开销巨大,这让小沈陷入困境,整日心情烦躁。然而,争强好胜又爱面子的他,并没有把自己遇到的问题告诉远在中国的父母,而没有了爸妈的开导与叮咛,他的价值观和人生观开始发生扭曲,逐渐忘记了最初来美的初衷。

2014年5月,狗狗的不懂事让小沈的郁闷火上浇油,他把小狗骨头打断,身体打残,借机发泄自己的怒火。但事后他非常后悔,于是就和女友一起去动物医院为被打伤的小狗看病,结果被动物医院报警。警员在和女友约谈中,又套出了另一段小沈涉嫌家暴的案外案,结果他被警方以虐待动物和家暴两项重罪逮捕。

岂料,保释出来的小沈却打电话告诫女友不要和警方乱说,没想到这通30多分钟的电话也被录音,成为警方控告他罪上加罪的证据。最终,检方起诉被告小沈与项重罪,分别为殴打女友的家暴罪、教唆女友的伪证罪、违反靠近女友的禁制令和两项虐待动物罪。如果这些罪名全部成立,小沈最高可被判处20年监禁,刑满后还要面临被遣返回国的命运。

而由于在美国,大家把动物像儿童一样对待,对虐待动物的行为反应强烈,因此庭审当中,听闻此案的动物保护组织40多名代表都来到现场,要求法官对虐狗、家暴的小沈给予重判,而检方也向法庭递交了上百封来自全美各地动物保护人士的信函,要求法官判处被告7年牢刑。但当地高等法院法官鉴于小沈事发后勇于承担责任,主动向社会各界认错,并向中国留学生现身说法,所以 定给他一次重新做人的机会。最终,法官不顾检方7年刑期的诉求,更顶住动物保护组织40多位代表在法庭上要求重判的压力,判处小沈一年牢刑,监外服刑5年。而其辩护律师表示,小沈一年服刑期间如果表现良好,有望提前半年就能出狱。

近20年来中国赴美留学人数只增不减,小沈这样的留学生在美涉入刑案也不再是个案首例。而他的惨痛教训却再次提醒华人家长和学子,出国留学前首先要了解中美法律和东西方文化差异,到了美国要遵纪守法,入乡随俗。同时家长要正确教导孩子学会自我管理、抗压排解,做任何事情都要三思而行、考虑后果 。否则,很可能像以上案例中这样,孩子学业荒废不说,还落到犯罪坐牢的境地。亟盼提醒广大华人引以为戒的刑事案例,这一单元,就要为大家一一解说。

美国刑法程序

"你有权保持沉默,但你说的任何话都可能在法院上作为不利于你的证据;你有权利咨询律师,并且在被问话时有权要求自己的律师在场;如果你没有能力聘请律师,法院将会指派一位公共辩护律师。"

上述的话,是美国居民老少皆知的"美兰达警告语(Miranda Warning)",但是中国新移民对美国宪法所赋予的权利并不熟悉,因而警察在处理中国人的案件时滥用权力的问题不断出现,由于对自己的权利不熟悉,许多中国新移民的民权被无辜剥夺,美国美梦变为一场噩梦。

更值得中国新移民注意的是,自从 1996 年以来,特别是"9·11"事件以后,美国移民法对一些在美国触犯刑法的移民限制更严,如果中国新移民不小心触法,而没有聘请专业的刑事辩护律师替自己维护权益,其刑事案件的结果很可能会影响到他们将来的移民身份。因而,了解到美国宪法所提供的

权益以及美国的刑事程序,可在发生状况时更好地保护自己。

万一被逮捕时

当警方认为证据充足时,他们就会向法官申请逮捕令。当警员持着逮捕令前来逮捕时,或者当警察值勤时发现有犯罪行为而要逮捕嫌犯时,警员必须向嫌犯提供美兰达警告。在此时,最佳的保护方法就是行使自己的沉默权,不要回答任何人的问题,并要求打电话给律师。因为在这种场合下,往往讲多错多,警方经常会求功心切而收集一切可以收集到的口供或证据,警探经常会断章取义地曲解被逮捕者的解释,在与自己的律师面谈前,不要向任何人商谈自己的案件。

保释(Bail)

在被逮捕后,警方会向被告亲友说明被告是否可以被保释,以及保释金的数额是多少。保释金是用来向法院保证被告会在出牢后出席过堂或审讯的押金,其数额是根据当时被指控的罪名而定的。如果被告有法院或其他执法部门如移民局的通缉令在身,或有充分理由怀疑被告在被保释出去后会逃庭,警察可以不允许被告被保释。

在确定保释金后,被告亲友可以向警察局交纳保释金的全额,一般警察局只收现金或现金支票,而不接受个人或公司支票、信用卡。如果亲友交纳全额保释金,不管被告案件结果如何,只要被告如期到庭,这笔保释金都将如数退还(除非被告同意将保释金用来做罚金)。如果亲友无法筹集到全额的保释金,可以通过保释公司来办理保释,但是要支付10%的费用,此费用是不能退还的,并且保释公司还会要求亲友用房屋或汽车作为抵押。如果被告没有被保释出去,法律规定被告在被逮捕的48小时(周末及假期除外)内就必须过堂。

到法院时,被告可以要求法官降低保释金,或免除保释金,法院在处理保释金时的考虑因素包括以往的犯罪记录、案件的严重度、被告出狱后逃避被起诉的可能性、在外候审时是否会伤害到其他人等。辩方律师可以在法庭上要求法官减少被告的保释金,或因为被告逃离的可能性不大而要求免除保释金。不过,法官可以拒绝减少保释金的要求,或拒绝让被告保释出外,有时甚至可以因为被告有前科或有其他违法行为而提高保释金。

犯罪行为的类别

大部分的犯罪活动都可以分为两类:一类是"轻罪(Misdemeanor)";另一类是"重罪(Felony)"。轻罪往往是犯罪行为程度较轻的罪名,若罪名成立,牢刑最高可达一年;而重罪往往是程度较高,牢刑较长的罪名(一般在一年以上)。州政府、州议会会通过立法等手段制定法例,确定哪些犯罪行为是重罪,哪些是轻罪。

如果所指控的罪名是轻罪,案件大都在地方法院全部审理完毕;如果所指控的是重罪,案件必须先在地方法院过堂、初审,地方法院的法官觉得检方有合理的证据而被告有可能犯错,就会将案件移交给更高一层的高等法院处理。

如果案件进入高等法院,它必须经过过堂、审前会议到陪审团审理程序。

被告的法律权利

美国宪法赋予所有被告"公平合理审判(Due Process)"的权利。

公平合理的审判程序包括被告有权在合理的时间内,尽快被告知起诉的罪名,有足够且公平的机会来辩解其罪名,有权让公正、独立的法官及陪审团来裁定案件,有机会在法庭上提供自己的解说,有权不被警方逼供或被强迫认罪,有权调查所有不利被告的证据及交叉盘问不利被告的证人,有权由律师代表替自己辩护。如果该案件在某个地区人人皆知,可能会影响到陪审员的立场,被告有权要求换到另外的地区审理。

美国宪法第六项修正案还规定,被告有权要求案件得到快速的审理,案件不能无故一直拖延。此外,被告有权出席其案件的审理,并且法庭的审理应该公开供大众参加。

美国宪法第五项修正案还规定,任何人都不能在刑事案件中,被强迫成为证词对自己不利的证人,而检方不能向陪审团指称被告因为有罪而不敢上庭作证。

此外,如果被告不会说英语,法庭必须在所有的审理程序中向被告提供法庭翻译。

罪名成立的标准

在所有刑事案件中,检察官必须提供足够的证据,且证实被告所犯的罪是"超越合理怀疑(Beyonda Reasonable Doubt)"的。也就是说,在判决被告有罪时,陪审员对被告是否有罪,不能有合理的怀疑。如果被告提供证据证实控方未能达到此标准,陪审员必须判被告无罪。这项严格的标准要求与民事诉讼不一样,在民事诉讼中,被告只需要提供"足够的证据(Preponderance of Evidence)"。

审判

在大部分刑事案件中,被告都有权要求由陪审团来裁决。陪审团是从社区中选出来的,任何美国公民都有权利和义务担任陪审员。陪审团的角色非常重要,他们是事实证据的裁决员。一般陪审团是由12名陪审员组成,大部分州都要求在所有陪审员都认为被告有罪的情况下才能判被告有罪。在现行的加州陪审员制度下,如果12名陪审员中有1名或1名以上的陪审员认为检方未能提供超越合理怀疑的证据时,就会使案件"流审"。如果检察官决定不重审,被告就会被无罪释放。但是,检察官也可以重新起诉。

在许多案件中,由于被告没有经济能力来聘请律师到陪审团前申辩,或者自己承认确有犯错,因而与检方达成庭外和解的协议。但是如果被告仍不是美国公民,在与检方达成协议前,被告要放弃上述的宪法权利,同时还必须考虑到自己所认的罪是否会有移民方面的影响。

受害人的权利

"联邦受害人及证人保护法案",以及许多州相应的"受害人的权利"法律,给受害人三大权利:

首先,政府必须要采取一切措施减少受害人受到被告骚扰和威胁的风险。

其次,受害人必须得到尊重。

最后,政府对受害人所涉及的案件必须尽快处理,对受害人所提出的疑问也必须尽快给予答复。

如果受害人受到损失,特别是在暴力案件中经济受到损失或身体受到了损伤,受害人或其家属可以从受害人基金会中得到援助,来支付医院的账单、葬礼的费用等。受害人及其家属可以向警方及检察官询问这方面的信息,也可以去美国民权联盟的网站上查询,网站上提供了受害人如何得到援助的信息,网址是 www.aclu.org。

第七章　刑事与法律

前车之鉴：被朋友利用，遭控共谋罪

案例：刘姓人士在一家电脑公司工作，他的职位是仓库管理员。一名陈姓同事唆使他将一些公司的产品偷运出去，刚开始时他纯粹是帮陈姓同事的忙，渐渐地，陈姓同事开始给他一些钱，后来公司发现并报警，没想到陈姓人士在东窗事发后已逃回台湾。警探找上刘姓人士时，他如实承认帮陈姓人士的忙，并得到陈姓人士的钱。后来警探逮捕了刘姓人士，起诉他犯重大盗窃罪及共谋罪，公司声称陈姓人士与他合谋偷走了10万元的货物，法官判罚刘姓人士6个月的牢刑，并且要求他赔偿全部的损失。

邓洪律师的解答：我们中国人成长在一个"情理法"的环境中，法律会考虑到判罚是否合情，是否合理，最后才考虑到是否合法。美国的法律比较生硬，法律就是法律，在立法前民众就应该表达自己认为合乎情理的建议，一旦法案通过，成为法律，只能按法律来行事。

为了打击犯罪行动，美国的法律没有将主谋与从犯两行为区分太大，反而要重罚双人以上的犯罪行为，许多州会将两人或两人以上人士参与策划的犯罪行为加控共谋罪，量刑时法官会重罚，例如，如果两人去抢劫而枪杀到他人，或同伙被枪杀，参与者都被指控谋杀罪。

在此类案件中，法官可以要求所有涉案的人士承担全部的损失，这就是美国法律的所谓共同或单独承担全部责任（Joint And Several Liability）。也就是说，法官可以命令被告单独一人承担所有的责任，也可以要求所有涉案人分担责

任。因而,法官这样判罚并非违法。

当然,在量刑判罚时,被告可以向法官提供一些对自己有利的证据,包括自己并非主谋等,作为减刑(Mitigating Factor)的考虑因素,大部分法官会将这些因素考虑进去。

如何与警察打交道

当执法人员,如联邦调查局探员、地方警察或移民局官员等找上门问话或调查约谈时,你必须要十分谨慎。在回答警探所提出的问题前,你应了解他们调查的目的及方向,并咨询自己的律师。你向警探所提供的回答将会在以后的刑事法庭、移民法庭及民事法庭上作为证据使用。如果你还不是美国公民,在与警方打交道时更应小心。

美国宪法所赋予的民权条款

你有权利保持沉默。美国宪法第五修正案规定,任何一位民众都有权利拒绝回答执法人员所提出的问题。如果执法人员向你问问题,而你拒绝回答,他们不能以此为由来逮捕你。不过,你拒绝回答也可能会引起他们更多的怀疑。

你有权利免受执法人员的无理搜索或没收行动。美国宪法第四修正案保护民众的隐私权。如果执法人员没有法官的搜索令,屋主或业主有权利拒绝他们入内。但在紧急情况时,如屋内有人叫喊救命等,警员不需要搜索令就可以入屋。如果警员带有拘捕令,警员可以入屋抓人,并搜索被逮者附近的地区以保护警员的安全。值得一提的是,执法人员可以且可能在你不知情的情况下监控你的电子邮件、手提电话或住宅电话。

你有权利发表自己的意见。美国宪法第一修正案赋予民众言论自由的权利,民众有权利发表对政府官员或政府政策不满的意见。但是美国最高法院裁定,如果民众仍不是美国公民,移民局可以针对发表对美国政府或政策不满的外国人士进行选择性的调查。如果外国人士有其他违反移民法例的行为,美国移民局可以将该外国人驱逐出境。例如,假如一位以游客身份入境的外国人士在美逾期居留,并发表一些不满美国的言论,移民局可以针对此外国人士发表不满美国之言论,或参与一些不满美国之团体活动等行为进行调查。

与警察打交道的注意事项

在美国生活,你难免会在生活中与警察打上交道。由于语言、文化背景的不同,华裔移民在与警察打交道中往往因为不了解美国警察的作业方式,或不了解美国的司法制度,引发被警察殴打或误杀误伤的事件。了解美国的执法方式及自己的权利,才能维护自己的利益并保障自己的安全。

问:如果我被警察拦下,该怎么应付他们?

答:被警察拦下时,首先必须有礼貌,警察也是人,他们亦应得到你的尊重,千万不能开口就骂人;保持镇静,尽量用理智控制自己的措词、肢体语言及感情。

俗语说,"好汉不吃眼前亏"。就算自己觉得警察处理不公,也不要与警察争吵。与警察争吵除引起反效果外,自己的所说所为都可以作为将来的呈堂证据。

将手放在警察能看得见的地方。由于美国很多人拥有武器,警察与任何陌生人接触时,都会假定对方是持有武器的危险分子。

不要见到警察就逃跑,不要触犯警察身体的任何部位。即使自己是清白的,也不要抵抗警察的逮捕。不要在现场就喊叫,或指责警察的不当,或扬言要投诉,因为警察知道你的用意后,为了保护自己,可能会添油加醋地罗列证据,将你定罪。

在被逮捕后,你应尽快与律师联络。如果有人目睹逮捕经过,应尽量记录证人的姓名及联络电话。

如果你觉得警察处理你的案件中有不妥或不公平的做法,可以向警察局的内部调查部门或民众投诉委员会提出书面的投诉。

问:我并没有被警方逮捕,但警察要找我问话,我是否有法律责任来回答警察的查问?

答:没有,拒绝回答警察的查问本身并非犯罪行为。当然,民众通常都愿意主动与警方配合,向警方提供一些数据以协助警方的作业。但是,美国宪法第五章修正案保障民众的"沉默权（RightofSilence）"。在一般的情况下，警员不能因为民众不回答他们的查问而逮捕被查问的民众。

问：警方并没有逮捕令，但他们要盘问我。在警察查问时，我可以不理会警察的查问而擅自离开盘问现场吗？

答：除非警察拥有"可能犯罪的理由（Probable Cause）"来逮捕被查问的对象，或有"合理的怀疑（Reasonable Suspicion）"来进行"拦下搜索（stopandfrisk）"，否则，被盘问的对象有权利不理会警察的查问而离开。但是在现实生活中，在被警察拦下来盘问时，民众很难知道警察是以什么理由来进行盘问的。有时警察可能拥有"可能犯罪的理由"或"合理的怀疑"的证据而将民众拦下，但被拦下的民众事实上是完全清白无辜的，他们对警察的盘问理由一无所知，在此情况下，如果民众坚持要离开，警察可能会采取逮捕的行动。

我们中国人的俗话说，"好汉不吃眼前亏"。你在决定是否离开警察查问现场时，最好按照常理（Common Sense）和自卫方式进行，可以直接向警员说："警察先生，我现在正在赶路，不方便和你谈话，我现在要离开这里，你是否会阻拦我"。

如果警察说你不可以离开，你应留在盘问现场。你依然有权利保持沉默，不要与警察争论他们是否有理由来拦下你之类的问题。至于警察是否有"犯罪可能性的理由"或"合理的怀疑"的证据，你可以与他们在法庭上争辩。

问：我原来愿意接受警方的盘问，但是在盘问的过程中发现不对劲，好像警方是冲着我而来，在此情况下，我是否有权利改变主意,中止与警员的对话?

答:是的,你随时有权利行使自己的"沉默权"。如果你在接受警察的盘问时发现所说的话可能会引起不必要的误会,惹火上身,你可以随时跟盘问的警员说自己不愿意继续谈下去,要求警员中止盘问。

问:前几天我的邻居家发生一宗入门抢劫案,有一位侦探敲门,问我是否看到任何可疑的人物,我跟他说没有,但是他依然不断地问问题,我不知道如何应付他,就当着他的面将门关上了。我没有任何责任回答他的盘问,但是如果警察坚持要盘问我,这是否侵犯到了我的权利?我是否有权告这位试图盘问我的警察?

答:纵使警察没有任何可以作为逮捕或进行搜索理由的证据,他们依然拥有普通人的权利。普通人都有权利向陌生人查问一些情况,不会触犯法律,因而如果警察只是纯粹打探消息,他们和普通老百姓一样都可以随便向别人询问。当然,如果你不想跟警察谈话,他们就必须停止询问。

问:调查人员可以搜索我的房屋、公寓或办公室吗?

答:除非你同意他们搜索,或者调查人员有法院签发的搜索令(Warrant),否则他们不能随便入内搜索。干涉调查人员的搜索并不太可能让他们停止搜索,反而会因此被指控妨碍公务而被逮捕。即使调查人员所进行的搜索是非法的,也不要去干涉他们。如果调查人员认为你的室友有权利应允他们的举动且获得他们的同意,调查人员仍然可以入内搜索。执法人员可以到你上班的公司搜索,而雇主有权同意执法人员的搜索。

问：调查人员在我家逮捕我，他们可以搜索我的家吗？

答：警员在逮捕时，可以搜索你附近地方的东西而不需要法官的搜索令。不过，如果警员要搜索整个房屋，就必须向法院申请搜索令，具体陈述所要搜索的地方及所搜索的对象。

问：如果警员有搜索令，该怎么办？

答：你有权利查看警方的搜索令。搜索令内必须具体地列出法官同意搜索的地方及寻找的对象或人物。如果警员是带着搜索令来的，你不能将他们拒之门外，但是你有权利且必须跟他们说明，你不同意他们四处搜索，只允许他们搜索法院同意的地方及收集搜索令上的对象。你可以要求自己在场观察他们的搜索行动。你可以将搜索人员的姓名、警员编号及他们的服务机构记录下来。如果有其他人在场，可以将他们的数据记录下来，让他们作为证人。在与律师会面时，你应将这些数据交给律师处理。

问：如果警方有搜索令，我必须回答他们的问题吗？

答：不。警员在搜索前、搜索中或搜索后都可以向你问问题。但是，警员有搜索令并不表示你非要回答他们的问题不可。

问：如果警方没有搜索令，该怎么办？

答：你有权利拒绝警方的搜索，并且有权利拒绝回答他们的问题。警察不能以你拒绝他们的无法令搜索或拒绝回答问题为理由而申请逮捕令或搜索令。

问：如果警方没有搜索令，在我多番拒绝及抗议下，他们仍坚持要搜索，该怎么办？

答：千万不要强硬地拒绝或阻挠警方的非法搜索，你要尽量找到证人，来证实警方是在你不同意的情况下进行搜索的，并记录下他们的姓名及警员编号。如果法官在法庭上裁定警方的搜索是违法的，那么警方所搜索到的证据在刑事案件中不能作为呈堂证据。

问：万一我跟警察讲了一些东西，该怎么办？

答：你跟警察所讲的任何东西都可能成为不利于你本人或他人的呈堂证据。你有权利保持沉默。如果你选择与警员谈话，要记住，向警方提供任何不实的证词都可能触犯刑法。因而，与其向警方提供不实的证词，倒不如保持沉默。

问：万一我在公共场所无故被警察拦下，该怎么办？

答：你有权利问清楚自己是否可以离开。如果警察跟你说，他们并没有逮捕你，但你不能离开，这表示他们要扣留你（Detain）。扣留并不表示逮捕。如果警察怀疑你身上带有武器或你可能是位危险人物，他们可以在你的衣服外部拍摸，如果他们超出拍摸的范围，你可以说你不同意他们的搜索。但是，尽管你抗议，警方仍可能继续搜索。不管你是被扣留或被逮捕，你都有权利保持沉默。

问：假如我在驾车时被拦下，该怎么办？

答：警员提出要求时，你必须向他们出示自己的驾驶执照、车主证明以及汽车保险证明。你有权拒绝警方的搜索。但是如果警员认为你有犯罪的可能性，尽管你不同意，他们

第七章 刑事与法律

仍可以进行搜索。

如果警察要给你开罚单,你应该签字。你的签字只表示你同意在指定的日期到法院与警察当庭对证,并不表示你认错。如果你不在罚单上签字,警察可以逮捕你。

如果你被怀疑醉酒驾车,你必须接受吹气、验血或验尿三种测试中的一种。如果你拒绝,汽车管理局可以据此吊销你的汽车驾驶执照。

问:如果执法人员声称,如果我不回答他们的查问,他们将向法院申请大陪审团的传票强迫我回答,该怎么办?

答:大陪审团传票(Grand Jury Subpoena)是一份书面的通知单,要求你到法院陈述你所知道的一些数据。如果调查人员威胁称将使用大陪审团传票,你应该马上找律师。如果你没有律师而直接回答他们的查问,他们仍可能用传票传呼你,以问到更多的问题。万一你被传呼到大陪审团前问话,你可能有权利拒绝回答某些问题。在去大陪审团作证前,你应向刑事律师了解清楚自己的权利。

问:我刚到美国,从来没有跟警察打过交道,又不懂英文,回答警察的问题时很可能会紧张,警察会不会觉得我不愿意和他们合作,或者觉得我在隐瞒事实,或者觉得我有罪呢?

答:当警察找上门时,在回答警察的查问前,你最好咨询一下律师。与律师先会面并不表示你不愿意与警察合作。大部分美国民众在与警察打交道前都会先跟自己的律师咨询一下,了解自己的权利。

如果自己来不及咨询律师而直接回答警察的问题,但回答过程中发现警方是冲着自己而来,或感到有一些问题可能会对自己不利,你随时可以提出询问律师的要求。一旦你清楚地提出要律师在场的要求,调查员应该马上中止盘问。如果你事前没有请律师,在警察找上门时,你可以将警方人员的姓名、政府机构名称以及调查人员的电话记录下来,然后尽快寻找律师,将这些资料交给律师,由律师出面与调查人员联络。

问:如果我被逮捕了,我必须回答警方的盘问吗?

答:不。万一你被逮捕,你只需要提供你的姓名及地址,不需要回答其他任何问题或提供任何声明材料。如果你不愿意回答任何问题,你必须尽快与律师联络。假如你无经济能力聘请私人律师,你可以提出请公派律师的要求。由于这类案件属于刑事案件,政府规定如民众无经济能力,政府必须提供公派律师,如果民众不会英语,政府还必须提供双语翻译。

问:我有一位朋友与别人发生争执,一气之下拿起刀来和别人打架,后来被警方调查,怀疑以致命武器袭击他人而被逮捕。在警方逮捕他时,警探并没有对他说美兰达警告就问他武器在何处,我的这位朋友说出了藏刀处,警察果然找到了刀,警察并没有提供美兰达警告而进行了违宪盘问,他们所收集的证据可以作为呈堂证据吗?

答:从此案例而言,警察没有向你的朋友提供美兰达警告而违宪收集证据,所有从违宪盘问中获取线索而收集到的

第七章 刑事与法律

证据都不能作为呈堂证据,根据刑事中的"毒树之果(Fruit of the Poisonous Tree)"原理,这把刀是不能作为证据的。

美国刑法上的"毒树之果"原理,是指警方违宪盘问或违宪搜查而获取到线索,循此线索而获取到的所有证据都不能作为呈堂证据。此原理是用来阻止警员及检察官进行违宪的盘问或搜查,保障民众的民权。

不过,警方不违宪盘问就找到的证据是合法的,可以作为呈堂证据。例如,如果你的朋友将这把刀放在背包内,即使警方不违宪盘问,他们在逮捕你朋友时仍可以在他随身的背包中找到,因而,这把刀将成为合法证据。

问:在上述情况下,假定法官裁定警方没有提供美兰达警告而违宪盘问,法院是否一定要撤销此案?

答:不一定,设置美兰达警告主要是为了阻止检方向陪审团呈现一些违宪收集到的证据。如果检方拥有通过其他合法渠道获取到的证据,他们仍可以在陪审团面前定被告的罪。警察在与民众打交道时并非每次都需要讲美兰达警告,在下列情况下,美兰达警告并不是必要的:被告并没有被扣押;警方并没有盘问嫌犯;警方盘问了嫌犯,但是没有将从盘问中获取的证据作为呈堂证据。

问:如果我真的不小心触犯了法律,我是否可以向警察解释以争取脱罪的机会?

答:一般而言,在咨询律师前最好不要直接向警察解释任何事情。假如自己因一时冲动而做错了事,最好保持沉默,在咨询律师前不要与任何人商讨案情内容。最令刑事辩护律师头痛的证据就是嫌犯独自向警方提供的解释，这些解释往往是嫌犯认罪的证据。美国宪法第五章修正案向所有人提供保护自己利益的权利，即任何人都有权利拒绝提供任何对自己不利的证据。因而，遇到这种情况时，最佳的方法就是礼貌地拒绝警察的查问，尽快联络刑事辩护律师。

问：我知道我的高中同学参与了一宗犯罪活动，他请求我替他向警方作证，指称在案发当时他和我在一起，假如我向警方提供这些不实的证词，我会有风险吗？

答：你会有很多的麻烦。如果你故意向警方提供不实的证词以协助嫌犯脱罪，你可能会被指控"事后从犯（Accessory Afterthe Fact）"的犯罪行为。当然你有权利来决定自己是否与警方配合，或是否保护自己的亲友。如果你不想与警方配合，你只能拒绝回答警方的查问，不能提供不实的证词。一般而言，拒绝回答警方的查问并不构成"事后从犯"的行为。

问：我的一位朋友被怀疑参与一宗犯罪案件，警方要求他进行"测谎"以调查他是否涉案，他是否可以拒绝接受"测谎"调查？

答：警方在调查时有时会使用"测谎器"来测试被问者是否说真话。测谎仪主要记录受测者回答问题时的心理联接生理反应。理论上，人们在撒谎时需要较多的大脑活动，因而会产生异常的心理压力，这些压力会引发某些生理反应，如呼吸速度与深度、血压、汗液分泌等的异常。测谎仪并不能真正测定说话内容的真伪，而是在测量受测者的生理变化。就像其他医疗诊断仪器一样,只有训练有素的专业人员才能有效地运用,其可信度大半取决于测谎人员的专业水平。测谎是以问答方式进行,问话一般采用简单的问句,受测者只需要回答"是"或"不是"。测试的问题模式非常重要,测谎的询问方法包括区域对比法、紧张高点法、对照问题询问法等,每种方法都包括三问题,即相关问题、无关问题以及控制问题。

现行的刑法规定,测谎必须要先征得受测对象的同意,警方不能强迫受审者接受测谎,纵使测谎是获得受测者许可的,现在加州法庭亦不允许把测谎的结果作为呈堂证据。

在现实生活中,警方往往会以"激将法"来诱使侦查对象接受测谎:"假如你讲的是真话,为何不愿意接受测谎呢?如果结果证实你说的都是真的,你就可以还自己一个清白"。从刑事辩护的角度而言,不管自己是否有错,在没有律师陪同的情况下,最好不要接受任何测谎。原因很简单,测谎只不过是警方的一项调查工具而已,警方有时会故意说受测者没有通过测试,通过精神压力来诱使受测对象"从实招来",在这种情况下,受测对象往往因为紧张而不知所措,结果说出一些可能与以前不一样的东西,于是警方的疑心变得更重。此外,从笔者的经验来看,如果受测对象是中国新移民,在测试过程中因为需要翻译,受测者会很紧张,因此结果往往对自己不利。

问:我驾车没有汽车保险,两个多月前我不幸发生一宗车祸,因为害怕警察查出我没有保险,我便驾车离开了现场。

一个多星期后,警察找上门来,指称当时有八位证人看到我驾车撞到人,然后离开现场,还有人将我的车拍下了照片。听到这些证人及证据,我心里很害怕,心想警察可能会"坦白从宽,抗拒从严",便向警察认罪。谁知道后来在法院才发现警察所说的八位证人及我汽车的照片都是根本不存在的,我是被骗认罪的。我是否可以用警察骗我认罪的理由将我自愿认罪的部分撤销掉?

答:在上述情况下,尽管警方使用不诚实的手法来获取你的认罪证词,一般法官都会将你"自愿"认罪的部分当作证据。

在美国的司法体制中,并没有"坦白从宽,抗拒从严"的做法。警察在办案时很可能会做出许多从宽处理的承诺,但是警察的这些承诺都是空的,因为最后的惩罚决定权是在检察官、法官及陪审团的手上,并非警察。

美国宪法第五项修正案规定,民众拥有拒绝提供对自己不利证据的权利,因而所有的认罪(Confession)都必须是自愿的(Voluntary),任何不自愿的认罪都是违宪的,而通过违宪手段获取到的证据是不能作为呈堂证据的。法律规定警察不能使用暴力,身体或精神上的威胁,或其他不当的手段来迫使嫌犯认罪,任何的认罪都必须是自愿的。

不过,警方往往会使用下述的一些手法来让嫌犯"自愿"认罪:

1. 嫌犯在被扣押期间,心理压力非常大,许多嫌犯发现监狱的情况很恶劣,为讨好监警而主动认罪。

2.警方往往向嫌犯表示,如果嫌犯认罪,将会从宽处理。法院认为警方的这种做法不当,但是警员往往会在法庭上否认自己曾做出此类承诺,而陪审员和法官往往会相信警探。

3.警方会使用黑脸白脸的策略。在此计谋中,扮演黑脸的警探会对嫌犯很凶,而扮演白脸的警探则扮作一位大好人,让嫌犯感觉到这位大好人是会替自己说话的,使嫌犯主动向这位大好人警探认罪,当在法院上发现这位大好人正在"出卖"他时,为时已晚。

4.一些嫌犯误以为,如果认罪不是用书面写下来的就不会有大碍,但是法律是允许警探在法庭上提供嫌犯的口头认罪的。

5.警探会让嫌犯感觉到他们已到了穷途末路的处境。例如,警探会声称他们有许多证人,嫌犯未通过测谎,或警方掌握到嫌犯犯案时的照片或录像带等,让嫌犯觉得唯有认罪才是出路。

6.警探会利用嫌犯的内疚心理,强调认了罪就可以补偿受害人的损失,在道德方面制造压力,迫使嫌犯认罪。

7.警探有时会向初犯者称,如果认罪,可以快速结案,许多初犯者信以为真,想早点结案而放弃了自己的宪法权利。

8.警探往往会向嫌犯称,他们听了受害者的证词,现在只想听一下嫌犯方的说法,将两方面的说法写进去,这样更显公正,但是结果通常是事与愿违,警方所写进去的东西往往成为定罪的最强证据。

问:如果我怀疑自己被警察跟踪,该怎么办?

答:首先,你要冷静地想一想,警察是因为何人何事来跟踪自己。其次,如果自己在公共场所发现有人在跟踪自己,你可以直接了当地找出跟踪者,友善地查问他们为何要跟踪自己。你最好找一位朋友在场,作为证人。尽管跟踪的人不回答自己的问题,至少他们已知道你已经意识到自己被跟踪。在法律上,任何人都可以在公共场合监视他人,调查人员也可以这样做。如果你怀疑自己被政府调查部门跟踪,或被他们骚扰,你应该找刑事律师了解自己的权利及相应的解决方法。

问:如果我被警方虐待,该怎么办?

答:如果受到警方不人道的对待,你应记录下他们的警员编号、他们的姓名及相关的资料。你有权利要求他们提供这些资料。你要尽可能找出目睹事件经过的证人,并记录他们的姓名及联络电话。如果你有受伤,应拍下受伤的照片,并尽快联络律师。

前车之鉴:谋杀宠物狗事件

美国近期有一宗离奇的邻居争执案件,当事人的邻居的狗叫得很凶,导致他夜不能眠。这位当事人一肚子气,但又因不愿出面与邻居进行沟通,而决定自己采取行动,他到商店买了一些杀虫药,趁邻居不在家,把邻居的狗毒死。邻居知情后觉得不解,如果当事人提醒他,他定会采取适当的措施来防止狗在夜里叫,但是当事人并没有跟他提过任何意见而径自行动,结果这位当事人被以虐待动物的罪名起诉,最后陪审团判罚当事人有罪,判了一年多的牢刑。

第七章　刑事与法律

如何与移民局打交道

在与移民局打交道时,最重要的是了解自己的权利并坚持行使。如果你不要求行使你的权利,或者你签字同意放弃自己的权利,移民局可能拒绝你聘请律师或见移民法官的要求,直接将你驱逐出境。

事先向律师咨询自己的权利。你应该随身携带一位自己可以联络上的律师的名片。自从"9·11"事件后,移民法案变得更加复杂。目前政府正在草拟大批法案,让移民局有权逮捕、监禁、扣留及驱逐任何政府部门怀疑与恐怖分子活动有关联的非美国公民。

根据现时的移民法例及法院的判例,非美国公民,不管是持有绿卡合法在美居留或非法在美居住,都有下述的一些权利。不过仍未进入美国国境而试图入关的外国人士不一定有以下这些权利,并且这些权利很可能会因为将来新的法例出炉而有所变更。

问:在回答任何移民局官员的问话或签署任何移民局的文件前,我有权利咨询律师吗?

答:通常来说你有此权利。如果你被扣留,你有权利打电话给律师或家人,并且你在扣留期间有权见自己的律师。在移民法庭上,你有权利聘请自己的律师。与刑事法庭不一样的是,刑事案的被告如没有经济能力,政府必须指派公设辩护律师替被告辩护,而移民法庭上,你有权利请律师,但是必须是你自己付费,而政府并不会指派律师。

问:如果我被移民局官员拦下,我是否一定要向他们解释我的身份问题?

答:不。如果你愿意,你可以向移民局官员解释你的身份。但是,你最好先跟自己的律师商谈,再回答移民官的查询。如果移民局查问任何有关你的政治理念、宗教信仰、所属组织团体、过去的言行、以往的旅行记录或其他你觉得奇怪的问题,你可以拒绝回答,并马上找律师来帮忙处理。

问:我在美国生活,必须随身携带绿卡或其他移民身份的文件吗?

答:是的。如果你并非美国公民,法律规定你必须随身随时携带能证实你身份的文件,这些移民证件包括永久居民卡即绿卡、I-94入境卡、工作许可卡、过境卡以及任何能证实你已于移民局登记的证明。如果你身上没有这些文件,移民局可以以轻罪指控你。政府执法部门目前很少会使用此项罪名来提出刑事指控,不过,并不表示将来不会落实此法例。

问:如果我被移民局逮捕,移民局必须提出违反移民法的指控吗?

答:是的。根据美国法例,移民局必须在48小时内决定,是否将你送入移民法庭处理,或者继续扣留,或者允许你保释出外。

在"9·11"事件后,国会新通过的法例,允许移民局在某些特殊或紧急情况下将扣留时间限制从48小时延至"额外的合理扣留时间",如果司法部部长将该名非美国公民人士定为恐怖分子或认为他们会对美国的国家安全造成威胁,他们可以将非美国公民扣留7天而不需要马上决定是否起诉被逮捕者。

问:如果我在美国本土被移民局逮捕,我是否有权利要求保释出外?

答:在大部分情况下,一旦你付了保释金,你就有权利要求释放出外,并且你有权利要求见移民法官,进行保释听证会。尽管移民局仍未提出指控,你依然有这些权利。但是法例并没有规定移民法官必须听取那些案件。如果移民法官认为你被保释出外后可能会给社会造成危害,或可能会逃跑,法官可以将你扣留在拘留所内。在一些案件中,如果非美国公民人士被指控参与恐怖活动或有某些刑事记录,法官将不会让他们被保释在外。

问:如果移民局要驱逐我出境,我是否有权利要求移民法庭给我一个听证的机会?

答:是的。如果你是在美国居住而被移民局扣留,一般而言,只有移民法官才有权力将你驱逐出境。但是,如果你放弃(Waiver)你的权利,或者选择"自动离境(Voluntary Departure)",你将失去听证的机会。如果你在美国有刑事犯罪记录,或者在入境时被扣留,或者过去曾有被驱逐出境的记录,你可能会不经过移民法庭的听证会就直接被驱逐出境。

问:如果我被移民局逮捕,我有权利与领事馆联络吗?

答:是的,你有这权利。根据国际公约,如果外国人士在美国被逮捕,他们有权利通知自己国家的领事馆,或者要求警方通知领事馆。警方必须允许领事馆官员来探访,并让领事馆代表与被逮捕人士谈话。你的领事官员可以替你找律师,或提供其他方面的协助。当然,你有权利拒绝自己国家领事馆的协助。

问:如果我决定放弃移民法庭听证会的权利,或者在听证会结束前离境,后果会如何?

答:你很可能会失去申请合法身份的资格,并且很有可能将来无法再回到美国。决定放弃自己的权利,或者听证会中途离境,会有严重的后果。即使你有绿卡,移民局都可以拒绝你入境。如果你在美国非法居留超过 6 个月,移民法还规定你好几年内都不能申请到美国。因而,在决定离开美国前,你应与自己的移民律师商讨将来的后果。

问:我是与美国公民结婚获取到的绿卡,以往回大陆探亲都没有问题,但是,最近一次回美国被移民局拦下查问,因为我五前年曾被警察逮捕过,后来移民局将我的绿卡没收,并给我一个所谓的 Deferred Inspection 日期,这是何故?

答:"9·11"事件后,移民局开始加强入境时对非美国公民犯罪背景的调查。如果你拥有美国合法居留身份,但以前曾被警察逮捕过并做过指纹,移民局都会查出来;如果移民局没有结案记录,或者你所犯的是重罪,或是与道德不佳(如商店偷盗、色情、家庭暴力等)相关的犯罪记录,移民局都可以扣留你的证件,要求你到移民局总部进行 Deferred Inspection 延后审查,让移民提供数据来解释被逮捕的事件,以确定该刑事案件的严重程度。如果情节严重,移民局可以将案件转交移民法庭处理;如果情节不严重,移民局将退还移民的证件。因而,任何曾有过被逮捕记录的民众,在离开美国前应与自己的刑事律师及移民律师查询,避免在入境时出现问题。

问:如果我想同移民局联络,该怎么办?

答:以前移民局扮演着执法与服务的双重角色,但是在"9·11"事件后,由于担心外国人士钻移民漏洞,移民局已将执法及服务这两项功能分开,开始着重执法。因而,在与移民局官员联络(即使是电话联络)前,你应先与自己的律师商量好再采取行动。

外国游客在美国的权利

虽然外国游客的权利及保障远远不如美国本土居民多,但是,美国法律规定,任何政府部门都不能因为游客的种族、国籍、性别而进行拦阻、搜索、扣留或驱逐。

问:如果我随身带有所有有效的旅行证件,美国海关官员可以将我拦下并进行搜索吗?

答:可以的。海关官员的职责是防止任何违禁品如毒品、武器等进入美国境内,因而他们有权拦你下来并进行搜索。持着有效的证件并不表示海关关员不能盘问或搜索你。

问:我以往曾来美国商务考察过,多次进出境都没有问题,有一次在美国酒后驾车,被警察逮捕并做了指纹,但是经律师争取该案被撤销。后来我在美国申请到L-1跨国公司主管的身份,以前出入境都没有问题,近期被移民局拦下,并指称我有被逮捕的记录而拒绝让我入境,要我马上搭机返回,我要求见移民法官,他们又不允许,移民局能这样做吗?

答:移民局是有权这样做的.如果你没有获取到永久的居留权,移民局可以直接拒绝让你入境,并禁止你将来五年再入境。

尽管你的刑事记录被撤销,但是你被逮捕的记录仍会留在全美犯罪信息中心(NCIC)内,除非当时你随身带上撤销案件的警局或法院记录而说服移民官员,否则你将没有机会替自己解释,并且在法律上,你仍未进入美国国境,因而你无权要求律师,也无权要求见移民法官,除非你有理由要求庇护。

问:如果我的行李及本人都经过安全检查设备而没有发现问题,安检人员及执法人员有权利继续搜索我本人及行李吗?

答:根据法例,你购买机票并到机场,这就表示你已默许安检人员的检查。如果安检人员最初并没有发现任何可疑的对象,他们不应继续进行搜索。如果你的行李或身体引发警告信号,安检人员有权进行进一步的搜查。

问:我在飞机上,飞机上的机组人员有权利盘问我或者将我从飞机上赶下来吗?

答:如果飞机的飞行员(机长)认为乘客的安全可能遭受

你的威胁,他们有权利拒绝你登机。机长的决定必须是合乎情理,根据实际观察得出的,而不是纯粹的猜测。

美国刑法的惩罚方式

美国的法律对人权相当重视。我们中国人常说:"一失足成千古恨",但美国的法律则有着人情的一面,未必会让犯错的人一辈子抬不起头来。从刑事案件的惩罚方式,我们就可以知道美国的司法制度十分注重让犯错的民众改过自新、重新做人。

一般而言,大部分的刑事案件都是由律师及检察官协商达成认罪协议而结案,假如案件被送到陪审团去,12位陪审员投票认为有罪,则由法官作出判刑惩罚。而惩罚大致分为五大类:

◎一 牢刑。有诸多案件一旦陪审员裁定被告有罪,法官就必须按照法定的标准来判罪。例如,在加州,如果一级谋杀罪成立,至少要被判15年以上的牢刑。牢刑分为两大类:一类是州政府的牢刑,一般一年以上的牢刑都必须送到州政府管理的监狱执行,而大部分非美国公民的犯人在服完牢刑后,都会被送到移民局的牢营中去,由移民局来确定是否要将犯人驱逐出境;另一类是刑期在一年以下的,这类牢刑大都是在县政府的监狱执行。因而,如果不是美国公民,刑事辩护律师都会尽量将牢刑的天数保持在365天以下,以避免被在服刑后被送往移民局驱逐出境。

由于美国被判牢刑的人数众多,因而,大部分的法院都同意服刑一天当一天半来算,这样,被判一年的人,如果服刑期间行为良好,都会在七、八个月后被释放。

◎二 社区服务。美国虽然没有中国大陆所谓的劳动改造制度,但是由于监狱人满为患,因而法院也开始采用社区服务的方式来替代一些牢刑。社区服务一般分为二类:一类是体力劳动,如到高速公路旁清扫,到公园拾垃圾;另一类是到教会、学校、图书馆、医院等非营利机构去做义工。社区服务主要是让犯错的人有机会去补偿社会。如属初犯者或犯罪行为不严重者,法官大都同意犯错者用社区服务来替代牢刑。

◎三 缓刑假释期(Probation)。严格而言,Probation 应翻译为行为观察期,只要在观察期期间不再做任何其他错事,在期满后就可以申请撤销原案。

缓刑假释期分为两类:一类是正式的假释,被假释者必须定期向假释官报到,并且放弃一些基本的民权保护,如警察不需要申请搜查令就可以到府搜查;第二类是非正式的假释,被假释者不需要定期服到,也没有必要与假释官保持联络,只需要在观察期间不再犯任何错,就算假释条件完成。

◎四 罚款。法官会依照罪名及行为的轻重而确定罚款,辩护律师与检察官会讨价还价地商量好罚金,一般来说,法院会在罚金上加上一些额外的费用,如在洛杉矶,法院会在商定的罚金上乘上175%,再加上100元的受害者基金费,因而商定好的罚金如是 100 元,将所有罚款加起来,往往要交 375 元。

◎五　法官依案件的不同而采取一些认为有利于教育犯者不再重做,或补偿受害者的措施。例如,法官可以要求驾车误撞死他人的驾驶人士赔偿死者的葬礼费用;在处理商店偷盗案中,法官经常规定被告不得再次到该家商店购物;在家庭暴力案件中,法官经常要求被告去上一年的家庭辅导课程;在酒醉驾车案件中,法官经常要求被告上 3 个月到 6 个月的戒酒课程,等等。

邓洪律师的忠告:假释条件当严格遵守

在中国人社区中,经常会遇到一些违反假释条件的案例。一旦法官判决后,犯错者就必须按照法院的指示来完成一些任务,如做社区服务、向法院交罚金等,往往一些华裔人士因为不明白法官的指示,或不将法官的判决当成一回事,没有在限定的时间内完成所有的任务。假释官经常会通知法院,法院因此会签发出违反假释条件的逮捕令,一旦被警察逮捕,就会被指控违反假释条件,法官会据此按照法例来重判被告。有时一些人士会因一些鸡毛蒜皮的假释违规行为而被法官重判牢刑,因为法官觉得自己已经给了罪犯机会,是他自己没有珍惜,不能怪别人。

前车之鉴——便宜无好货,小心误买赃物犯罪

案例:陈先生在网上出售手机,一般他是从手机制造商处订购,然后在网上出售。有一次他收到一封邮件,声称他们经营的手机店要关门,有一批新式手机抛售,价格比外面低一半以上。他便与他们联络,确认他们的产品不是冒牌货,便买下了50部手机。几天之内,他就将手上的所有手机都卖出去了。没想到一个星期后,警察拿着搜索令到他家,将他家的电脑及一些产品都拿走,并将他逮捕,指控他接收赃物。后来出庭才发现,陈先生所进的这批货是被偷的货物,出售这批货的公司根本不存在。陈先生不仅损失了一万多元,还面临三年的牢刑。

邓洪律师的解答:加州刑法第496条款规定,如果民众知道货物是犯罪活动所得,购买、接收或保存这些被偷货物都属违法行为。这项罪名能否成立,关键取决于当事人是否知道这些货物是偷来的。

检方在起诉时会用两种方式来证实被告是知情的:一是被告在进货时被告知这些货是有问题的,如果被告已被告知货物有问题而继续接收或购买,就可以说是知道实情(Actual Knowledge);第二种方式是理应知情(Constructive-Knowledge),检方可以用间接的证据证实一般民众会觉得货物有问题,比如货物的价格比市价低很多,卖方没有固定的公司,或者卖家坚持要支付现金等,推断出货物很可能是偷来的。

接受赃物的罪名可能因为当事人的不知情而被撤销,但是这些货物仍需物归原主,当事人仍将损失大笔货款。因而,民众在进货时应非常小心,不要贪小而失大。

第七章　刑事与法律

犯罪记录的影响及清洗记录程序

1996年,在美国反移民风潮高涨期,国会通过了一系列反移民法案,其中对移民犯罪的惩罚最为严厉。除影响到非法居留人士外,未成为美国公民的合法永久居民如绿卡持有者,都可能因为触犯法律而被驱逐出境。自从这项所谓的移民改革法案通过后,犯罪就只是美国公民的权利了,中国新移民如果不小心犯错,很可能就难圆美国梦了。在美国犯罪的确有想不到的恶果。我们可以从两个层次来分析:

第一个层次:如果被定罪,在服完刑后被送往移民局进行驱逐出境(Deportation),一旦被驱逐出境,被驱逐者永远不能再回到美国。这种案件分为两大类:

第一类被称为恶性重罪(Aggravated Felony)。如被判处一年以上的牢刑如抢劫、重大偷盗、纵火等,或走私毒品、非法拥有枪械、谋杀、强奸或性侵犯未成年少女等无论刑期多长。

第二类被称为严重的道德品行不佳(Crime of Moral Turpitude)罪行,如诈骗、色情、偷盗、家庭暴力等。移民如果在过去五年间曾犯了道德品行不佳的罪行而此案件被判处了一年以上的牢刑,或者过去五年中犯下两宗与道德品行不佳相关的案件,都可能面临被驱逐出境的命运。

第二个层次:影响其获取合法身份(Removal Because of

Inadmissibility）：也就是说，如果将来他们出境，在申请回美时，申请可能被拒绝，或者现时是合法身份，但是将来申请绿卡或申请公民时可能会因此而受移民局的拒绝。这一层次的案件较第一层次较轻些，主要是涉及一般性的道德品行不佳行为。

不过，这一层次的案例仍有补救的方法，法例允许一些犯了轻罪的移民申请合法身份，但申请者必须具备三个条件：一是只犯过一次轻罪，二是被判的牢刑不超过半年，三是该项指控的最长刑罚不超过一年的牢刑。

在"9·11"事件后，美国加强了进入美国国境人士的背景调查，如发现有犯罪记录者，将仔细盘查。如果入境者拥有美国永久居民的身份，且犯罪记录为轻罪，移民局可以先让他们入境，但是很可能会扣留他们的绿卡并要求他们到移民局解释该案。如果入境者没有永久居民身份，只具备学生身份、观光或商务签证，纵使美国驻外的领事馆已发给签证，移民官仍可以拒绝他们入境。一旦被拒入境，他们将来五年内都不能进入美国。因而，有犯罪记录的非美国公民人士在离境前应先与自己的律师商讨相关的情况。

如何清洗犯罪记录？

刑事案件一般都是以庭外协商和解及陪审团审理两种方法来解决的。一旦达成认罪协议，被告往往向法官表示"不抗辩（NoContes）"，即放弃与检方当庭对质的机会，然后法官就可以判罚。如果案件因陪审团而被判有罪,法官就开始判罚,被告的法院记录将是"有罪(Guilty)"。

被告完成了法官的所有判罚要求,例如做完社区劳动、交完罚款、上完课程等,保释期过后,如果案件是轻罪,当事人可以向法院申请清洗犯罪记录,这一个程序的英文叫Expungement,主要是允许民众将以前的"不抗辩"或"有罪"变为"无罪(Not Guilty)"。

要获取到法官的同意,申请者必须向法官证实自己已完成法官所判罚的所有任务,并且在结案后到申请清洗日为止保持着良好的记录,再也没有被警察逮捕过。申请者可以回到审理案件的法院去,向书记官索取申请表格,提供自己的驾驶执照及社会安全卡号码、以前的案件号码、交付法院的规费。法庭人员会将申请表格分送到检察官办公室及当时审理案件的法官处,检察官将通过电脑系统核对申请者是否真的在过去几年没有再犯错,法官也会查对申请者是否真的完成了所有的要求。

在核实后,法官有时会直接签署一项法官命令,有时会要求申请者到庭,了解所有情况后才签署清洗命令。清洗命令一旦签署,就表示法院同意撤销该案,并且将被告的有罪改为无罪。因而,将来申请移民或申请工作时被问及有无犯罪记录时,当事人就可以回答没有。不过,该清洗行动只能清洗到法院的犯罪记录,而无法清洗到警察局的逮捕记录。因而,被问及是否曾被逮捕过时,当事人仍然要回答"曾有过"。

如果保释期未满但又急需清洗犯罪记录,例如当事人要申请绿卡或公民面谈,当事人可以向法院先申请提早中止假释期,等法官同意提早结案后,接着马上申请清洗犯罪记录。不过,法官一般只同意轻罪的被告这样做,如果犯的是重罪,法官都不太愿意同意。

许多民众被警察按过指纹,想要清洗警察的逮捕记录,事实上,这是一件近乎不可能的事情。因为警察局往往要求法官出具证明,证实被逮捕过的人士事实上是完全清白的,而大部分案件都是以认罪结案,如果被告认了罪,就不可能是完全清白的。即使法官同意清洗逮捕记录,仍要等候警察局局长签字才能办成。

如果曾被警察逮捕过,后来因为证据不足等原因没有被起诉,当事人应要求警察局或检察官办公室出具一些证明文件,大部分执法机构都没有设立这方面的系统。但是当事人最好仍与这些机构主管或自己的律师商量,争取到手上有一些文件,以备万一。在"9·11"事件后,执法部门如移民局会用指纹系统查出民众被逮捕的记录。民众应随身携带相关文件,马上进行解释而避免不必要的困扰。

前车之鉴:入屋未取物　被控行窃罪

案例:洛杉矶高姓学生和一帮朋友出外去玩,没想到这帮朋友带他到了一间房屋,声称是去拜访朋友并取回一些东西,刚好没有人在家,他们就爬窗而入,没想到警铃响起来,有邻居报警,结果警察将他们逮捕,起诉他们入屋偷盗罪

(Residential Burglary),面临三年的牢刑。

邓洪律师的解答:依照加州的刑法,入屋偷盗罪是进入他人的住宅以图偷窃他人财物,如果在进入他人住宅前就有计划,或有意图去偷他人的财物,那么,成功偷走他人财物与否都构成了入屋偷盗罪。不过,如果在入屋前并没有犯罪意图,但是已进入了他人的住宅,且没有偷盗他的财物,此行为属于犯罪未遂(Attempt)罪。加州刑法664条款规定,如果犯罪行为未完成,但是被告已采取了一些手段,就已经构成了犯罪行为,但是情节及判罚会减轻一些,一般而言是普通罪名的一半。如果进入他人住宅而刚好有人在住宅内,尽管一听到有声音马上逃离,仍有可能被指控抢劫罪(Residential Oberry),可以被判6年到9年的牢刑。

如何处理家庭暴力案件

到美国的第一代中国新移民总会承受各种压力,夫妇争吵的事情难免会发生,关键在于如何处理生活的压力,不会因为压力的发泄而触犯到法律。我们中国人难免会有一些传统观念里的男尊女卑想法,在争论无法得到解决时,男方往往会对女方动用暴力,而女方也往往会逆来顺受。

不管是中国大陆、台湾或香港,如果家庭吵架或有肢体冲突,警察有时不会理会,有时会赶来扮演调解人,教训动手者不能再动手就了事。但是,在美国就不一样了。

自从辛普森弑妻案后,妇女权益团体给美国的执法机构施加了很大的压力,执法部门对家庭暴力案件十分重视,当警察到达现场且发现女方有伤痕时,会马上逮捕男方。

许多时候,当一方被警方带走时,另一方因为小孩、保释金、律师费用、家庭收入等因素而后悔当初不应报案,往往要求警方撤销案件。

但是,警方往往不会随便撤销案件。事实上警方在处理家庭暴力案件时经常遇到这种情形,但他们不敢自作主张撤案,而往往将案件交由检察官处理。检察官也因为社会的压力而不敢随便撤案,他们将会视伤势及案发情形,以轻罪或重罪起诉出手的一方。

在一般的刑事案件中,如果证人不来作证,且警方的报告不能作为呈堂证据,检察官往往因此而不得不撤销起诉。但是,家庭暴力案件则是例外,因为许多人认为受害方会不愿事态恶化,不想继续起诉,因而可能不愿出庭作证或作证时改变原来的证词,为此,1996年加州通过一项新法规,在许多情况下,家庭暴力案件中,如果受害方不出庭作证,检方可以将警察报告作为呈堂证据。一般来说,如果没有伤到配偶,或者只是因为一时之气而发生了冲突,嫌犯可能会被控袭击罪,加州刑法规定,袭击配偶、同居者或其小孩的人士最高罚款可达两千元,可判坐牢一年以下或以上,这两者皆有。

如果伤势严重,或使用了一些致命性武器来殴打配偶,检察官可能会以重罪方式起诉动手者,这项重罪除可以罚取高达六千元的罚金外,还可能会被判高达一年的牢刑。

此外，被告还必须上一年的家庭辅道课程，每星期都要上两个小时，并必须自己支付大笔的课程费用。

如果被告重罪罪名成立，由于此项罪名属于道德品行不佳罪，因而还会影响到将来的移民身份。

邓洪律师的忠告：冷静处理家庭矛盾　切莫因小失大

夫妇发生争执本是难免的事情，但是如果发生家庭暴力案件而被检方起诉，原本可以愈合的伤口，就会变得更大，男方会更加埋怨女方太绝情，居然这点小事也报警。除夫妇双方都受连累外，小孩往往是家庭暴力案件最大的受害者。如果任何一方在小孩子面前有暴力行为，可能会伤到小孩子，儿童服务机构可能会参与调查是否有虐待儿童行为。

因而，发生夫妇不和的情形时，最好是通过第三者进行沟通，或夫妇两人都参加一些夫妇和谐促进班或一些教会、佛堂等提供的家庭辅导活动。假如婚姻仍无法维持，两人应好合好散，通过合法、理智的方法来办理离婚手续。经过家庭暴力刑事案件程序的人士，都会后悔当初。"前车之鉴，后事之师"，在美国，老婆是打不得的！

如何处理商店偷窃案件

商店偷盗是美国最常见的犯罪行为，其中大部分案件都发生在女性身上。富有的好莱坞女星温诺娜·莱德被指控偷走5000多元货物一案,经过媒体的渲染变得家喻户晓。而笔者处理的华裔影星白灵案,亦一度引起媒体的关注。美国执法部门曾对商店偷盗的案件进行过有系统的统计,发现80%的案件都发生在20岁到55岁的妇女的身上。

前几年,洛杉矶地区曾有过一位检察官在开庭审理一宗重大刑事案件的前一天,到一家百货公司拿走价值400元首饰的案件。检察官到商店偷东西,听起来不可思议。但是,心理学家却认为情有可原,许多女性在压力太大时,会做出一些不可思议的事情,其中到商店去拿别人的东西,是最常见的异常行为。

这些异常行为除在压力大时会发生外,有时会因为女性的生理因素而引致,特别是在女性更年期或月经来前一周发生。当事人往往在案发后才知道自己做错事,觉醒过来时,好像是一场恶梦。就如在超市拿猪肉一案的当事人发现她先生在外面有外遇,是在非常气愤的情况下行为失常的。

不过,此类案件并非局限在女人身上,在压力大时,男性同样也会做出这种错事。几年前香港著名歌星林子祥因为婚姻方面的问题,压力重重,从夏威夷一家礼品店拿走一副太阳眼镜。

一般而言,如果当事人带着袋子、剪刀等物进入商店拿东西,检察官会觉得当事人有预谋,而以蓄意窃贼罪(Burglary)之重罪罪名起诉;如果货物价值超过400美元,检方将以重大偷盗罪(Grand Theft)之重罪罪名起诉,如果所涉及的价值低于四百美元,则以小偷罪(Petty Theft)之轻罪罪名起诉。

如果重罪罪名成立，最重可被判罚1年以上的牢刑，2000多元的罚金，并且会影响到将来调整移民身份。如果是轻罪，最重可被判6个月以下的牢刑，一千元的罚款。此外，加州法例允许商家通过民事的方式索赔，要求当事人赔偿500元以下的调查费及罚款。

一般而言，在专业刑事辩护律师的力争下，初犯者大部分可以用支付罚金或做义工的方式将罪名降到轻罪而不影响到移民身份。

这类案件的法律问题在法庭上不难解决，律师可以将大事化小，小事化无，将不利影响降到最低程度，而最难之处，是当事人如何克服心理上的阴影。最佳的方法是争取家人的谅解，通过参与社区、教会、佛堂或心理咨询服务机构的活动，解开此事带来的困扰，重新开始新的生活。

如何处理色情风化案件

美国是一个开放的社会，民众对性的事情并不太在乎，尽管如此，大部分的居民仍认为色情业有伤风化，制定出对卖淫、嫖妓、联络安排他人卖淫等行为严加惩罚的法令。每个州对卖淫行为的定义都不一样，不过，这些罪名的证据要求标准不高，检方不需要过多的证据就可以起诉。

以加州为例，根据加州刑法647(b)项，假如被告同意与他人发生性关系,且同意以金钱作为交易,并随之做出进一步的行为,就构成了卖淫罪。

为了收集到足够的证据,警方往往会从报纸的成人服务广告或从举报的邻居处获到联系方式,然后打电话联络,在电话联络时就开始录音,在电话中往往会问是否会有"全套"服务,或者他是否要带保险套。上门后,风化组由二或三名警察进行配合行动,便衣警员身上大都会带有通讯簿音设备,外面的警员可以监听以做接应行动。上门后,便衣警员往往会开始询价,口交要多少钱?手交要多少钱?并将做记号的现金给小姐。一旦小姐做进一步的行动,如脱衣服或拿出保险套,警方就进行逮捕。

许多被逮捕的被告往往都觉得奇怪,自己并没有在身体上接触对方,更谈不上性器官上的接触,就被起诉卖淫罪。但是,加州的法律很死板,只要符合上述的三个成分,即同意发生性关系(明示或暗示),同意以金钱为交易,并有进一步的行动,检方会坚持认为,即使没有性的关系,只要拿出了保险套或脱了衣服,即属进一步的行动,因此罪名成立。

在许多刑事案件中,警方设立圈套(Entrapment)或引诱他人犯案,辩方可以以引诱(Enticement)作为辩护理由。在大部分的色情案件中,警方都是利用便衣警员进行办案,而他们往往都会设立圈套,或故意引诱被告,但是由于这类案件侦破的方法只能采取这些行动,因而,法院裁定这两项手法是合法的,不能引用此两项辩护理由。

因而,要打赢这类官司,关键就要在这项罪的三个成分上下手。大部分的被告都是刚到美国不久、不会说英语的新移民,辩方可以提供反证据,证实被告不可能理解或同意进行以金钱做性交易。

这类案件最高的处罚是一年的牢刑,而大部分的案件都是庭外的和解,和解的条件依处理的检察官、法官及处理的辩护律师而定。一般的初犯是罚款、上课及验血。如果是累犯,将会影响到将来调整身份,因为卖淫罪是属于品行不佳的行为,如有两次或以上记录就会被移民局拒绝其任何调整身份的申请。

对于嫖客而言,最高处罚也是一年以下的牢刑,但是大部分初犯者都可以达成庭外和解,并以罚款作为警告。

对于安排或经营卖淫业的被告,加州法律认为这些人逼良为娼,因而处罚非常严厉。根据加州刑法 266(a),如果被告知道他人是在卖淫,并且参与安排卖淫,则构成淫媒罪(Pimping),一些替小姐开车的人士也可能因此而触犯此法例。

这项罪的处罚远远严厉过卖淫罪。加州法律对此类罪名作出强制性处罚条款,因而即使是庭外和解,也必须要判处三年以上的牢刑。

前车之鉴:祸从口出,风化罪名容易成立

案例:刚到美国不到一年的张姓女子,不懂英文,两个月前开始在洛杉矶西部一个海边城市的按摩院做正规的按摩服务。有一天,有一位客人在按摩过程中对她毛手毛脚,并说了一大堆英语。她虽然听不懂,但出于礼貌也友善地响应,后来一大群警察冲进来,将她逮捕,指控她同意提供色情服务,原来她做的客人是便衣警察。张姓女子坚持自己没有跟这客人做爱而拒绝认罪,后来打到陪审团,便衣警察坚持指称张姓女子在按摩过程中同意以40元作为小费提供额外的色情服务,结果12名陪审员都裁定张姓女子罪名成立,被罚30天的牢刑。

邓洪律师的提示:美国法律对色情卖淫罪的定义很广,罪名成立的标准很低。所谓的性服务,除发生性关系外,还包括用手或用口接触到他人的私处。许多州,例如,加州的647(B)条款,规定不需要真正有肢体上的接触,都可以构成色情卖淫罪。如果按摩员口头答应便衣警察以金钱提供性服务的要求,或者按摩员主动询问客人是否需要额外的性服务,都构成色情卖淫罪,最高可被判罚6个月的牢刑,罚款1000元。警察在侦查过程中为了保护便衣探员的安全,都会让卧底便衣携带监听器,以往探员会将监听的内容录音下来,但是近年来绝大部分的案件都不录音,因而出庭时,只有便衣侦探的证词与被告的证词,而大部分陪审员都会相信警探,将被告定罪。

为了避免被便衣警察误会,当事人就要坚持不提供任何色情服务,也不要随便答应自己听不懂的要求。

第八章 就业与法律

引 言

美国移民法规定,在美读书的留学生毕业后,可以申请一年的 OPT 实习(Optional Practical Training),在美国合法打工。因此,对大多数想长久留在美国工作的留学生而言,毕业后利用一年的 OPT 实习期,找到一家能够为其办理 H-1B 工作签证的公司,是求职留美的必经之路。然而,不少留学生朋友,这条路走得却是异常艰辛,除了面临每年 H-1B 名额有限、僧多粥少的窘境,不少人为获得工作签证,在 OPT 实习期间被骗以及被老板刁难的案例,说起来更是难以言尽,叫人心酸不已。

来自中国的留学生小陈(化名)从加州某高校毕业后不久就遇到一位老板,承诺只要小陈表现良好,就为他办理 H-1B 工作签证。于是小陈利用自己的一年 OPT 实习,兢兢业业地给这位老板干了一年。然而,一年后,老板却以百般理由推脱,没有兑现承诺,不但让小陈白白浪费了仅有的一年实习期,还错过了当年 4 月 1 日申请工作签证的最后期限,面临身份失效、必须立刻离境的尴尬境地。而作为留学生，由于势单力薄，怕惹麻烦，也没有经济实力打官司，最终小陈只能不了了之，背起铺盖走人。

与小陈相比，利用 OPT 成功办到 H-1B 的留学生小姚（化名），实际的境遇却也好不到哪里去。国内名牌大学本科毕业后，小姚在美国东部一所大学顺利拿到硕士学位，随后在马里兰州的一家华人传媒公司谋到一个职位。为了让老板给自己办 H-1B，小姚勤奋工作，还经常义务加班，虽然最终签证办了下来，然而却要将税后一半的收入以现金方式返还给老板，每月结余不足 1000 美元，支付完日常生活所需后所剩无几。原来，美国移民局与劳工部按照不同的学历、职业以及头衔，规定了 H-1B 申请者的最低工资标准，只有达到这个标准，才具备申请资格。由于小姚的实际工资远低于移民局的最低标准，为此，老板与她达成了一个内部协议，老板将她的工资提高到移民局所要求的标准，而她在拿到这个工资数额后，再将差额以现金方式返还给老板。这样一来，即便移民局根据税表（W-2）来查，也发现不了其中的端倪。而小姚的收入，由于要依照高工资的税率进行扣税，到手的钱就变得更少。再加上办理的 H-1B 律师费和申请费也要她自行承担，经济状况就更是捉襟见肘。相反，对小姚的老板而言，账面上员工工资越高，公司可抵税的金额就越多，对其可谓百利而无一害。

美国移民法规定，老板帮员工申请 H-1B 工作签证，其间所产生的费用应由公司承担，因此让员工付律师费与申请费本身就已经违法。然而，一些华人开办的小公司，深知刚毕业的学生留美心切，就以办理工作签证为筹码，不惜触及法律红线,故意压低工资,并让其自行承担申请费用。更有甚者,在留学生 OPT 实习直至 H-1B 批准之前,都要求其义务劳动而不付薪水,这些做法都属违法。可悲的是,类似于小姚的情形却不在少数,并真实地每天上演。而绝大多数中国留学生即便将自己"贱卖"、备受委屈,但为了 H-1B,也只能忍气吞声。各位留学生朋友,在未来的求职留美路上,究竟是否可以改善境遇,最大程度保障自己的合法权益?这一单元,就要为您详细解说。

申请工作时如何保护自己权益

中国新移民在自己的母国习惯于由政府安排工作,政府对失业者的安排也有一些政策。特别是在中国大陆,找到一份工作几乎可以成为"铁饭碗",工作的流动性也不是很强,很多人一辈子最多只换过一、两次工作而已,甚至在一个工作岗位上终其一生。美国则完全不同,工作的流动性很大,很少有人一辈子只做一项工作。不过,美国的劳工法对于劳工来说,没有什么权利可言。它只是对雇主的一些行为进行了约束,劳工的就业并没有得到保障,其他法律也没有保障就业的条款。

虽然如此,移民在争取工作时还是要有一些应该了解并注意的问题。

首先,在面谈时,雇主不能向申请者查问有关个人隐私的问题及政府规定不能问的问题。有些华裔雇主在雇人时

常犯这方面的错误,因此违反了政府的规定而遇到不必要的麻烦。雇主不能问的问题有:

◎一 年龄和出生日期。因为如果应聘者年龄超过40岁,雇主可能会被怀疑有年龄歧视。但是有些行业对年龄有一定的要求,如在酒吧工作一定要在21岁以上,这种情况下询问年龄不应算做歧视。

◎二 配偶的职业、子女的年龄及是否有计划要孩子。有些雇主担心雇员有孩子会影响工作,但是美国宪法第十四项修正案规定,民众有生孩子的自由。法律不允许雇主在聘用员工时考虑这方面的因素。

◎三 祖先、父亲、祖父母的出生地及宗教、党派、家庭情况,父母、配偶、子女的移民身份和国籍、宗教等。这些问题与雇员的工作无关,而且涉及个人的隐私。

◎四 身体是否有残障及残障的程度。这类问题涉及美国残障保护法案的内容,法案规定雇主不能因为应聘者或雇员有身体上的缺陷而歧视,除非证实所从事的工作与身体健康的状况有关,雇主才可以问这方面的问题。

◎五 如果感觉所问的问题确实侵犯了个人的权利,可以直接向EEOC投诉。EEOC的电话是:1(800)669-4000。一旦EEOC介入调查,应聘者很可能因此得到这份工作,或雇主不敢随便解雇,或因此加薪升迁。不过,公司也有可能认为你是麻烦的制造者而找机会解聘你。

邓洪律师的忠告：申请工作者因应之策

如果雇主违法问到了上述所说的不应该问的问题，民众应该做如下的处理：

如果认为回答无伤大雅，无关紧要，可以做回答。

如果认为所问的问题与工作无关，可以要求雇主解释所提的问题与工作有什么样的关系。如果解释的合理并与工作有关，回答对自己来说也无关紧要，可以用轻松、幽默的方式响应。

如果提出的问题使自己感到很为难，很不舒服，可以向提问的人索要名片，并明确地向提问人表示，他问的问题是不恰当的，自己将要向"平等就业机会委员会：EEOC（Equal Employment Opportunity Commission）"投诉。很多公司怕EEOC找麻烦，应聘者提出要投诉后，很可能会被当场录用。不过，应聘者也要考虑是否要在这家对自己已有成见的公司做事。

劳工合约的相关问题

大部分中小企业在聘用员工时都不会与员工签订合约。大部分州，如加州，雇主与雇员之间的劳工关系是一种随意合约的形式，即雇主可以随时解聘员工，当然员工也可以随时辞职。不过，一些雇主为保护自己，往往会要求员工签订一些就业协议。在与雇主签订就业协议时，有两个问题应该注意。

◎一　不竞争条款。一般的不竞争条款规定，员工在离职后的一段时间内，不能为雇主的竞争对手工作，或在雇主的附近设立公司，从事与原公司相近的业务。不竞争条款的目的，是为雇主避免增加新的竞争对手。如果合约中有这样的条款，对雇员将十分不利，因为他未来的创业或就业会受到限制。在签署前雇员最好让自己的律师过目，因为雇员违反此条款时，雇主可以以不竞争条款来告离职的雇员。如果雇主以这个条款将雇员告上法院，大多数法官会认为这是一个有效的合约。如果条款确实对雇员限制很严，影响到雇员未来的就业和生活，法官会修改这个条款，使之更为公平合理。

◎二　保密条约。保密条约要求雇员在离职后或在职期间，不能透露公司的商业机密。商业机密包括商业计划、产品技术数据、商品的价格、促销计划、新产品和新发明、商标、电脑软件及客户名单等。雇主可以与雇员单独签保密条约，也可以把保密条约列入员工手册，只要在员工手册上签字，就等于知道并接受保密条约。签约之前，雇员同样应该找律师看一下，看看条约中的内容是否会影响到将来寻找工作的机会。如果签订保密条约，雇主可以禁止签约雇员使用这些商业机密。雇主也可能以此条约状告离职雇员的新雇主，争取收回离职雇员使用他获取的商业机密为新公司获取到的所有利润。

邓洪律师的忠告：商业机密的刑事责任

在高科技公司工作的一些华裔科学工作者，在把自己取得的成果带回国,或带到另外的公司,或带到自己成立的公司时,如果处理不当,会被刑事指控偷盗商业机密。依照美国法律,科研成果是公司商业机密的一部分,虽然员工是开发参与者,但是他们是受聘于公司的,其研究成果也属公司的财务,因而,如果员工未经允许把商业机密拿走,雇主可以报警,雇员可能因此吃上官司。即使没有保密条约,雇员也应该知道,在使用公司数据时,注意哪些是可以使用的,哪些是不能使用的,以避免涉及刑事责任。

工作时被歧视该怎么办

联邦政府为了反对歧视行为,通过了一系列的工作场所反歧视法案。最常用的有 1963 年通过的《公平工资法案》(*Equal Pay Act*),禁止雇主因为员工的性别不同而付给不同的工资,实行男女同工同酬;1964 年通过的《民权法案》,在这个法案中的第七章规定,如果雇主雇用的员工超过 15 个人,雇主不能因为员工的肤色、种族、宗教、性别及出生国籍而有歧视的行为;1976 年通过的《年龄歧视法案》,禁止雇主对 40 岁以上的雇员有区别对待的行为;还有《残障法案》,这个法案禁止雇主因为员工有残障或身体有缺陷而进行歧视;《怀孕歧视法案》,禁止雇主因为雇员怀孕而开除、不聘用,或因为雇员怀孕请假而拒绝她们回来就业。奥巴马总统上台后,又签署了女性职员同工同酬的规定。

如果雇员感到自己受到了歧视,首先应该向雇主或其人事管理部门反映,要求雇主进行调查并进行改正。反映时雇员应该以书面的形式,写清楚事情的经过,以便在雇主没有采取措后需要进一步投诉时有一个依据。

如果向雇主反映后问题没有得到解决,雇员应该向执行联盟政府反歧视法案的机构"平等就业委员会(EEOC)"进行投诉。投诉的好处是,如果雇员是因为投诉才遭到雇主的解雇,雇主就触犯了联邦反报复法律,将受到惩罚。法律要求投诉必须在事发的 180 天内进行,投诉时要准备好证明工作表现良好的证据、事情发生的经过,当然如果有在场的第三人作证更好。EEOC 经过调查后发现是雇主的问题,将要求雇主聘用这个员工或者重新聘用或者提升,如果雇员在这段期间内被停薪,政府将要求雇主补发薪水。一般的情况下,EEOC 会在 180 天之内做出决定。如果 EEOC 没有做出决定,将会给投诉的雇员一封信,通知雇员可以去法院上告,但须在收到信后 90 天内行动。如果雇员打赢官司,雇主将对雇员赔偿,包括雇员的律师费用。

多州都有类似 EEOC 这样的机构去执行联邦政府的反歧视法,而且规定比 EEOC 还严格,民众可向州政府机构投诉。

EEOC 的联络地址是:

Equal Employment Opportunity Commission

1801 L Street,N. W. ,Washington DC 20507

电话:1(800)669-4000

网址:www. eeoc. gov。

此外,联邦政府及州政府都有最低工资额的限制,如果你觉得雇主违反最低工资法,或雇主有歧视的行为,也可以向美国劳工部联络:

Department of Labor

200 Constitution Avenue, N. W. , Room C-4327, Washington, DC 20210

电话:1(202)501-6653

网址:www. dol. gov。

工作时遇性骚扰时该如何处理

上个世纪的 60 年代到 70 年代,美国的女性开始逐步地走上了工作岗位。华裔社区也是如此,随着中国新移民的增加,夫妻都上班的双职工家庭逐渐增多。东方女性温柔的特质,有别于主流社会的女性,因此也成为性骚扰的对象。

很多人误以为性骚扰一定是强暴、性侵犯之类的肢体骚扰。其实不然,除肢体方面的性骚扰外,因为职员不愿意回答主管提出的涉及性方面的问题,或拒绝主管的不当要求导致失去工作或升迁的机会,或公司主管及同事经常说黄色笑话,造成一个非常不友善的工作环境,使异性员工工作时提心吊胆、心情很不舒服等,在法律上也构成了性骚扰行为。

还要注意,性骚扰不仅发生在男人对女人,在男人对男人、女人对女人和女人对男人之间也存在着性骚扰问题。性骚扰除了表现在行为方面,口头上的言语或在办公室展示的一些东西都可能造成一个不友善的气氛,如展示"花花公子"上的一些照片、传阅成人杂志等。这些现象只是偶尔发生还构不成性骚扰,但如果是经常性的发生就属于性骚扰的行为。

许多性骚扰的行为表面并不明显,但在法律上也可以成立。如在办公室讲黄色笑话,说者无意,但是听者有心,很可能有些人认为是冲自己来的,自己受到了侵犯。

另外,有一种情况被称为间接性骚扰。例如同是女性,有人因为与主管有性方面的关系而得到了加薪或迁升,有人因为没有满足主管性的要求而没有得到这样的机会,这就对那名女性构成了间接的性骚扰。

当事人如果遭受到了性骚扰:首先,应该直接对进行性骚扰的人讲清楚,要求他立刻停止性骚扰的行为;第二,应该向公司的主管投诉,每个公司都有自己的处理方式和程序。第三,要对受到性骚扰的过程做好记录;第四,可以向EEOC进行投诉;第五,如果问题非常严重以至于影响到自己的声誉和工作,可以通过民事诉讼的方式状告雇主、主管或同事的性骚扰行为。

解聘雇员的理由

在没有合约及不涉及违反民权的情况下,雇主可以随时解聘员工。纵使雇主与雇员签有合约,雇主仍可以合法地解聘员工。当然,雇主在解聘时要有一些合法理由。如果雇主发现雇员向政府管理机构举报公司的违法行为,或行使自己的权利,如因向EEOC投诉公司歧视而采取报复性解聘,是属非法的行为。有些州规定,解聘员工一定要有合理的理由,只要合理,解聘就被认为是合法的。通常的合理理由包括:

1. 员工不服从公司的分配或上司的命令。

2. 员工在申请工作时,没有如实地填写表格,提供一些不实的数据。

3. 员工无故旷工或上班迟到。

4. 员工工作效率低下。

5. 员工缺少工作能力。

6. 员工工作粗心大意,经常出差错。

7. 员工在工作时间睡觉。

8. 员工违反公司工作安全规定或条例。

9. 员工骚扰同事,给同事造成很大困扰。

10. 员工偷窃公司财物。

11. 员工在工作场所打架斗殴。

12. 员工在工作场所聚众赌博。

13. 员工在工作场所酗酒、吸毒。

14. 员工在工作期间犯罪。

15. 员工未经雇主同意兼职其他工作。

上面列举的只是雇主解聘员工时经常用到的一些理由,在很多情况下,雇员只要触犯了上述中的一条,就会被雇主解聘。在加州,雇主解聘员工不需要任何的理由,法律上也没有规定雇主解聘职员时有预先通知。但是有的雇主会提前一个月或更长的时间通知雇员将被解聘,这是出于一种人道的考虑,许多州并没有硬性规定雇主必须这样做。

前车之鉴:职业介绍所介绍黑工触法

案例:杨姓人士在洛杉矶开了一家职业介绍所,专门帮外州的中餐馆介绍工人。有一次,他将三名非法移民介绍到外州去打工,未料这三名"非法移民"是移民局派出来的线人,他因为介绍非法移民去打工被指控走私人口,被判五年的牢刑。

邓洪律师的解答:联邦移民法规定,使用不实或伪造文件或偷渡进入美国,或以合法手段进入美国但逾期不归者,都属非法行为。联邦刑法规定,任何协助或庇藏非法移民者,都可能触犯走私人口罪或共谋罪。最关键的是,当事人是否知道所协助的人士是非法移民。专业的律师可以协助非法移民转换身份,但是职业介绍所如果知道求职者为非法移民而安排他们工作,就会触犯到刑事罪。

中国人社区的非法移民人数众多,许多想留在美国的人士在申请庇护失败后,都转向与美国公民结婚来申请身份。因而,在中国人社区也出现许多婚姻介绍所,少部分介绍所也因为安排别人假结婚而被起诉。许多失去合法身份的中国人为了能开车,能打工,花钱去买国际驾照,到外州申请驾照或购买他人的驾照。这些做法不仅解决不了问题,反而会引发更大的问题。目前奥巴马总统已表态将在今年内推出移民改革法案,来解决现时美国的1200万名非法移民的问题。从以往通过的移民改革法案以及未通过的提案来看,非法移民必须保持良好的记录,也就是说,没有任何犯罪记录,才符合资格申请调整身份。因而,尽管短期内非法移民还没有出头之日,但是从长远来说,遵守美国法例对其将来调整身份仍有很大的用处。

保护弱势劳工的法案

美国劳工法主要用来保护弱势团体,如残障人士、女性等。其中有两项影响员工较大的法案,可能有助于中国新移民。

第一项是美国残障人士法案。残障(Disability)的定义是:由于重大的身体和精神上的缺陷而没有办法完成日常生活中的基本活动,如缺少行走、听、看、学习等方面的能力。根据法院的规定,艾滋病患者也被列为伤残人士。伤残者的范围也包括曾经伤残、现在已经痊愈的人士。美国的残障者法案主要是保护伤残者能有就业的机会,并在工作中不受到歧视。伤残法案适用于15名员工以上的公司。雇主在执行与实施伤残法案时需要注意的是:

1. 在申请工作时,雇主不能询问申请人有关身体能力方面的问题,除非所从事的工作要求所有的员工都要经过体检，否则单独对申请者做体检，属于一种歧视行为。在所有的员工都体检的情况下，如果检查出某位申请者或雇员有伤残，但是这种伤残并不影响工作，雇主不能因此伤残而不聘请申请人或解聘这位雇员。

2.雇主必须为伤残员工提供一个安全的环境，如提供残障人士专用的路、卫生间，为伤残人士设立专门的位置和设施等。如果雇主设立这样的设施有巨大的困难，可以不予提供，但是要有足够的证据；或者雇主虽然设立了这样的设施，但还是不能满足伤残人士的需求或无法保障伤残人士的安全，雇主有责任提供足够的证据向政府证明自己确实没有能力做进一步改善，如果改善，将为自己带来更大的负担。

第二项是有利职员照顾家人的家事假法案（Family Leave Act）。1993年，联邦政府通过了《家事及医疗法案》。这个法案允许雇员因为家事请长达12个星期的假，在员工请假期间，雇主可以不支付薪水。法案所规定的家事范围有：

1.雇员自己或配偶生孩子、雇员领养小孩。

2.照顾病重的配偶、子女或父母。

3.雇员本人有严重的健康问题。所谓严重的健康问题，是指因病住院至少一天以上、由于个人的身体原因连续三天没有上班、因病在长期治疗，医生也能提供因健康情况不宜上班的证明。

在上述三种情况下，雇员可以请家事假。如果员工请家事假，雇主可以要求员工提供有关证明。家事假适用于50

名员工以上的企业,请假的员工也必须具备在该企业工作一年以上的资历。一种例外是,如果雇员的工资收入名列在该企业最高工资收入的前10%,这位雇员不能享受家事假。

有些州如加州、纽约州和夏威夷州,在请家事假期间,可以申请领取临时伤残保险来作为这段时间的收入。其他州并没有这方面的优待。

越来越多的州开始承认同性伴侣,同性恋员工亦可以将自己的伴侣作为家人而享受到家事假法案的保护。

员工福利相关事项

退休金

法律并没有强制性的要求雇主向雇员提供退休金。但是如果雇主提供退休金,雇主不能只向一、二名员工提供,应该制订出资格标准及规定,一视同仁,向所有符合资格的员工提供。

退休金分为两类。第一类是"Defined Contribution Plan",可以理解为补助性退休金,即雇主提供一部分、员工自己拿出一部分作为退休金。如401(k)、403(b)、公司利润分成计划及公司股票购买权的优惠等,这些都是由雇主和员工共同提供的员工退休金。

第二类是"Defined Benefit",即公司单方面向雇员提供退休金。雇主保证雇员在退休时能获取到这笔退休金,因而这类的退休金一般都购买联邦政府的保证(Bond)。

退休金在离职时可以都带走,并且还可以用作投资,职员应与自己的会计师讨论一下,看看如何得到更好的保障。

社会安全金

根据美国法律,在美国工作 10 年或 40 个季度以上,每月都交付社会安全金的员工,在退休之后或伤残的情况下,可以向政府申请领取社会安全福利金,领取的金额按个人交纳社会安全金的情况进行计算。

美国法定的退休年龄为 65 岁,退休后就可以申请社安金。如果需要提前退休而且年龄在 62 岁以上,也可以提早申请领取,但是不能全额领取。伤残者经医生证实没有工作能力并且时间在 12 个月以上,也可以申请领取社安金。

以前规定,退休人士领取社安金后又找到了工作,会影响社安金的领取。在 2002 年国会通过了一项法案,鼓励老年人退休后发挥余热,继续工作,因此 65 岁以上的老人继续工作所得到的薪水,不会影响社安金的领取。

法律规定,社会安全局每年都要向缴纳社安金的人提供 SSA1099 表格。通过这个表格员工可以知道,目前自己已经向社安局缴纳了多少钱,退休后可以领取多少社安金。员工也可以通过这个表格发现一些问题,如雇主已经替雇员存放社安金,但是表格上并没有体现出来,这种情况可能是由于雇员的社会安全号码发生了错误,雇主存的钱记在了别人的账上。因此,对社安局每年寄来的表格,要认真地进行检查,如果发现问题,要及时地与社安局联系,进行澄清或要求更正。社安署的网址为:www.ssa.gov。

前车之鉴:公司欠工资,员工扣车遭逮捕

案例:居住在洛杉矶的田先生是一位卡车司机,他为一家运输公司开长途货车,不过,因为老板赌博,欠下大笔债务,田先生的薪水总被拖欠。田先生曾多次与老板协商,但是都没有任何结果。有一次,田先生替老板送一货柜到东海岸,他在接到货柜后打电话给老板,要求老板马上将拖欠的薪水付给他,否则他就将客户的货物扣住。老板一时无法筹集到所拖欠的资金,田先生便将货柜送到朋友的家中。委托运输公司的贸易公司也因为货物仍未按时送到客户手上而焦急,一打听知道原来是司机将货物扣留,决定报警处理。结果,田先生不仅没有将应得到的欠款拿回,还被警察以重大盗窃罪起诉。

邓洪律师的解说:工人替老板打工,理应获取到合理的报酬。卡车司机分为员工和独立合同工两类。如果你是W-2的员工,可以向劳工局举报,要求老板交付你的所得工资。如果你是1099独立合约商,发货给你的运输公司如果不付款,你可以到小额法庭告对方,但是千万不要扣押他人的货物。该货物并不属于运输公司,而是属于运输公司的客户,他们的客户一旦报警,当事人就会触犯重大盗窃罪,最高可判三年的牢刑。通过扣押公司的汽车,或扣押客人的货物,或者未经老板的同意而取走公司的货物等方式来追讨自己的合理报酬,都可能会触法。

第九章 医疗与法律

引　言

2013年来自中国湖南的小李(化名)顺利被加州大学圣地亚哥分校会计专业录取。虽然学校9月份才正式开学,他暑假就提早来到了美国,先熟悉校园环境的同时,也打算借着暑期空当到美国各大知名景点游历一番。8月的某天,小李和几个同校的师哥师姐开车到某景点游玩的途中,在高速路上只顾着聊天,结果司机(另一名留学生)追尾了一辆超长运货的卡车,而坐在后座的小李偏偏是全车人中受伤最严重的一个,生命垂危,马上被救护车送到附近医院。然而,司机之前为了省钱,只办理了最基本的车险,也就是遇到事故只赔他撞上的车,不管自己的车,更谈不上自己车里的乘客。更糟糕的是,由于美国大学强制国际学生购买的医疗保险是从学期开始才正式生效,小李暑期并没购买额外的医疗保险,就这样,没有任何保险的帮助,躺在病床上的小李,必须自己支付高达三万美金的账单,而这还仅仅是急救和第一阶段的治疗费用。

留学生们出门在外,难免遇到生病或意外需要就医,而美国的医疗费用之昂贵又是众所周知的,因此正规高校都会强制留学生购买医疗保险。美国各地大学的保险政策不尽相同,有些学校指定某个保险公司,所有留学生必须统一入同一种保险,保险费随学生账单一并寄出;也有些学校划定某几家保险公司,学生可在此范围内自行挑选,之后在学校规定时间内把保险单证明提交给学校。而一般大学在挑选和认证保险公司时,主要看的是该公司提供的条款是否涵盖联邦和各州政府教育部门的规定,只要该包括的都有了,经济实惠与否,学校不会过多考虑。相较而言,留学生在自己国家办理"出境留学保险"的选择余地会大很多,费用上也相当优惠。但是购买这种保险,一旦来到美国使用医疗服务或救援,很多保险公司要求留学生现行预付,之后的审理和理赔过程会花比较久的时间,还可能牵扯到翻译以及认证问题,最关键的是,还要看留学生所在大学是否接受外来保险。

还需要注意的是,在美国,医疗保险不等于免费医疗。虽然针对留学生朋友的多数保险,所担保项目大同小异,比如疾病种类、门诊急诊等,但关键差别是要对比条款里面的自付额(Deductible)项目,也就是自己掏腰包的起始线。比如一个条款的自付额是 300 美元,指的不是给投保人报销 300 美元,而是每笔消费的前 300 美元由投保人自己出,超出的部分才由保险公司支付。这样一来,"100 美元 deductible"就要比"300 美元 deductible"更实惠,每次看病或买药需要自掏腰包的部分就少很多。再者,有不少留学生的配偶或子女会以家属身份(Dependent)持 F-2(留学生家属)或 J-2(访问学者/交换生家属)签证一同来美。一般情况下,家属也须提供医疗保险证明,这类医疗保险可以"附属险"的条款生成。更多有关留学生、赴美游客需要了解的医疗问题以及法律事项,这一单元还会为大家详细说明。

病人有哪些权利

中国新移民在遇到一些意外事故去医院后往往不知道该怎么办,面对一大堆医院的账单也不知道该如何处理,亦不清楚自己有哪些权利。虽然法律上没有规定病人的权利,但是美国医院协会对病人的权利做了规定,绝大多数美国的医院接纳美国医院协会所做的规定。归纳起来,病人的权利如下:

1. 病人在医院接受治疗时,应该得到细心的照料和医护人员的尊重。

2. 病人有权知道自己的病状及治疗措施。

3. 病人有权利拒绝接受治疗。

4. 病人有权利对自己的病状、治疗等相关资料保密。

美国的医院有公立医院和私立医院之分,私立医院又有盈利和非盈利之分。医院的性质不同,管理的方式及接收病人的方式也不同。近几年来盛行家庭医疗健康保健系统(HMO),HMO 管理体系对病人提供家庭医生或专科医生(Primary Care)服务,但是需要看专科医生的病人必须经过家庭医生的介绍,因为保险公司须要付较高的费用给专科医生,所以此举受到了很大限制。很多病人由于没有得到专科医生的及时治疗而耽误了病情,引发了很多诉讼。为此,加州政府立法在下面的三个方面加强了对HMO计划的管理。

1. 病人有权利尽快地得到专科医生的治疗。

2. HMO的医院系统必须向病人提供一个快速上诉程序,一旦HMO拒绝向病人提供专科医生,病人有权尽快上诉以得到及时的治疗。

3. 延误责任。如果由于HMO的疏忽,使得病人没有得到及时的治疗而导致病情恶化或死亡,病人及病人的家属只要能够证实是HMO的疏忽,就可以将之告上法庭。

每个医院都设有"病人代表(Patient Representative)",虽然这个病人代表也是医院的员工,但是他们的职责是帮助病人与医院的管理部门进行沟通。如果病人觉得自己的权利受到了侵犯,可以向医院的病人代表反映。在采取法律行动之前,病人可看看通过病人代表能否解决问题。由于中国新移民数量的增加,许多州如加州,都要求保险公司及医院提供双语服务,因而,如果不会讲英文,病人应该要求提供翻译服务。

寻求医疗服务遇到歧视怎么办

在美国,每个人在成为医生之前都要宣誓,宣誓中表示,医生有责任向任何一个需要的人提供医疗服务。但是在现实生活中，由于美国是一个资本主义社会，如果没有钱，很多医院或医生都不愿意提供医疗服务。享受医疗服务并非是民众与生俱来的法律权利。不过在下面列举的情况下，即使民众没有钱，也应该得到医疗服务：

1. 公立医院。公立医院是用纳税人的钱建立的，即使民众没有保险，也有责任向民众提供医疗服务。但由于越来越多的公立医院开始查询病患的移民身份，如果病患没有合法身份，医院只愿意提供最基本的急救性服务。

2. 医生。无论是私立医院还是公立医院的医生，都不能因为肤色、种族、宗教、出生地、国籍和伤残对病患进行歧视。如果医生的歧视行为是一贯的而且被证实，可以被指控。

3. HMO健康医疗组织。不能因为病患的肤色、种族、宗教、出生地、国籍和伤残进行歧视。

4. 艾滋病患者也被列入受保护的残障的病症，因此，医生不能拒绝治疗艾滋病患者。

5. 急诊。如果医院接受联邦医疗保险，即使急诊患者没有医疗保险，医院也必须向民众提供急救服务，直到病人的病情稳定为止。法律规定，因为医院拿到了联邦的经费，参加了联邦的医疗系统，因而有责任向民众提供服务。如果这类医院拒收急诊病人，就构成了违法行为。如果民众因身体问题打911紧急电话，警局调度员会派遣救护车援助；如果救护车属于市政府或是与政府签约的，病患者将被急救者送到距离最近的医院，而病患及家属没有选择医院的权利。

如果救护车是属于私人的而且不属于急诊性质,病患及家属可以要求去指定的医院或需要去的地方。

邓洪律师的忠告:救护服务可能额外收费

除医院会寄账单外,消防局也可能会因为提供救护车等服务而向病患收费。因而在购买健康保险时,民众应确定自己的保险包括支付救护车及消防队的费用与否。

医疗保险法律常识

在美国生活,医疗保险非常重要。由于医疗费用非常昂贵,即使你是百万富翁,住几次医院之后也可能变成一介贫民,因此购买必要及足够的医疗保险至关重要。不过由于大部分保险公司是私营企业,因此对购买医疗保险者有一定的条件限制。消费者在购买健康医疗保险时应该特别小心:

1. 保险公司可以制定出自己的规定,可以拒绝向不符合条件者出售医疗保险。

2. 保险公司有权拒绝向现时正在患某些疾病的申请者出售医疗保险。例如,癌症患者的医疗费用非常高,大部分保险公司都不愿意做这类亏本生意。

3. 保险公司不能拒绝高风险的申请者,但可以把保险的费用调高,或者是保某一类的疾病,但是不保其他类的疾病。不过,许多州都实施强制性的要求,规定保险公司向高风险的民众提供保险,但是保险的费率要比普通民众的保险费率高出25%到200%。因而,民众如果无法购买医疗保险,可以向当地的保险局求助,看看有无强制性的计划。

许多公司都会向员工提供医疗保险。残障法案规定,雇主不能因为求职人员或雇员的残障医疗保险费高而不聘用或解聘、不能强迫求职人员或雇员进行医疗体检,发现身体健康后才予以录用或续聘,当然也不能单独地要求残障人士进行医疗体检。

当雇主不主动问雇员的现有病情时,雇员没有义务去主动告诉雇主目前自己是否有病;如果雇主后来发现雇员有病,不得以这个理由解聘这位雇员。但是要注意,即使雇主聘请了这位有病的雇员,法律上并没有规定雇主的保险公司一定要向雇员提供医疗保险。

另外一类保险是劳工赔偿保险,主要是为了防止员工在工作场所或在外面替公司办事时发生意外而造成的人身伤害,保险公司将向员工提供医疗费用以及损失的工资等。每个州政府都要求雇主替所有的员工提供劳工赔偿保险。万一雇主没有替员工购买这类保险而员工在工作时受伤,员工可以向州政府的劳工赔偿基金会申请,州政府再向雇主追回所有的赔偿并要求雇主支付大笔的罚金。

邓洪律师的忠告:CORBA延续性保险

许多员工在被雇用期间有健康保险,但是失业后会面临两大问题:一是失业后公司所提供的医疗保险将失效;二是保险公司未必会向失业的员工提供私人保险,尤其是员工年纪过大或健康状况不佳的时候。不过,联邦政府向失业员工提供一种名为CORBA的延续性保险,允许失业员工自付保费而健康保险不被中断。员工在失业前应向自己的保险经纪人查询行使CORBA权利的程序。

私人及政府健康保险的种类

医疗保险分为三大类:第一类是向私人或公司购买的医疗保险;第二类是联邦政府向退休人士及残障人士所提供的医疗保险;第三类是州政府对低收入者提供的医疗补助计划。

◎ 一 私人医疗保险

目前流行HMO和PPO这两种保险:

1. HMO。所谓HMO,是指病人由指定的家庭医生看病,无论病人是否去看病,家庭医生每个月都向保险公司收取固定的费用或按每次看诊付费。如果需要看专科医生,要由家庭医生介绍并取得HMO的同意才可以。

2. PPO。PPO可以有选择更多医生的权利,如选择专科医生。PPO计划中看专科医生的手续要简单一些。HMO和PPO可以自己买,也可以由雇主买。在大多数情况下,是雇主出一部分钱,雇员出一部分钱来购买。美国法律没有强制要雇主为雇员购买保险,但是为了给员工更多的福利,大多数雇主还是会给员工购买医疗保险的。

◎二 联邦政府提供的医疗保险

如果在美国工作 10 年或 40 个季度以上,到 65 岁退休时就可以申请联邦政府的医疗保险,也就是"Medicare"。"Medicare"为 65 岁以上的老人提供保险,但是未满 65 岁且有残障、需要经常看医生的人士也可以申请。还有一种情况是对患有严重肾病经常需要洗肾的患者,没有年龄的要求,也可以申请。正常情况下,民众在 65 岁退休申请领取社安金的同时,就可以申请"Medicare"。

"Medicare"分为两个部分:第一个部分是"Hospital Insurance(Part A)",这部分是保住院的部分,如住院及进入老人康复中心,联邦政府就会支付大部分的开支;第二部分是治疗部分,俗称(Part B),主要包括病人平常看医生的费用,做 X 光及其他常规检查的费用。"Medicare"可以支付大部分的医疗费用,但是有少部分的费用需要个人支付。

◎三 州对低收入者提供的医疗补助计划

每个州都有向工作没有超过 10 年的年长者提供的医疗补助。加州对低收入年长者提供的医疗补助计划叫"Medical"。对于低收入者,如果工作 10 年以上,自己无法支付"Medicare"中个人所承担的部分,"Medical"可以帮助支付。即使没有在美国工作过,只要是低收入家庭,"Medical"

也可以帮助支付。有的州也限制申请医疗补助计划的资格,例如要求申请者必须具备永久居民(即绿卡的身份),必须在该州居住超过一年等。

邓洪律师的忠告:不要随便申请美国全民健保

自2013年欧记健保(Obamacare)实施以来,虽然备受共和党人抨击,但全民健保计划,的确让无数先前无力负担保费的低收入户,享受到了健保的福利。然而,就在不少华人民众对全民健保跃跃欲试的时候,来美求学的中国留学生朋友和持旅游签证人士,千万不要申请欧记健保。

欧巴马全民健保主要面向美国公民与永久居民中的低收入民众,虽然加州等州政府也开放给一些无证的青少年来申请,但是持F1学生签证、J1访问学者签证以及B1/B2旅游签证的外国人士仍不属当地居民,因而不符合申请资格。留学生朋友,应按照所在学校要求,购买必要的健康保险;而来美观光旅游的民众,应在赴美前向旅游社咨询,自行购买保险计划。

此外,很多留学生在开学日期前提早来美,或是学期结束了,选择假期留在美国,对于学期间的这段时间,很多学校的健保计划是没有涵盖的。然而,不幸的是,过去发现不少学生偏偏在此期间发生意外,却没有保险可以偿付高额的医疗费用,因此这里提醒广大留学生,大家应与学校提前商定好所购买的保险期限,防患于未然。

第九章 医疗与法律

堕胎及生育权利

美国宪法第十四项修正案,授予民众堕胎的权利。在一个叫作"罗依对维德(Roe V. Wade)"的著名判案及以后的关于堕胎权利的判案中,法院裁定在胎儿仍未成形前,妇女有权决定堕胎。如果怀孕女子年满18岁,没有必要征得其结婚的配偶或同伴的同意就可以堕胎。

反堕胎人士认为怀孕是上帝的安排,民众应珍惜生命,应劝说怀孕女子不要去堕胎。但是女权团体则认为堕胎是女性的自主权,女性有权决定如何处理自己的身体。由于每个州对于胎儿成形的定义都不一样,有的州严格一些,有的州宽松一些,因此法律允许妇女选择到别的州堕胎。对于妇女堕胎,有些州会有些限制,如堪萨斯州(Kansas)、内布拉斯加州(Nebraska)、北达科他州(North Dakota)、俄亥俄州(Ohio)、宾夕法尼亚州(Pennsylvania)和犹他州(Utah)。这些州对堕胎的限制包括:

1. 要求堕胎人士等候24至48小时之后再进行堕胎。
2. 向堕胎人士讲明堕胎的利与弊,并提供数据。
3. 在堕胎人知道自己的权利后再实施堕胎。

对未成年女性的堕胎,法律有更严格的限制。一般情况下,医院必须通知双方的家长,或单方的家长,或监护人,并征得他们的同意后才可进行堕胎。有一个全国最大的堕胎组织叫"Planned Parenthood",为民众提供堕胎的法律服务,电话是:1(800)230-7526,网站:www.plannedparenthood.org,该网站提供每个州的堕胎法律规定。

全美50个州都有法律规定,未成年人可以不经过父母同意而取得避孕药。许多获取到联邦政府资助的诊所都可以不经青少年的父母同意就向青少年提供避孕药。

医疗记录相关的法律问题

对于个人来说,自己的医疗记录是一份重要的、经常用到的数据。中国新移民可能会经常搬迁,无论走到哪里都应该带着自己的医疗记录,便于在看病时能让医生对以前的病情、治疗及用药情况有所了解。法律规定,病患有权索取自己的病例数据,但是需要提出书面申请,并支付复印的费用。很多州为此已经立法,明确规定医院及医生有责任向病人提供他们个人的资料。即使没有立法的州,也有所谓的"默许权",即允许患者知道自己的病例数据。

医生享受律师和牧师一样的保密特权,任何人,包括法院在内,都不能强迫医生透露或讨论病人的病情。因为病例涉及医生与患者之间的保密权利,所以未经病患本人允许,医生不能向患者的家属谈论患者的病情,只有在病人的同意下,医生才能与他人讨论病人的病情。但是医生可以与其他的医生、护士及其他医疗人员讨论病人的病情特别是,作为医疗程序。

在下述的情况下,即使医生和病人之间有保密的协议,医生也必须向政府部门报告患者的病情而不受到保密法规的限制。

◎一 孩子的出生,医生必须向当地政府主管人口记录的机构报告;

◎二 病人的死亡,如果是自然死亡的,医生必须向当地政府主管人口记录的机构报备,如果是非自然死亡者,医生必须向当地验尸官办公室报告;

◎三 如果病人受的是枪伤,医生应向警方报告;

◎四 如果发现儿童受伤与虐待有关,医生必须与警方或儿童保护机构联络;

◎五 如果证实病患者患有艾滋病,医生有责任报告卫生管理部门,但不能透露病患的姓名。

另外,心理医生在治疗中发现患者有意图去伤害他人,医生有责任去警告患者意图伤害的人,以让受害方做出安全的预防措施。加州大学柏克莱分校有一个案例,一名学生对他的心理医生说要杀害另一名学生,但是这位心理医生并没有采取任何措施向那位学生发出安全警告,法院裁定这位心理医生负有法律责任。

前车之鉴:有可能犯罪,保密条约不保护

案例:洛杉矶高姓居民的儿子在学校受到不公平的对待,老是觉得自己被老师歧视而产生心理问题,他为此去看心理医生，但是在治疗过程中，他说他想去找人枪杀这名老师，结果心理医生报警，将高姓学生逮捕。该名心理医生担心高姓学生可能真的使用枪械来对待自己的老师，不得不报警，以防万一，而高姓学生因为祸从口出，被警方逮捕，被控蓄意攻击他人罪。

邓洪律师的解答：美国法律向医生、律师及牧师提供保密特权，也就是说，任何人甚至法官都不能强迫这些持有特权的人士透露其客户的商谈内容，但是，也有例外。如果专业人士认为客户可能采取一些行动，伤害他人，这些有关其将来计划的内容得不到保护，专业人士必须报警处理。简而言之，专业人士可以针对已经发生过的不法或过失行为提供协助，但是不能协助他人将来犯罪。

告知同意（Informed Consent）是什么

所谓告知同意，是在治疗的过程中，治疗的医生必须向病人提供足够的数据，让病人做出明智的选择，病人必须在清楚了解所有情况的时候才能做决定。医生向病人告知的内容包括治疗所带来的风险、治疗的成功率和其他治疗方法的选择等。

在实际治疗的过程中，告知同意对于外科手术更加重要，医生必须让病人全部理解手术过程中的风险。在下述情况下，病人的同意才算有效：

◎ 一　病人必须在18岁或21岁以上：每个州对年龄的规定有所不同，如果低于这个年龄，孩子的父母或监护人在被告知所有风险后才有权利做决定。

◎ 二　病人必须精神状况良好，能够理解治疗的过程并做出决定。如果病人精神状态欠佳，无法清楚理解所存在的风险，即使病人同意，法律上也难站得住脚。

◎ 三　病人必须是在自愿的、不受外界压力的作用下做出决定。医生及医务人员，或者外界人士，不得强迫病人同意。

告知同意是医生保护自己的一种措施，如果将来病人要告医生医疗失误，医生往往会拿出病人签署的风险告知书及同意书来证实自己在手术前已向病人解释过风险，并且病人同意承担这一风险而允许医生进行这一手术。许多中国新移民的病人由于不懂英文，有些医生根本没有向病人解释医疗风险就叫病人签字，结果事故发生后，在风险告知书及同意书上都有自己的签字，病人在法庭上很难辩称自己不知道风险。因而，如果医生要病人签署风险告知书，病人应在签字前仔细了解其中的风险。如果病人不会看英文，可以要求医院提供中文翻译，将文件翻译给自己看。

尽管进行大手术往往都要征得病人的告知同意，但是如果病人病情非常紧急，已经威胁到生命安全，医生不需要经任何人同意，就可以采取各种措施去抢救病人。

如果病人由于精神方面的原因或年龄小而自己无法或没有能力做出决定，病人的配偶、成年子女、父母及最亲近的亲属，都可以为病人做出治疗的决定。当然，为了避免这方面问题的发生,病人可以事先签署医疗授权书,让病人先行决定如果发生上述情况自己不能做出决定时,指定一位可以做决定的人。病人也可以预立生前遗嘱,授权医生,如果发生无法抢救或抢救已经无效的情况,病人不愿意在继续拖延时间,允许医生不再采取任何抢救措施。

如何处理医疗过失事件

整体上看美国的法律是保护消费者的。但是一些医生的团体和组织具有很强的政治影响力,因此在医疗方面的法律比较有利于医生。在美国要成为医生不容易,他们需要在大学本科毕业后,念四年的医学院,然后还要有三到五年的实习期,在正式成为医生之前将受到相当严格的训练。尽管如此,医生也难免有疏忽或大意的时候,有的患者对医生诊断及治疗的结果不满意,由此造成了医患之间的医疗纠纷,其中的一部分就是医疗过失及误诊的问题。

如果民众认为医生出现了误诊的问题,可以状告医生。但是对于界定医生误诊的标准,每个州都可能会有所不同。一般对医疗过失的解释是,医生没有履行其职责,或没有按照其职业标准实施治疗,或由于过失或粗心大意而没有用正确的方法对病人采取必要治疗或错误诊断,从而延误病人的病情,给病人造成损失。例如,病人对某种药物过敏,医生在没有仔细询问病人用药的情况时就给病人开了这种药,这就构成了医疗过失。再如实施外科手术,医生在缝合刀口时把纱布及棉球等物留在了病人的体内,这也是比较明显的医疗过失的例子。

在很多的医疗纠纷案例中,要证明医生的医疗过失是有一定难度的。解决医疗纠纷除了要聘请律师外,还要请具有医生背景的专家,这位专家必须解释一般医生对某一类疾病治疗的程序及通常的做法,由此来证明被告医生并没有像其他医生一样履行其医生职责,从而造成医疗过失或误诊事件。

要确定医疗事故中医生是否有责任相当困难,因为医疗的过程本身就具有风险,尤其是医生为避免这类官司都会要求病人签署上节所说的告知同意书,表示医生已向病人解释过治疗方面的风险,并且病人同意接受这些风险。例如做手术前医生已经对患者说明,这个手术风险很大,可能会导致死亡,结果很不幸,这个病人真的死亡了。但由于事先已经说明,因此出现这种意外情况不能算做医生的过失,而是手术本身的一种风险。风险告知书,往往是医生辩护的重要证据。

邓洪律师的忠告:要赢医疗官司并不容易

很多州为了保护医生的利益,在对医疗过失案件的处理上有一些法律保护措施,这主要是因为如果一起医疗事故使得一个医疗中心不能开业或破产,将使医生无法继续为社会上的民众提供医疗服务,所以有些州对医疗事故的赔偿额做出限制,如加州规定,一般医疗过失事故最高的赔偿不能超过25万元。对医疗事故赔偿时间的限制有两种情况:一种是在医疗过失发生的二到三年内必须上告,这种限制对医生有利;另一种是在病人发现医疗过失以后的二到三年内必须提出诉讼。很多的医疗过失当时并没有明显的症状,往往过很长时间后病人才发现,因此这种限制给患者足够的时间来保护自己,对患者有利。打医疗纠纷的官司需要非常专业的律师,投资也非常大,但是病人应该多找几个律师并且请专家对案件进行评估,看看究竟有没有过失。

如何准备医疗授权书(Power of Attorney)

授权的意义就是授权人委托被授权者替自己做出决定。授权书可以是很大范围的授权,如被授权人是全权代表,负责处理所有的事情;也可以局限在某一方面,范围比较小,例如被授权人只负责某一方面或一件事的处理。授权书应该在事情开始之前就写好,如在手术之前。

法律上没有强制要求授权书一定要进行公证,但是银行、医院及贷款公司等希望授权书要正式一些,必须要有公证及证人,因此为避免将来的麻烦,在议定授权书时最好有公证和证人。授权书最好设时间的限制,如果没有时间限制,将会被误以为是永久性的。授权人可以随时取消或更改授权书,但是要把取消的声明或更改的内容以书面的形式写下来，在公证员前进行公证并提供证人，将取消书或修改后的授权书一并送给被授权人。授权人最好保存邮件回执来证实被授权人有收到被取消或更改的授权书。

在选择被授权人的时候，授权人要找自己信得过的人，因为通过授权书可以拿走授权人的财产。在签署医疗授权书时也是一样，授权人一定要找信得过的朋友做决定。特别是在做手术的过程中，当事人无法表达自己的意见，或在生命危急的时候，被授权人有权决定授权人的生死。在病人靠生命维护器来维持生命的时候，被授权人有权决定继续使用或撤掉，让病人在没有痛苦的情况下死去。因而，当事人作出授权书时要格外小心。

邓洪律师的忠告：谨慎选择授权对象

授权书除了用于医疗方面外，也可以用于处理银行业务等其他方面，因为授权书具有法律效力，民众特别是中国新移民，在签署授权书时一定要知道授权书的内容。

一些中国新移民在开设银行账户时已经授权给了朋友，但是自己并不知情，已经签署的一些文件也不知道是什么东西，直到自己的钱被委托人转移走，才知道授权书是怎么一回事。但是银行是根据当事人签署的授权书办事，纵使当事人没有同意将钱取走，因为有人持着当事人的授权书前来领钱，银行也不能不按照被授权人的意思去做。

第十章
家庭与法律

引　言

2014年9月,美国维吉尼亚州华裔女子丽华(化名),带着年仅4岁的儿子在华府杜勒斯国际机场搭机回中国。岂料,班机起飞两个钟头后,联邦调查局(FBI)通知机长,该航班上有乘客企图绑架孩子,要求飞机返航。于是,这架班机在起飞约4小时后返回原地,丽华下机后因涉嫌绑架罪名当场被捕,儿子则被交还给父亲。

法庭记录显示,丽华与美籍丈夫弗兰克(化名)已经分居,两人共同拥有儿子的监护权。事发当日,飞机起飞前不到90分钟,丽华才从机场发电邮给弗兰克,声称自己的外婆突然病危,她当天就要带着孩子返回中国。经由法庭裁定每周末对儿子有探视权的弗兰克,立即回复电邮表示反对,然而丽华却固执己见。弗兰克火速赶到机场,找到机场管理局人员,并出示赋予他周末探视权的法庭文件。该文件规定,父母任何一方不可在未先获得对方经过公证的书面同意下,带着孩子离开美国。管理局人员与FBI磋商后,命令飞机折返。而随后警方调查发现,丽华早在8月份就已经为自己、母亲和儿子订购了3张前往中国的单程机票,与她声称临时得知外婆病危的说法不符。最终丽华被维吉尼亚州联邦陪审团判定国际父母绑架罪成立,面临最高3年的牢刑。

此案在美国华人社区引起很大反响,有人认为这完全是对美国法律的无知所致,也有不少人对丽华的行为表示同情与理解,还有人表示强烈不解,孩子本来就是自己所生,母亲为何不能带孩子出国?由离婚案件中有关孩子监护权归属问题而引发绑架案,从华人传统观念来看,几乎是不可思议的事。然而,美国"全国失踪与受剥削儿童中心"(National Center for Missing and Exploited Children)的数据显示,每年接到近2000宗失踪儿童的案件中,其中1/4是父母国际绑架,而华人涉入该类案件的不在少数。

美国家庭法规定,18岁以下孩子出国,需要有亲生父母双方或法定监护人的书面同意书。如果不了解这项法律,不小心触法,父母一方把孩子带出或企图带出美国,妨碍了另一方的监护权,可能被以联邦罪起诉。根据笔者过去20多年在美办案经验,一般情况下,这类案子的辩护理由是当事人没有理解清楚法官的命令,而不是想永久拥有孩子的监护权。而在离婚案中,万一法官判定双方都有监护权,一定要协商获得对方同意,或者通过律师向法官申请,方可将孩子带出国或永久照顾。更多由中美文化差异或法律误区所带来的美国华人社区家庭法方面的真实案例,这一单元就要为大家一一解说。

如何办理结婚手续

在美国,婚姻既是一个私人合约,也是一个社会合约,与一般的合约不同,政府要参与结婚合约。例如,结婚要向政府领取结婚执照,取得政府的认可;而离婚,并不像其他合约那样只要双方同意就可以解除,也需要政府的认可,这是因为离婚会带来社会问题,例如双方对孩子都不负责任,而政府必须负责任。

在婚姻关系中,双方除了要考虑爱情方面的因素外,还要考虑法律方面的问题,如财产。很多州有所谓"共同财产(Community Property)"法律,即结婚期间的财产、所赚的钱或者债务,是双方所共有的。不过在婚姻期间个人收到的礼物、个人遗产的继承、人体伤害的赔偿、结婚前已经获得的退休金等,仍属私人财产。

在婚姻中也有一些权利,如可以共同付税(File Joint Tax Return)。共同付税的税率要比单人交税的税率低。

美国法律规定,无论宗教信仰如何,一个人同时只能与另外一个人维持婚姻关系,这就是美国的一夫一妻制,否则就犯了重婚罪。年龄在 18 岁以上、不是处于压抑或不清醒的状态、没有精神病的情况下,任何成人都可以做出结婚的决定。对同性恋者,只有极少数州如新泽西州、夏威夷州等承认同性结婚。不过越来越多的州承认同性恋同居的合法性,允许向同性恋同居者提供夫妻的待遇或权利,如保险等。

由于政府的管理,结婚需要两道程序。第一是要到郡政府的书记官(County Clerk)处领取结婚申请表格。很多州会要求领取结婚申请表的人去验血,检查是否有艾滋病,并提供一些预防艾滋病的宣传数据。申请结婚执照需要交费,也不会马上拿到,需要等几个星期,因此申请执照的时间与结婚的时间要协调好,不能太迟,当然也不能太早,因为结婚执照上有时间上的限制,一般的有效期是几个月。

领到结婚执照后,第二步程序是取得所谓的官方认可,就是要有官方认可的人员主持结婚的仪式或宣誓签字。可以担任主婚人的有政府的书记官、法官、法院书记官、政府核准的牧师、经过政府授权的人等。

一般要求结婚的过程要有证人见证,并签字确认。一旦完成结婚仪式并将结婚见证的确认书交到政府,婚姻就立即生效。

有些州,如内华达州,会采取一站式的服务,当天就可以将结婚手续完成,因而吸引许多游客到"赌城(拉斯韦加斯)"快速结婚。

婚前协议有法律效力吗

结婚后的双方组成了一个家庭,双方都带有各自的财产和债务。为了预防日后的不测,有些民众在结婚前对各自所带来的财产进行明细登记,包括结婚以前的债务情况。特别是对结婚后实行共同财产制的州,如果双方的财产混在一起,很可能出现一方的债务要由另一方负责的情况。配偶双方为了保持自己的信用记录,或分清各自的财产,不会相互受影响而签署婚前协议。

婚前准备还包括重新立遗嘱。在结婚、离婚和生小孩等情况下,原来的遗嘱失去效力,如果不准备新的遗嘱,在没有遗嘱的情况下,假设任何一方不幸过世,配偶将自动成为财产的第一顺位继承人。

婚前准备也包括重新更改保单的受益人。在单身的时候,单上的受益人可能是父母或兄弟姐妹等。但是结婚后,特别是有了孩子后,保单上的受益人需要改成配偶或小孩。

由于美国的离婚率及再婚率很高,"婚前协议"成为许多再婚家庭的必需品。很多人认为"婚前协议"是富人的专利;也有人认为,要求有"婚前协议"是不是怀疑对爱情的忠诚,因为两个人结婚的目的就是要长久地生活在一起,"婚前协议"没有必要。

实际上,"婚前协议"已经为美国社会的民众所普遍接受,许多美国家庭签署"婚前协议"往往不是为了防止将来离婚,而是为了保障前一次婚姻中子女的利益,履行对前一次婚姻的责任。如果是离婚后再婚的人仍然需要履行对以前家庭的责任,应该做"婚前协议"。

"婚前协议"也是一份合约,具有法律效力。"婚前协议"的内容包括死亡或离婚后的财产分配问题等。法官会对"婚前协议"进行检查,看看是不是在双方自愿的情况下签订的,是否公平合理。例如,男方在婚礼前一天才将"婚前协议"交给女方,并表示如果不签就取消婚礼,这种做法会被法官认定为不自愿的做法。因而,民众在签订"婚前协议"的时候最好向律师咨询。

何为普通法婚姻

正式婚姻必须要申请执照,也要举行正式的结婚仪式,或有政府官员签字认可方算有效。但是有些州实行一种叫做"普通法婚姻(Common Law Marriage)"的法律,只要符合这个法律,政府也承认婚姻是合法的。实施普通法婚姻的州有哥伦比亚特区、阿拉巴马、科罗拉多、爱荷华、堪萨斯、蒙塔纳、俄克拉荷马、宾夕法尼亚、罗得岛、南卡罗林纳、德州和犹他州。这些州虽然承认普通法婚姻,但是大部分民众依然通过正式的结婚程序完成结婚,即先申请执照,然后再举办仪式或由政府授权人签字。

普通法婚姻规定,双方搬在一起同居后,只要跟外界讲双方已经成为夫妻,在外界眼中,他们就已是事实上的夫妇,就可以享受夫妻所具有的权利,如共同交税、到银行开共同账户。

如果双方只是住在一起,但是并没有宣称对方是配偶,仍然不能算做夫妻,不具有普通法婚姻所认可的婚姻关系。

但是双方一旦在这些州共同生活并宣布成为夫妻,普通法婚姻就承认他们的婚姻关系,即使以后搬到外州居住,婚姻关系仍然会得到承认。不过,法律上拒绝承认婚外情的同居关系或同性恋者的同居关系为普通法婚姻。

还要注意,普通婚姻法所认可的婚姻关系,夫妻双方并没有经过正式的结婚仪式,但是如果以这种方法结婚的人以后离婚,还是需要经过法律上所规定的离婚正式程序,也就是得到法院的同意和政府的批准。

如何更换姓名

中国人来到美国,很多人都有了英文名字。和老美结婚后,有些人也改了自己的姓氏。可以说,在美国更改姓名是常见的事情,甚至可以说更改名字已经成为了一种传统或习俗。

有的女性结婚后愿意更改自己的姓氏。其实法律没有规定结婚后一定要改随夫姓。特别是在60年代的女权运动后,越来越多的女性并没有改随夫姓以表示自己的独立。在法律上,结婚后女性仍然可以保留自己原来的姓名,也可以改随丈夫的姓,也可以连姓,即在自己的姓后面加上先生的姓。总之,要改什么名字由自己来决定,将来会在信用报告上显示新改的姓名、曾用名和别名等。

更改姓名的情况除了结婚之外还有很多,许多民众为了某种纪念意义,或原来的名字有痛苦的回忆,或为了树立新的形象等,都开始改换姓名。美国法律规定,只要年满18岁、不是为了欺诈的目的,自己可以随意改名字。

不过,在与政府、银行、信用卡公司等机构打交道时,任何民众都必须具备身份证明,因而要官方认可你的新名字,还需要本人去政府部门用书面的方式提出,并提供修改名字的一些证据,如结婚证书等。

民众更改姓名后,最好能让新的名字保持一贯性,避免有时使用原来名字,有时使用新的名字。一旦决定使用新的名字,民众应统一更改下述十一项文件上的名字:

◎一　出生证明。很多州还可以提供一个附件,证明名字已经改了。

◎二　驾驶执照。

◎三　社会安全卡。

◎四　选民登记。

◎五　护照。

◎六　银行账户。

◎七　信用卡。

◎八　所有的信件及账单。

◎九　税务资料。

◎十　投资账户。

◎十一　各种保险单。

为了使政府的所有部门都知道更改后的名字,民众可以先到法院提出申请,然后用法院的文件更换姓名。申请人在法院的书记官（Clerk）处领取专用的申请表格，填写后交给法官审查。只要法官认为改名没有什么可疑的动机，所选用的名字不是下流字眼，也不是阿拉伯数字，就会签署更改姓名的要求，时间大约在一到两个月。

再婚时应注意的事项

美国社会的离婚率相当高，但是再婚率也很高，由此可见再婚非常流行。如果双方都没有小孩，也没有很多的共同财产，往往离婚后再婚，与首次结婚没有两样。但是，如果任何一方以前的婚姻有小孩及配偶赡养费的问题，再婚就变得相当复杂。

法律规定，如果任何一方再婚，将失去前任配偶所支付的赡养费，但是共同子女的赡养费还是要前任配偶继续支付。因此，再婚之前，当事人要考虑双方财务责任的划分问题，其中包括再婚后的财务问题及对以前家庭的财务责任。

再婚中经常出现的另一种情况是对方或双方所带的孩子的问题。配偶双方的任何一方在再婚前就有的小孩，在再婚后，将是另一方的继养小孩（Step Child）。继养小孩与领养小孩（Adopted Child）不一样，在法律上，继养小孩仍是生父母的责任，只有经过领养（Adoption）的程序，才能成为自己的子女，否则无法将继养子女当成自己的子女。

要想办理领养手续，再婚家庭必须向当地的法院递交表格,法院会要求社会福利机构的工作人员对领养父母的背景进行调查,并会与小孩及其亲生父母面谈,了解他们各自的意愿,然后法官根据这些调查结果来裁定是否同意领养。

如果要领养,最好能征得孩子亲生父母的同意。经过法官同意,完成领养程序后的孩子,就正式成为再婚后家庭的责任,新组家庭必须履行与对自己亲生孩子一样的职责,向孩子提供教育及生活的保证,这些孩子也享有遗产的继承权。

经过领养程序而被再婚家庭领养的孩子,将失去与亲生父母之间的父母子女关系,将来不能享受继承亲生父母遗产的权利,除非亲生父母在遗嘱上对遗产的分配有特别的指定。

同居生活的法律问题

很多中国新移民认为在美国生活很随便,只要双方愿意,把家具合并在一起,就可以毫无牵挂地共同生活,如果双方都不喜欢了,也可以随便地分开。实际上在美国,同居者也要承担一些法律责任。特别是同居后又分居,谁拥有什么东西往往产生很大的争议。

由于同居是双方同意的,同居者还不算一个家庭,因此美国的家事法并不适用于此类情形。如果同居者之间产生财物方面的纠纷而告上法庭,法院不是以家事法来审理,而是根据普通法律中的合同法进行判定。

为了避免日后出现纠纷,减少麻烦,同居者在同居之前要签署一份书面协议,签协议时最好要有证人,并进行公证。同居协议中可以有下述的内容。

◎ 一　分清财产的归属。
◎ 二　分清债务的归属。
◎ 三　分清财产权状的归属。
◎ 四　分清各自的财务责任,诸如由谁来支付水电费一类的日常生活账单或每个人支付的种类及比例。
◎ 五　分清同居期间各自的家务事。
◎ 六　分清分居以后宠物的归属。

有些州允许把共同在一起生活的人登记成为"家庭生活伙伴(Domestic Partner)",主要是因为目前绝大部分州都不承认同性恋者的同居生活为家庭生活。不过,越来越多的州如加州开始承认同居的同性恋者有一定的权利,并开始允许在一起生活的同性恋者登记为家庭生活伙伴,让他们在保险及福利、财产继承等方面可以享受配偶的待遇。每个州的规定都不一样,民众可以通过所居住的州政府查询。

家庭暴力案涉及的法律问题

许多中国新移民因为无法适应美国的环境,不知道如何处理家庭的压力,往往将小事演变为家庭暴力的案件。家庭暴力案件并非单纯的家务事，对中国新移民来说将涉及下述三种影响：

◎一 刑事问题。就如刑事一章所述的一样，家庭暴力是刑事犯罪行为，可以被判牢刑。

◎二 移民身份问题。移民法规定，与美国公民结婚获得绿卡者，可先获得临时绿卡，等到两年后才能获取到正式绿卡，如果在结婚的两年之内离婚，移民局会怀疑这婚姻是假的，是以获取绿卡为目的的。但是不幸的是，很多中国新移民妇女在与美国公民结婚后遭受到了家庭暴力，由于涉及自己的移民身份，这些妇女不敢报警，怕离婚后失去自己的身份而拿不到绿卡，因此忍气吞声，备受煎熬。

1996年国会通过了一项新的法案，允许与美国公民结婚的家庭暴力受害者，不需要维持婚姻两年才能申请正式绿卡，只要证实当时结婚时双方是真心真意的，且在婚姻过程中成为家庭暴力案件的受害者，就不需要再继续维持婚姻关系，并且可以提出申请绿卡而得到不需要等两年的豁免。

◎三 禁制令。在受到家庭暴力的情况下，受害人还可以申请一个"禁制令"，禁止施暴的一方靠近自己。如果施暴方因家庭暴力案件而被检察官起诉，受害人可以向检察官要求法院直接颁发禁制令，如果施暴方没有被刑事起诉，受害者可以通过民事程序向法官申请禁制令。

前车之鉴：此情已逝，何必以身试法？

案例：张姓男子十年前与同居四年的女友分手，但是心里老是挂念着她,总是想着她会回心转意,重新再回到自己的身边。他不断打电话约她,但是她仍是置之不理,为了躲避他的追逐,她搬到了其他地方。没想到张姓男子仍不放弃,通过私家侦探,又找到她的新址。有一天,他从前女友的窗口爬进去,结果前女友打电话报警,张姓男子因为私闯民宅罪(Trespassing)及跟踪骚扰罪(Stalking)而被判了三个月的牢刑。两年后,他在申请美国公民身份时,也因为该犯罪记录而受阻。

邓洪律师的解答:跟踪罪(Stalking)是指民众不断跟踪、联络或骚扰他人。

Stalking方式包括跟踪他人行踪,不断打电话骚扰对方,利用电子跟踪器跟随他人,或破坏他人财物,或控制他人电脑等方式。其可以是明目张胆地进行,让对方恐惧,或可以暗中进行。

Stalking的受害者除前男友或前女友外,还包括现配偶、现男女朋友等。

Stalking罪轻者可被判半年牢刑,若有前科或造成他人受伤,可被判两年到四年的牢刑。如果被判轻罪,并且只有一次记录,在清洗犯罪记录后,当事人仍然可以申请公民。但是如果是重罪(被判罚一年以上的牢刑),绿卡就可能会被吊销,无法申请公民。未经他人的同意而私自进入他人的住处或工作场所,也可以构成刑事罪,最高可被罚六个月的牢刑。因而,当缘纷已尽时,大家应积极往前看,千万不要过于执着而以身试法。

第十章 家庭与法律

如何办理离婚手续

很多州允许法官宣布婚姻无效,这样就避免或解决了很多因离婚而产生的官司。婚姻无效的英文是"Annulment",其含义是认为当初的婚姻是不合法的或没有按照法定的程序来进行的,其实根本没有结婚。构成婚姻无效的条件是:

◎一 婚姻是违法的婚姻。如一方有精神病、在酒醉的情况、未成年的情况下及不知情的情况下"结婚"。

◎二 骗婚。没有把自己的背景向对方讲清楚,如犯罪记录、性无能等。如果当时对方知道真实的情况,是不会结婚的。当一方发现另一方存在上述的两个问题时,要尽快地向法院提出。

◎三 离婚之前的另一种情况是分居。分居也有两种情形。第一种情况是遗弃,也就是婚姻中的一方不辞而别。如果是这种情况发生,就成为一个很强有力的离婚理由。在这种情况下,孩子的监护权一般都判给被遗弃的一方。第二种情况是协议分居。分居的协议是经双方同意自愿签署的,其内容包括财产的分配、孩子的监护权、配偶的赡养费数额、孩子的抚养费数额等。分居协议具有法律效力,可以放在法院保存,一旦双方合好,可以从法院中取回。

以前法院处理离婚的问题,要问清原因,才能判定离婚。判定离婚的理由包括婚外情、遗弃、虐待等。但是现在越来越多的州都允许"No Fault Divorce（无过失离婚）"。只要是在分居、意见不合、双方存在无法愈合的差异等情况下，单方就可以提出离婚。美国有35个州允许"过失离婚"和"无过失离婚"同时存在。另外一些州大部分都接受"无过失离婚"。

在"无过失离婚"中，任何一方都不能单方面阻止对方提出离婚，只要其中的一方提出离婚，另一方不想离婚也不行。"过失离婚"要分清谁对谁错，这对离婚会产生影响，特别是财产的分配。往往被判定有过失的一方，分得的财产就会少一些，还要向无过失的一方支付更多的赡养费。

离婚程序的第一步是找律师。因为离婚涉及双方利益的冲突，因此离婚的双方都应该分别找自己的律师。即使是协议离婚，也依然涉及利益的冲突，离婚的双方还是要找各自的律师。

95％的离婚案都不会到法院进行，进入法院审理的离婚案只有5％左右，大部分离婚是协议离婚，但是离婚协议需要法官的同意。法官对提出离婚者有居住时间的要求，法律一般不允许当事人刚搬到一个新的州马上就提出离婚，一定要在这个州住上一段时间才能提出离婚。如果在所居住的州被允许离婚，其他州也应该承认。

离婚时如何处理财务问题

在法律界，离婚中所涉及的问题很多都是有争议性的，很多法官也承认离婚的案子非常棘手,甚至用最"Nasty"这样的词语来形容。有时,双方为了小额的财务而花费大笔的律师费。有时,双方为了一些小事而大打出手,从而使许多离婚官司演变为刑事案件。

我们中国人有句话说:"一日夫妻百日恩"。如果婚姻走到了绝处,双方都应退一步,否则通过诉讼来解决,最终将两败俱伤,而最大的赢家是律师。因而,双方在离婚之前最好能找一个第三者来进行协调,达成一个协议,避免不必要的纷争。很多州也要求在离婚之前,双方进行调解协商,以能找出一个和谐的解决方法。

美国有8个州将婚姻关系中的财产认定为夫妻双方的共同财产,即在婚姻关系期间,无论是夫妻双方中谁赚的钱,都属于夫妻双方共有,所拥有的财产也是夫妻双方所共有的,离婚时,通常也是平分共同财产,但是结婚前的独立财产、别人赠送的礼物、自己继承的遗产、受到人体伤害得到的赔偿等原来就属于个人的财产,在离婚时配偶可以单方保留。实行共同财产的8个州是加州、亚利桑纳州、爱荷华州、内华达州、新墨西哥州、德州、华盛顿州和威斯康星州。

在不实行共同财产的州,在对离婚的财产进行分配时,一般考虑如下的因素,婚姻的时间、双方的年龄、工作技能、过去的工作历史、生活方式如何、谁拥有小孩监护权、谁照顾孩子、造成离婚的原因等因素,法官根据这些因素来决定财产的分配。

退休金争议比较大,在财产的分配问题上如涉及退休金,应该向律师咨询。此外,关于债务的问题,在离婚后,即使一方的财务状况比较好、另一方的财务不好甚至要破产,双方可能依然要分担债务,因而,当事人在离婚前应向专业的律师咨询。

离婚后可要求赡养费吗

赡养费的英文为"Alimony",也称配偶资助费。赡养费并非是离婚之后配偶会自动得到的。法律上允许赡养费,主要是因为许多女性放弃了自己的职业来全职照顾家务事及小孩。在这种男主外女主内的家庭中,一旦要离婚,放弃原来工作的女性将马上面临财务危机。支付赡养费的目的,是为了使离婚后的配偶生活能得到一定的保证。一般情况下是男方向女方支付,但是现在也有女方向男方支付的情况,主要的考虑是离婚后双方的收入情况。赡养费分为两种:一种是永久性的,另一种是过渡性的。

◎一　永久性赡养费。永久性赡养费的支付不受时间的限制,但是在责任方重新结婚或死亡或发生特殊情况时,法院会根据情况进行调整,可以停止支付或调整每月的数额。一般情况下,接受赡养费一方找到了工作、支付赡养费一方重新结婚后有新的家庭责任,或发生残障,或失业等,法院都会对赡养费的支付做出重新的考虑。

◎二　过渡性的赡养费。过渡性赡养费的支付时间一般为两年到五年。在这段时间内,法院鼓励接受赡养费的一方学习工作技能,出外工作而学会自给自足,独立地生活。对于支付赡养费的时间,法官主要考虑双方年龄、身体状况、结婚的时间长短等因素。

支付赡养费的一方可以以此来抵税,而接受赡养费的一方不需要交税,但是要向自己的会计师咨询具体的处理方法。为了避免对方发生突然的财务状况而得不到赡养费,接受赡养方可以要求一次性的赡养费,避免每月领取方式的破产风险。

如何处理子女的监护权

子女的监护权分为两个部分,第一部分是法定的监护权,英文为"Legal Custody",其含义是谁来为孩子做决定;第二部分是人身的监护权,英文为"Physical Cus-tody",意思是小孩和谁在一起居住。这两类监护权又各自分为两种:第一种是全部的监护权,只有一方拥有孩子的全部监护权;第二种是共同监护权,由双方共同行使监护的权利。

很多案例中,法院都把孩子的法律监护权和人身监护权交给女方,但这不是绝对的。法官对孩子的监护权归属问题所考虑的因素如下:

◎一 孩子的年龄和性别。如果是婴儿,往往给女方;如果孩子大一些,往往给男方。

◎二　孩子的意愿。孩子的年龄越大，法官越会考虑孩子的意愿。

◎三　孩子与父母的关系。法官常常把监护权给与孩子有比较融洽关系的一方，如果孩子经常与父母中的一方发生冲突，法官通常会把孩子判给另外一方。

◎四　父母双方的工作能力和收入。

◎五　父母双方的居住环境。

◎六　父母双方的身体状况和精神状态。

法院裁定了监护权的归属之后，也会允许没有监护权的一方有探访的权利，即使离婚的双方有很大的分歧或争吵，法官仍会允许探访。如果离婚后双方关系不友善，法官仍可以授予探访权，社会福利局或儿童福利局等政府部门将对监护权的实施进行监管。如果法官认为祖父母与孩子的关系一直很融洽，而且一直有往来，探访小孩将有利于他们成长，法官也会授予祖父母探访权。

邓洪律师的忠告：小心触犯"绑架罪"

如果没有监护权的一方私自将孩子带到外地或出国，在法律上就构成了联邦刑事罪。联邦政府《父母绑架法案》是专门为了预防这类情况的发生而制定的，规定无监护权的父母一方如未经监护人同意而私自把小孩带走，将构成绑架小孩的罪名。目前，许多中国人离婚后私自带小孩回中国大陆或台湾，因而被美国执法部门通缉。此外，作为孩子的监护人，如果发现小孩被带走，应尽快报警，并通知自己的律师。

第十章 家庭与法律

孩子的抚养金由谁负责

每个州对孩子的抚养金（Child Support）都有不同的规定。法官的判罚是以孩子的实际需求、父母双方的工作能力及经济状况等为依据的。联邦政府规定，每个州必须立法去检查孩子抚养金是否跟得上社会物价的上涨。

与配偶赡养费不同，支付孩子的抚养金不可以抵税，即使破产，家长也不能逃避承担对孩子的责任，法律往往要求家长继续支付孩子的抚养金，直到孩子成年（18岁）。

在判定孩子抚养费的同时，法官通常可以要求父母支付孩子的高等教育费用，即使小孩超出18岁。为了确保孩子的抚养费得到保障，法官也要求父母购买收益人为孩子的保险，以防万一父母任何一方发生意外而无力支付抚养金。

如果要求支付抚养费的一方逃避责任而没有支付孩子的抚养费，使孩子不得不领取政府的救济和医疗保险，很多地方政府把这种情况定为"逃避子女债务罪"，并列为刑事罪，重者可以被判一年以上的牢刑。很多地方的检察机构都设立了项目小组，通过法律的手段强迫他们去偿还政府为小孩提供的生活经费。越来越多的州政府已立法规定，如果应负责任者没有履行自己抚养小孩的责任，或没有偿还政府向小孩提供的救济资金，政府还可以吊销他们的驾驶执照，或

专业执照,如房地产经纪执照、医生执照等。

邓洪律师的忠告:孩子抚养金的债务问题

许多中国新移民不了解这方面的法律程序,在法院裁定前没有聘请律师替自己力争,在法官裁决后,因为觉得裁定不公平而对法院的裁定置之不理,或误以为宣布破产就可以解除所有的债务,或觉得抚养费与一般的债务一样,拖欠都没有问题。殊不知,这样做会引发出刑事责任。万一需要支付抚养费的家长发生财务问题,应咨询专业的家事法律师,向法官陈情,要求对小孩的抚养费做一些调整。

第十一章 公民与法律

引　言

就读于加州圣安东尼山社区学院的杨同学(化名)跟随父母移民来美,持有绿卡。2012年总统大选前夕,各种组织进入校园,号召学生进行选民登记。某日杨同学路经活动场地,被身旁朋友拉着一起登记。由于他并不知道登记选民和投票属于"公民特权",于是答应由该机构代填登记选民和通讯投票表格,并在表单上签名。之后,杨同学也的确在大选中投下"宝贵"的一票,并没有出现任何问题。

然而,今年杨同学申请入籍,在申请材料中如实交代自己曾经登记选民和参与投票,结果申请很快就被移民局否决,理由是杨同学在并无投票资格的情况下登记并投票。杨同学急忙到洛杉矶县政府办公室取消选民资格,将证明文书呈交移民局,并申诉是在不知情下登记为选民,然而日前接到移民局回复称,杨同学作为绿卡持有者,登记选民并投票已违反联邦法,不仅公民申请不能过关,甚至面临绿卡被吊销的窘境。

类似的情形也发生在持学生签证来美、在加州大学富乐顿分校就读的留学生朋友王女士（化名）身上。顺利毕业后，王女士嫁给美国公民，然而却在申请婚姻绿卡时被移民局告知她有"虚假声称公民"（false claim of citizenship）记录在案，拒绝批准绿卡。而究其原因，同样是由于当初无心之失，自己以非公民身分行使了"公民特权"。

每逢选举，全美上下往往大肆鼓励选民登记、踊跃投票，再加上绿卡持有者可以政治捐款，使少数尚未入籍的新移民或留学生朋友"响应号召"，误打误撞就享受了这一特权，以致事后入籍或申请绿卡时遭遇麻烦，积极补救也于事无补。此外，登记选民、投票、申请美国护照、做陪审员等都是美国公民独享的特权。而事实上，不少持绿卡、学生或工作签证的朋友，只要有驾照，都会收到法院传票，要求其担任陪审员，这个时候一定要清楚地回复由于自己不是美国公民，并不具备做陪审员的资格。否则，以非公民身份行使了"公民特权"，一旦被查出，就会留下永久记录，而要"扭转乾坤"的唯一办法只能是上诉移民法庭，将当事者的去留命运交给移民法官裁决。更多由于对美国法律无知而发生在新移民或留学生朋友身上的"冤"案，这一单元就要为大家——道来。

如何申请公民入籍

美国是一个由移民组成的国度，来自全球各地的中国新移民在美国生根成长，来圆自己的花旗梦。越来越多的中国新移民,都申请成为美国公民。作为美国公民,除方便家属移民来美团圆外,还可以行使自己的公民权,让美国的主流社会知道我们中国人也是美国的一员。

成为美国公民有两种方式:第一是在美国出生;第二是经过移民归化。

◎一　无论父母的身份如何,任何在美国50个州及哥伦比亚特区及在美国属地关岛、波多黎各、美属维吉尼岛出生的人,都可以自动成为美国公民。

如果父母都是美国公民,孩子在国外出生,也自动成为美国公民,但是必须向所居住地的美国领事馆登记。在国外出生的孩子,如果其父母一方是美国公民,除要在居住地美国领事馆登记外,父母中的非美国公民一方还必须满足在美国居住的条件,子女才可以申请成为美国公民。

◎二　另一种成为美国公民的方式是"归化(Naturalization)"。中国新移民入籍可以通过移民局的归化程序来完成。符合归化成为美国公民的条件和资格是:拥有绿卡5年以上、在美国长期居住(在过去5年中至少有2年半在美国居住),或与公民结婚拥有绿卡3年、年龄满18岁,会说英语、无重大犯罪记录,不在假释期。

申请美国公民的人,经过公民考试、面谈,然后进行宣誓仪式。归化的移民必须放弃以前的国籍和对以前国家及任何其他国家的忠诚,宣誓声明自己会捍卫美国的宪法和国土,完成宣誓仪式后就可以正式成为美国公民。美国公民考试的内容包括美国的宪法和历史两大类,华文书店及中文黄

页都有这类数据。

申请归化成为美国公民的申请表格是 N400。申请人可以在网站 www.uscis.gov 下载该申请表格。美国公民的资格是终身享有的,但是如果被定为叛国罪,美国政府可以取消其美国国籍。不过,中国新移民成为美国公民后,如果不慎犯罪,公民身份不会受影响,也不会被驱逐出境。

如何申请美国护照

成为美国公民后可以申请美国护照。许多国家都会对美国护照持有者提供免签证的优惠。美国护照由美国国务院核发,从申请之日到得到批准,需要 4 周到 6 周的时间。成年美国公民的护照有效期一般为 10 年,16 岁以下美国公民的护照有效期为 5 年。

申请护照要首先拿到"DSP-11"的表格,这个表格可以从图书馆或邮局得到,也可以到网站 www.travel.state.gov 去下载。

申请护照也可以到全国 13 所护照申请办公室去领取申请表格,但是需要事先预约。申请护照一般通过邮寄的方式进行,但是如有特别紧急的事情,需要尽早得到护照时,申请人可以直接到护照办公室申请护照。全国 13 所护照申请办公室的联络电话分别是:

波士顿办公室 1(617)878-0900;

芝加哥办公室 1(312)314-6020；

檀香山办公室 1(808)522-8283；

休斯敦办公室 1(713)751-0294；

洛杉矶办公室 1(310)575-5700；

迈阿密办公室 1(305)539-3600；

新奥尔良办公室 1(504)412-2600；

纽约办公室 1(212)206-3500；

费城办公室 1(215)418-5937；

旧金山办公室 1(415)538-2700；

西雅图办公室 1(206)808-5700；

康州斯坦福特市办公室 1(203)969-9000；

华府办公室 1(202)647-0518。

如果是第一次申请护照或申请人的年龄在13至17岁之间,申请护照必须是由本人携带证明自己身份的文件亲自去申请。申请护照所需要的文件有以前的护照(如果以前曾有过)、出生证明(由郡书记官办公室提供)、入籍归化证明(如果不是美国出生的)、身份证或驾驶执照、两张最近的照片等。在很紧急情况下需要马上领取护照,申请人可以拨打紧急电话:1(900)225-5674 或 1(888)362-8668。

海外旅游注意事项

自从"9·11"事件后,美国游客在海外被攻击的事件越来越频繁,持美国护照的民众在海外旅游时要注意自己的安全。

美国国务院负责美国公民在海外的事务,会根据海外的情势向计划出国旅游者提供旅游警告,提醒民众哪些地区属于高风险地区,哪些地区应避免前往。在计划出国前,民众最好到国务院的网址了解一下海外的最新动态,网址是www.state.gov。

如果你持美国护照在海外遇到困难,可以直接到当地的美国领事馆寻求援助,美领馆有责任向所有美国公民提供必要的紧急援助。如果不幸在海外被当地执法机构逮捕,根据国际公约,外国政府必须在48小时内通知美国领事馆。

假若中国新移民持有外国政府护照,在美国本土被逮捕,执法机构必须在48小时内通知外国政府驻美的机构。不过,许多地方的执法部门都不了解此规定,除坚持要律师外,外国人士还可以要求通知自己政府的领事馆,并要求见自己国家的领事。不过,被逮捕的外国人士也可以放弃通知领事馆的权利。

前车之鉴:出入美国海关,受人之托要小心

案例一:住在洛杉矶的郑先生,在离开中国大陆十多年后终于在办妥身份后回福建探亲。他回到福州后在与朋友相聚的过程中,又结识了一些新朋友。其中有一位姓陈的新朋友对他格外热情,带他去餐馆吃饭,做桑拿、唱卡拉OK,热情周到的招待让郑先生感激万分。

第十一章 公民与法律

就在郑先生返回美国时,陈先生有事相求。他希望郑先生能和他的表妹同行。陈先生表示,他的表妹结识了一位美国公民,已办妥结婚签证,准备到美国与未婚夫会合,因为她是第一次出国,又不会说英文,如果郑先生与她同行,可以帮助他的表妹填写相关的表格,避免了很多麻烦。由于陈先生连日来的盛情招待,郑先生感到无法推辞,就答应了。

为了表达对郑先生的谢意,陈先生的表妹还陪郑先生去香港玩了几天,也很热情地招待郑先生。陈先生的表妹告诉郑先生,她是 K1 签证,去美国和她的未婚夫结婚。但是郑先生有些怀疑:为什么她的未婚夫不来接她到美国?陈先生的表妹解释说,是朋友介绍的,她从来没有与她的未婚夫见过面,不过,未婚夫在美国聘请了律师,已经办妥了所有的结婚签证文件。郑先生也就没有追问下去。

在从中国到美国的途中,郑先生尽可能地帮助陈先生的表妹,包括帮助填写 I-94 卡等相关的表格。就在下飞机入关时,那位女士却被移民局扣了下来。经移民局盘问,这个所谓的陈先生的表妹承认,她是付给陈先生 5 万元后由陈先生策划偷渡来美国的,并安排了带她过来的人,这位女子指认郑先生就是带她过来的人。

因此,郑先生也被移民局扣住。移民官员问:郑先生为什么带她来,郑先生只得照实说,是他的一位朋友陈先生拜托他的。移民官员问带她过来的报酬是多少,郑先生回答说没有报酬,但是返回美国的机票和到香港游玩的费用是陈先生出的。移民局又问郑先生:你以前并不认识这位女子,有人让你带她到美国,你不觉得奇怪吗?郑先生说,他是有点感到奇怪,但他自认为他自己不是走私人口,再说是帮朋友忙,因此也就答应了。

后来,无论郑先生怎么解释,移民局仍然认为郑先生是协助走私人口,并以此罪在联邦法院提出刑事指控,而一时糊涂的郑先生因此被判两年的牢刑。

案例二:来自上海的马先生回国后,结识了一些生意上的朋友。就在马先生要回美国时,一个朋友托马先生带点东西给在洛杉矶的表妹。马先生问带的是什么东西,那位朋友告诉他是一些日常用品。马先生觉得这个朋友没什么问题,再说生意方面他们已经有了往来,带点东西应该不算什么事,因此他就把朋友委托带的一包东西塞进了行囊,飞往洛杉矶。

在洛杉矶机场接受海关人员检查时,执法人员发现马先生带的那包东西里面有400多张信用卡。移民局立刻叫来负责打击金融欺诈犯罪的联邦特勤局人员,特勤局人员立刻辨认出这些信用卡是伪造的。

原来,在过去的几年当中,南加州盗用身份案件猖獗,许多亚裔犯罪集团通过各种方法窃取他人的身份数据后,将这些数据上传到电脑网络,然后在香港、上海和台北等地制造假信用卡,再通过各种管道将假信用卡运回洛杉矶甚至世界各地出售或使用。

在人赃俱获的情况下,特勤局和移民局认为又破获了一起假信用卡案,但是马先生矢口否认自己涉案,并强调自己不知情。警方要求马先生说清楚整个事情的来龙去脉，但是当往上海打电话找委托马先生带东西的那个朋友时，其联络电话却始终是关机；当给那个人所谓的洛杉矶表妹打电话时，发现这个表妹的手机是预付电话，根本联系不上，也无从查证是谁在使用这部手机。

虽然在律师的力争下，马先生并没有被刑事起诉，但是，为了帮朋友带区区的一小包礼品，马先生被执法人员扣留了两天时间，并花上几千元才为自己解围，马先生再也不敢轻易答应帮朋友带东西回美。

邓洪律师的解答：近年居住在美的中国人有了越来越多的机会到亚洲地区探亲或旅游，出国或返国时误触法网的案例也越来越多。究其原因，很多人都是因为碍于面子、人情或是为了一点小小的利益，在没有弄清情况或不了解美国法例的状况下，铤而走险，导致了本不该发生的后果。

自"9·11"恐怖分子袭击案件以来，美国对于包括美国公民在内的入境者，开始从严检查，检查的标准非常严格，抽检的概率也大大增加。受亲朋好友之托带进来的现金、药品、药材及稀有动物等对象，在进关时只要被查出来，一般都会被没收。

此外，在海关被查获的案件还包括一些关于假文件的案件，被检查没收的物品还包括了护照以及一些假文件。一些民众受朋友之托带来一些"文件"，但是经过海关检查后发现这些"文件"是几本护照。根据美国的法律，个人只能持有并随身携带本人的护照。携带他人护照进入美国，涉嫌人口走

私,有违反联邦法之嫌。

目前,美国政府加大了打击走私人口的力度,在入境时对走私人口的可疑情况检查得非常严格。如果被发现有帮助走私人口的行为,将会被控共谋罪,一旦罪名成立,将面临2年到10年的监禁。

民众要特别注意,协助走私人口,往往是从帮助填写表格、打电话、陪同办理手续等小事中不知不觉地开始。如果当事人帮助的对象真的是被走私的人口,以上行为都被认为触犯了协助走私人口罪。因此当别人委托你带人过来的时候,你一定要确认他们的身份是否合法。其实,如果是首次出国,自己不懂英文、不能填写表格,可以委托航空公司,很多航空公司都可以提供这方面的服务,没有必要自己去冒险。

美国的民权法案是什么

美国宪法的修正案中有十项是关于民权问题的,这十项修正赋予民众很大的权利。这就是所谓的美国民权法案(Bill of Rights)。这些权利并非只赋予美国公民,只要是生活在美国的民众,都可以享受其中大部分的权利,并不会因为身份的问题而被剥夺。

这些民权包括言论自由、拥有枪支的自由、宗教自由、免受政府不合理检查和没收的自由、保持沉默的自由、要求快速公开审讯自己案件的权利、免受政府采取残酷惩罚的权利、在刑事案件中有交叉盘问对方证人的权利、聘请律师的权利、要求政府在刑事案中提供免费律师的权利、在民事案中要求陪审团审讯的权利、有权在政府征收民众财产时得到合理赔偿的权利。

不过,这些民权也不是绝对的,政府可能会因为社会的变化及需要而对某些权利做出一些限制:

◎一 言论自由。政府不能立法来限制民众的言论自由,民众可以谈论任何的议题,政府不能予以惩罚。但是如果出现下列情况,政府可以进行管理、干预及惩罚:

1. 可能引发危险事件的言论。例如言论具有挑衅的意味,可以引起打架或其他暴力事件。

2. 可能引起公众惊慌的言论。如在飞机上高声大叫"有炸弹",在戏院内高叫"火灾"。

3. 商业性的言论,特别是一些不实的广告。

4. 诽谤性的、恶意中伤他人的、下流的语言等。

◎二 集会自由。虽然宪法赋予民众集会的自由,但是为了维护公共秩序及社会的安全,执法部门可以对集会进行合理的管制。政府不能管制集会的内容,但是可以管制集会的时间、地点,也可以要求集会者向政府管理部门申请集会许可。

◎三 宗教自由。政府不能干涉个人的宗教自由,因而美国民众不赞同政府支持和参与宗教的活动,一般政府不能赞助或资助教会的活动,宪法也不允许在公立学校中宣传宗教。

◎四 民众拥有的隐私权。民众拥有自己的隐私权,这些权利包括堕胎的权利、使用避孕药的权利、个人电话不受政府的监听、电子邮件不受政府的拦截等。但是自从"9·11"恐怖袭击事件发生后,国土安全法案及其他类似的法案规定,如果政府的调查部门怀疑民众与恐怖分子有关系或涉嫌危及到国家的安全,可以向法官申请,直接深入到民众的个人隐私中去收取情报及证据。事实上,越来越多的民权因为受到"9·11"的影响及维护国家安全的需要,可能会逐渐地减少。

邓洪律师的忠告:与美国同性恋公民可申请身份

2015年6月26日,成为美国历史性的一天,因为在这一天,最高法律裁定全美同性婚姻合法化。这意味着,同性伴侣在全美任一州正式登记结婚后,就可通过婚姻关系享受移民福利。也就是说,一方为美国公民,另一方可获得身份,对不少华人同志朋友来说,这可谓是最直接的好处。

在过去十年间,美国各州政府以及联邦政府纷纷立法,推动同性婚姻中配偶可享有各类权利以及福利,与异性婚姻的完全相同。在移民申请方面,如果是与美国公民结婚,外籍配偶不需任何排期即可取得绿卡。不过,和异性婚姻一样,移民局在审核婚姻绿卡时,如果双方结婚尚未满两年,会先行颁发临时绿卡,持临时绿卡两年后可转换为永久绿卡,在获取正式绿卡三年后,民众可以申请入籍成为美国公民。

再者,如果同性婚姻中一方是绿卡持有者,另一方外籍配偶的绿卡申请,也在结婚后即刻开始办理;如果一方在美国是持工作签证,移民法规定其办理工作绿卡时(Employment-Based),另一方也可作为配偶(Derivative Applicant)取得绿卡;而非移民签证中发给配偶的F2、J2等类别签证,同性婚姻配偶同样可以申请。

如何履行陪审员的责任

如果是美国公民、年龄在18岁以上、在当地居住且无重大犯罪记录,必须参与陪审员的工作。陪审员的职责是参与法庭审判案件的过程,从公正的立场来对涉案的双方进行判定并给出判定的结果。

陪审员的候选人名单往往来自汽车管理机构或选民登记数据等政府记录,因此法院会审查居民是否符合陪审员资格,进行一个过滤的手续,法院会向可能具备资格的民众寄发资格审核表格。

华裔居民要特别注意,一旦收到陪审员资格询问表,一定要给予回复。询问表上会要求回答是不是美国公民及懂不懂英文,如果对这个表格不予回复,可能会被认为具有当陪审员的资格,很快就会接到做陪审员的传票。因此,居民应该在询问表格上如实填写,迅速寄回,避免日后的麻烦。

当审查完居民的资格而认定其合格后,法院将向这些陪审员候选人寄出传票,要求这些候选人在规定时间内去法院报到。一旦接到做陪审员的法院传票,居民必须给予回应,否则就会被定为藐视法庭,轻者受到罚款,重者可以被法官判刑。

很多人有一些理由表示不能当陪审员,如身体健康的问题等。但是陪审员的需求量越来越大,很多理由已经不再成为理由,做陪审员是公民的义务,应该参与。

此外,做陪审员,法院每天只会给几元钱做象征性的补助,法律上也并没有规定雇主在雇员做陪审员期间一定要正常发薪。

前车之鉴:被传做陪审员　未回应可能触法

案例:洛杉矶的李姓居民只有绿卡,还没有公民身份,但收到法院的传票要求本人亲自出庭,这是因为法院多次传他去做陪审员而他置之不理。李姓居民到法院向法官解释,他并不是美国公民,不具备做陪审员的资格,因而没有理会通知。法官则裁定,虽然李姓居民不具备陪审资格,但是多次接获法院的通知而置之不理是有罪的,法官以藐视法庭的理由罚了他500元。

邓洪律师的解答:美国司法制度依靠陪审员,刑事案件中,被告是否有罪,民事案件中,谁胜谁负,赔偿金额是多少,都是由陪审员来决定的。担任陪审员是每位公民必须履行的义务。陪审员资格是:(1)必须是美国公民;(2)必须年满18岁;(3)必须居住在法院所在地的区域内;(4)不能有重罪的犯罪记录。

美国的陪审员并非经过职业训练的专职人员,而是来自社区的平民百姓,法院会从汽车管理局(DMV)或选民投票记录等机构获取到名单,然后向这些名单上的民众寄发陪审员问卷(Jury Questionnaire),查实民众是否具有陪审员资格,随后再向民众寄出陪审员通知(Jury Summons)。

如果民众收到问卷而不回应,法院会认为民众具备陪审员资格。如果民众收到陪审员通知而置之不理,法院可以传民众到庭解释;如果继续置之不理,法院可以发出传单或法庭通缉令,到庭时法院可以判罚你1500元,严重者法官可以用藐视法庭的罪名判罚30天的牢刑。因而,你收到法院寄来的信件后,最好找懂英文的亲友帮忙,即使自己不具陪审员资格,也要尽快将问卷寄回,以免被指控藐视法庭。

美国当兵的义务及常识

在美国,如果国会没有宣布进入战争状态,加入军队是自愿的。不过,在战争的情况下,政府有权实施强制性征兵。因而,政府为战争征兵而设立了征兵数据库,每位年满18岁以上的男性公民,都应该向美国征兵局登记。征兵局的名称叫"Selective Service System",网址是 www.sss.gov。

法律规定,凡是年满18岁到26岁的男性青年,即使只是持有绿卡而不具美国公民资格,也要登记。登记后征兵局将回一张卡,表明已经登记。如果不进行登记,将来申请学生贷款、政府福利、政府工作时都会出现问题；对持绿卡者，将来申请公民时会遭到移民局的盘问，可能会以此理由拒绝。

办理征兵登记的手续非常简便，申请者只需要到当地的邮局索取表格，填妥后直接交给邮局寄出去就可以，如有任何问题可以到征兵局的网站查询。

邓洪律师的忠告：认真对待征兵登记信

很多人认为"Selective Service"中的"Selective"是挑选或选择的意思，因此误认为"Selective Service"是一个介绍配偶的中介服务机构。很多中国新移民接到"Selective Service"的信函后不知为何物，经常随便丢掉，实际上这样的信件是非常重要的。

美国选民投票的常识

在美国，选民投票既是权利，也是义务。成为选民，必须先进行选民登记才可以投票。凡是年满18岁以上的美国公民，都可以登记成为选民。如果不是美国公民而进行投票，是违反美国法律的，会影响到以后申请公民。成为美国公民，并不会自动成为选民，民众必须到当地的选务机构办理选民登记。如果民众不知道当地哪一个政府部门负责选民登记，可以向该州的州务卿办公室（Secretary of State）查询。

在选举期间,许多非营利机构以及候选人也会向选民提供选民登记的服务。

美国的选举非常多,地方选举包括市议员、市长、学区教委、警察局长、检察长等;州级选举包括参议员、众议员、州长等;联邦层次选举包括参、众议员选举以及每4年一次的总统大选。在各级的选举中,也有一些提案和议案需要选民投票表决,这些提案和议案一旦获得通过,也可以成为新的法规或法律。

对于华裔选民来说,如果不参加投票,就失去了自己的声音。很多人平时抱怨法律上的不公平,但是如果不投票表达自己的意见,就永远也没有机会改变。不积极参与立法的改变,久而久之就会成为一个没有声音的族群。符合条件的华裔,一定要登记成为选民。参加投票,发出自己的声音,才能真正地维护自己的权益。

邓洪律师的忠告:在美国如何入党

民众在进行选民登记后,才会收到选票。在进行选民登记时,民众也可以对想加入的美国政党做出选择。美国最大的两个政党是民主党和共和党,在填写选民登记表时在所喜欢的政党方框处做出标记,就成为该党的党员。在美国入党无需介绍人、无需登记注册和交纳党费。一旦登记成为选民,几乎是永久有效。如果搬家或想改变党派,只要重新做选民登记就可以。

美国国土安全法案对移民的影响

2002年11月25日,布什总统签署了《美国国土安全法案》,此举是"9·11"事件后美国国会通过的最具影响力的法案之一。该法案授权总统在其内阁中增设国土安全部部长一职,并在该部下设四大署,它们分别是边境及交通安全署、紧急救难署、生化放射物及核子反制署、情报分析及建筑保护署。

该法案对现时归属司法部的移民及归化局进行大规模的改组,将目前提供执法及服务双功能的移民局分开归入国土安全部内,将对在美国的外国留学生及中国新移民有很大的影响。

该法案与移民权益相关的条款包括:

设立边境及交通安全署,职责包括阻止恐怖分子进入美国,执行现时移民局的执法功能(如边境巡逻、驱逐非法移民、情报收集、调查及边境检查等)。其下属的边境安全局还将负责管理及监督所有在美国就读的外国留学生,要求所有招收外国留学生的学校采用SEVIS电脑网络,随时向该局汇报外国留学生的动态。

该法案将美国驻外机构签发签证的功能从现时的美国国务院转入国土安全部,并要求驻外机构将所有签证申请被拒的数据输入电脑数据库内,供执法部门参考;在国土安部内设立入籍及移民服务局,负责现时移民局所有服务部分的功能,如调整身份、庇护申请案等。

该法案将移民申请案件在国土安全部被拒后的上诉功能保留在司法部,司法部将设立移民申请重审局,下设移民法庭,由司法部制订出重审的标准,以及对移民法官的管理。

在国土安全部内设立民权主管,该主管将负责调查所有该部内的职员侵犯民众民权的行为,种族歧视,或滥用执法权力之类的投诉。该主管将每年向国会提供年度报告,让国会间接监督国土安全部。

据初步的估计,新设立的国土安全部人员编制在17万到20万名职员之间,成为美国政府最具规模的机构之一,现时的各个机构将陆续改组。从整体而言,在未来几年内,美国本土对非美国公民的管理将变得更加严格,同时,对申请到美的外国人士的背景调查也将加强。民众可以到国土安全部的网址查阅该部门的最新动态:www.dhs.gov。

此外,许多民权团体担心国土安全法案的实施将会在美国本土引发一波排外风潮,带有外国口音的第一代移民将首当其冲地受到波及。不过,现时全美各地有多家非营利的亚裔民权法律组织,向受歧视或受到不公平待遇的民众,或民权受到侵犯的民众,或低收入而无力聘请律师的中国新移民提供法律援助。在洛杉矶,华裔民众可以向南加州亚太法律服务中心求助,其网址为:www.apalc.org;旧金山的华裔民众可以向亚太法律援助社求援,其网址为:www.asianlawcaucus.org;纽约的华裔民众可以向亚美法律援助基金会联络,其网址为:www.aaldef.org;美国其他地区的华裔民众可以向全美亚美法律援助联盟查询,其网址是:www.napalc.org。